·经济管理学术文库·

中国煤炭需求
复杂网络结构建模研究

A Study on Modeling the Complex Net Structure
of Chinese Demand for Coal

谭玲玲 / 著

经济管理出版社

ECONOMY & MANAGEMENT PUBLISHING HOUSE

图书在版编目（CIP）数据

中国煤炭需求复杂网络结构建模研究/谭玲玲著. —北京：经济管理出版社，2009.5

ISHN 978-7-5096-0599-8

Ⅰ.中… Ⅱ.谭… Ⅲ.煤炭资源—动力需求—研究—中国 Ⅳ.F426.21

中国版本图书馆 CIP 数据核字（2009）第 047585 号

出版发行：**经济管理出版社**

北京市海淀区北蜂窝 8 号中雅大厦 11 层

电话：(010)51915602   邮编：100038

印刷：北京银祥印刷厂   经销：新华书店

组稿编辑：申桂萍   责任编辑：李晓宪

技术编辑：杨国强   责任校对：陈 颖

720mm×1000mm/16   15 印张   246 千字

2009 年 5 月第 1 版   2009 年 5 月第 1 次印刷

定价：39.00 元

书号：ISBN 978-7-5096-0599-8

目　录

1 绪 论

本章对中国煤炭资源的重要性、煤炭消费与煤炭需求预测状况进行分析，界定研究的主要问题，明确研究的目的及意义，综述能源需求研究理论及方法的相关文献，确定研究内容、方法及技术路线。

1.1 选题背景及意义

1.1.1 问题的提出

能源是世界各国普遍关注的一个重要战略问题。因为能源是人类赖以生存繁衍、社会得以繁荣进步不可缺少的重要物质基础，是关系到国民经济命脉和国家安全的重要战略物资。自进入工业化时期以来，能源在任何国家的社会与经济生活中都起着无可替代的重要作用。为了满足不断增长的能源需求，世界各国大量开采煤、油、气等化石燃料，但总是供不应求，多次出现全球性或区域性的能源紧缺，甚而导致严重的经济危机，而与年俱增的能源消费对环境造成越来越严重的后果。可见，能源发展战略的合理制定关系到一国经济能否健康、稳定、持续地发展。

能源是国家经济发展的命脉，在我国的现代化建设中具有举足轻重的地位，也是我国全面建设小康社会、建设和谐社会、实现社会经济可持续发展的重要物质基础。"十五"期间中国能源供求关系仍然比较紧张，总体上需求大于供给，进口大于出口。而中国又是一个煤炭生产与消费的大国，煤炭在我国能源结构中占有重要地位并具有战略意义，煤炭产业是中国重要的基础产业，煤炭在中国的能源消费结构中一直占有 2/3 的份额，

　　煤炭行业的健康发展对保持中国国民经济的快速稳定发展以及保证中国的能源安全都具有举足轻重的地位。考察近十几年中国煤炭产业的整体运行状况，由于煤炭需求系统内部影响因素和外部环境不断发生变化，各因素之间的影响、制约关系复杂，对煤炭需求一直没有达到科学、准确的预测，国家发改委能源研究所在 2002 年就开始启动了我国 2020 年能源需求的预测和与国际研究所合作进行的研究，当时预测的数字是 2010 年煤炭需求量为 12 亿~14 亿吨，2020 年煤炭需求量为 20 亿~29 亿吨。而实际情况是，2002 年我国煤炭消费量已达到 13.7 亿吨，2003 年为 16.7 亿吨，2005 年已经达到了 20 多亿吨。即使考虑到统计误差，预测与实际数量的偏离也过大，无法为煤炭产业的规划和决策提供科学的依据，致使煤炭产业的发展一直在煤炭过剩和煤炭紧缺之间徘徊，造成中国的煤炭产业发展不能与中国的经济发展协调一致，既影响了国民经济健康发展，也造成了资源的极大浪费。

　　从煤炭实际消费情况看，2003 年全国煤炭消费量为 16.7 亿吨，其中国内煤炭消费量 15.9 亿吨，净出口 8000 万吨。在国内煤炭消费中，电力用煤 8.5 亿吨，占 50.3%；钢铁 1.8 亿吨，占 13.7%；建材 1.7 亿吨，占 17.1%；化工 0.8 亿吨，占 6.15%；生活和其他用煤 3.1 亿吨，占 19.5%。其中，电力、钢铁、建材和化工四大行业耗煤量约占全国的 83%，耗煤增量则主要是电力、钢铁和建材，煤炭需求增量最多的是燃煤发电，新增装机和电厂增加小时利用数两因素大量地增加了对煤炭的需求，电力用煤比 2002 年增加约 8000 万吨；在钢铁行业能源消费中煤炭占 70% 左右，主要是炼焦用煤、燃料煤和高炉喷吹用煤，钢铁产量超常增长，拉动炼焦煤需求超常增长是 2003 年我国煤炭市场的又一个热点，钢铁工业耗煤增加 0.3 亿吨，建材耗煤比 2002 年增加约 0.1 亿吨，化工耗煤量变化不大。按照 2004 年的结构，电力、钢铁、建材、化工四大行业及生活服务、出口分别占煤炭市场的 50.8%、14.5%、16.4%、5.8% 和 10.6%、4%。电力行业耗煤仍然占了煤炭市场的半壁江山。其中，发电占 90%，供热占 10%。钢铁行业对煤炭的需求 75% 是炼焦煤，其余是燃料煤。建材行业对煤炭的消耗量中，水泥占 51%，墙体材料占 26.4%，石灰占 6.86%，玻璃、陶瓷等占 15.72%。化工行业中化肥占 62%，基本化学原料占 20%，其他子行业占 18%。2005 年电力、钢铁、建材、化工四大行业煤炭消费量分别占煤炭消费总量的 51.8%、17%、15.7%、5.7%，除发电、炼焦以外的其他用煤所占比例下降。

由此可见，煤炭需求量的变化趋势与煤炭消费结构的不断变化密切相关，与煤炭需求子系统中各要素的发展变化密切相关，因此，对煤炭需求系统各组成要素、各影响因素、各影响关系进行深入的分析，更加准确地了解煤炭系统的整体结构及各种复杂的动态反馈机制，选择合理的经济预测方法，获得更加科学、准确的煤炭长期需求预测结果，是一项很有价值的研究课题。

1.1.2　研究的意义

（1）探索复杂经济系统建模理论与方法。按照系统论的观点，任何系统都是由不同属性的组元（也称为子系统）构成的，系统内部各个组成要素之间相对稳定的联系方式、组织秩序及其时空关系的内在表现形式构成系统的结构。系统结构的含义包括两个方面：一是指组成部分的子结构及其相互间的关系；二是指系统内部的反馈回路结构及其相互作用。它反映系统的内部关系，是系统的一种内在的规定性。任何系统都具有一定的结构，系统的结构不同，系统的质的规定性就不同，系统就有质的区别。系统的结构是系统功能的基础，系统的功能依赖于系统的结构。

在现代科学的整体化和高度综合化发展的趋势下，人类面临许多规模巨大、关系复杂、参数众多的复杂问题，技术、生物、社会、经济等领域的很多复杂系统，都可用网络进行直观的刻画。经济系统是由不同属性的各种子系统相互关联、相互作用、相互渗透而构成的复杂动态系统，经济系统中的每一个子系统都是多因素、多结构、多变量的系统，可以继续分解成为下一级经济子系统。各个经济子系统之间都进行着非线性相互作用，每个子系统都不可能在不影响整体系统、其他子系统的情况下发生变化；各个子系统之间相互影响、相互制约，形成了一个具有多层次、多功能结构的庞大网络，在这个复杂网络结构中，任何局部的交互都是整个网络综合作用的结果，任何一个小小的突发事件都会引发整个经济系统的回应与反馈。当前的国际社会，国与国之间的距离随着现代化的通信设施、交通设施的涌现变得越来越小，国家与国家之间的经济往来越来越频繁，人类经济的发展越来越离不开环境的支持，在这个全球经济网络上，经济系统的构成要素越来越多，结构越来越复杂，对这种动态的、多变量、高阶次、多回路和强非线性的具有复杂网络结构的反馈系统进行模拟分析和预测越来越困难，因此在现有复杂网络研究理论和实践的基础上针对复杂经济系统的高阶次、非线性、多重反馈性的虚拟复杂网络结构进行建模研究，探寻一种更为有效的反馈控制建模理论和方法，构建能够模拟各种经济变量交互影响的宏观模型，找出影响系统运行的关键因素和变量以及系统的运行规律，对解决复杂经济系统的规划、决策和控制问题具有重要的理论与现实意义。

（2）探寻煤炭需求系统的有效模型及合理的需求预测方法，支持宏观决策。影响煤炭消费需求的因素很多，例如经济波动和产业结构升级、人口增长、居民消费结构、城市化水平、技术进步、能源替代、能源市场的完善、能源政策以及日益严重的环境问题等，这些因素互相影响、互相制约，形成煤炭需求动态的、多变量、高阶次、多回路和强非线性的具有复杂网络结构的反馈系统，探寻一种有效的建模理论和方法，构建能够模拟影响煤炭需求的各经济变量交互作用的结构控制模型，分析各要素之间的相互关系，获得更加科学、有效的预测结果，为我国宏观经济调控、能源规划提供科学的决策依据，对于保证我国国民经济健康、稳定、持续地发展具有重要的现实意义。

1.2　国内外研究现状

1.2.1　关于复杂系统的研究

国外比较规模化的有关复杂性科学方面的研究一般认为是在 20 世纪 70 年代末或 80 年代中期开始的。先是对混沌系统的研究，我们知道罗伦兹的实验错误导致了混沌现象的发现。但是，当时学术界的主流仍然只注意到强调因果关系的确定性系统，直到 1975 年，美国数学家李天岩（Li）和约克（York）将罗伦兹的发现一般化，提出了著名的李—约克定理，从而正式定义了"混沌"（Chaos）的概念。混沌一词的提出引起了学术界极大的兴趣。1976 年，美国生物学家梅依（R. M. May）将李—约克理论应用于生物群种的研究，采用形象的分枝理论描述李—约克定理及混沌现象。物理学家瑞勒（Ruelle）和塔肯斯（Takens）也用混沌理论去阐述流体力学中的百年难题——湍流机理问题。许多经济学家，如：斯徒泽（Stutzer）、德依（Day）、贝哈鲍比（Benhabib）、谢菲（Shafer）、沃尔夫（Wolff）、伍德菲德（Woodford）、丹克瑞（Deneckere）和普里曼（Peliman）等在 20 世纪 80 年代也从不同的角度成功地将混沌理论应用于经济管理的研究之中。1984 年，由诺贝尔物理学奖获得者盖尔曼（Murry Gell-Mann）和安德逊（Philip Anderson）、经济学奖获得者阿罗（Kenneth Arrow）等人支持，组织了圣菲研究所（SFI），专门从事复杂系统的研究，试图由此找到一条迈向学科融合来解决复杂性问题的道路。1990 年美国马里兰大学的物理学家奥特（Ott）、格里博士（Greebogi）及约克（Yorke）三人首先从理论上提出了混沌控制方法，后来简称为 OGY 方法。这些成果拉开了运用混沌理论与方法研究复杂性的序幕，为人类认识和控制复杂系统开辟了新的途径。

盖尔曼、考温、安德逊等杰出的科学家，提出学科整合和科学应从还原论向整体论方向发展，并提出了 Agent（智能体）和 Emergence（突现）等的概念。荷兰德（Holland）开创了基因算法、分类器系统，推动了神经网络算法的发展，归纳出复杂自适应系统的特征。郎顿（Chris Longton）开创了人工生命理论，推动了元胞自动机理论的发展，提出了复杂吸引子的概念。他认为在不动点吸引子、周期吸引子和奇怪吸引子之外还有一类吸引子为复杂吸引子，即所谓的混沌边缘状态，在这种状态下系统表现出永恒的新奇性。

经过 20 多年的发展，复杂性科学取得了长足的进步，目前已经初步形成了混沌学派、结构学派、系统动力学派、自适应系统学派、暧昧学派等几个学派[1]（见表 1.1）。

国内学者陈平（1988）研究了国外金融市场的混沌问题，首次证实了经济系统也存在混沌现象；宋学锋（1992~1998）系统研究了混沌经济学的一些基本理论问题，给出了混沌经济学的定义、界定了混沌经济学的研究内容与范畴、系统总结了混沌的定量特征及其判别方法，以离散混沌经济系统为对象，研究其混沌规律，提出了"区间分析法"，以便确定混沌发生的临界区间，研究了经济管理系统的复杂性度量问题，提出了混沌度的概念和计算方法。比较了混沌经济学与经典经济学的关系，总结出了混

表 1.1 复杂性科学研究学派

学派名称	代表人物	理论工具	复杂性所在	重要研究方向
混沌学派	Li-York、R. May、M.J. Feigen-baum R. Day 等	非线性方程	系统中	物理、经济、生物系统等
结构学派	Piece、Vickers Warfield 等	集合论、布尔代数、形式逻辑等	人脑中	经济管理理论、交互式管理
系统动力学派	Senge、Meadows、Forrester 等	常微分方程与计算机模拟	系统中	组织理论、社会经济系统
自适应系统学派	Kauffman、Arthur、Holland、Cowen 等	偏微分方程	系统中	经济、生物、认知等系统
暧昧学派	一些单独的研究学者	学科交叉	不明确	社会、科学、语言系统等

沌经济学的基本原理和研究方法，形成了混沌经济学基本的理论框架，在国内率先出版了《混沌经济学理论及其应用研究》的专著；黄登仕、李后强（1993）系统总结了非线性经济模型和研究方法，并出版了《非线性经济学的理论与方法》。

钱学森等人于 1990 年提出了开放的复杂巨系统的概念，并认为复杂问题实际上是开放复杂巨系统的动力学特性问题。[2] 1992 年他们又提出了从定性至定量综合集成方法（Metasynthesis，以下简称综合集成方法）。[3]这个方法的内涵是："①将科学理论、经验知识和专家判断力相结合，提出经验性假设（判断或猜想）；②这些经验性假设不能用严谨的科学方式加以证明，往往是定性的认识，但可用经验性数据和资料以及含大量参数的模型对其确实性进行检测；③对这些在经验和对系统的实际理解上建立的参数的模型，经过计算机仿真和计算，通过反复对比，最后形成结论；④这样的结论，就是我们在现阶段认识客观事物所能达到的最佳结论，是从定性上升到定量的认识。"这个方法保持和发扬了自然科学、社会科学的定量研究方法和定性研究方法的长处，吸收了整体论和还原论的优点，是还原论和整体论的结合，随后又进一步提出了"综合集成研讨厅"方法构想，用于分析复杂巨系统；戴汝为研究了认知复杂性问题并与于景元、王浣尘等合作承担"综合集成研讨厅"的理论、方法及应用研究的重点课题。

1999 年在成思危先生积极推动下，召开了以复杂性科学为主题的香山论坛，并主编出版了《复杂性科学探索》。组织专家翻译出版了复杂科学研究丛书：《智能优势：组织的复杂性》（王浣尘等译，2000）和《组织中的复杂性与创造性》（宋学锋等译，2000）；刘洪（2001）出版了《经济混沌管理》；马军海、盛昭翰发表了"混沌时序的系统重构与预测技术"；曹庆仁、宋学锋（2001）发表了"基于复杂性科学的企业创新与管理"；2001年6月在中国矿业大学召开了第一届全国复杂性学术研讨会，标志着我国管理复杂性研究进入了重要的发展阶段。[4]

虽然国内外学者在复杂系统理论研究方面作了不懈的努力，但是迄今为止，关于复杂系统的研究仍然存在一些问题：[5]

（1）有关复杂性理论的研究和应用主要局限在物理、生物和经济管理领域，在其他领域，如社会科学和艺术领域的研究还相对比较滞后。

（2）许多复杂性问题的研究，尤其是社会科学领域，目前还主要停留在定性的层面，定量分析和模型的建立仍需要加强。

（3）数据的来源不充足，难以满足复杂性分析的需要。

（4）大多数研究集中体现在理论方面，可操作性不强。

从当前的复杂性科学研究状况我们可以看出，复杂性科学的研究方兴未艾，复杂性学科尚在初创阶段，各国的研究水平相差不大。当前的学科交叉性日益显现，科研成果也在向可操作的方向发展，所有这些都给复杂性科学注入了新的活力，复杂性科学的应用前景将更加广阔。

1.2.2 能源需求理论研究

国外真正对能源问题进行系统研究，是始于20世纪70年代。在此之前，人们对生产要素投入的认识一直笼统地满足于劳动力、资本和土地，能源最多看作是原材料的一部分，没有引起必要的注意，更谈不上对能源需求和经济增长间的关系做深入的研究。20世纪70年代初，丹尼斯·梅多斯（Dennis Meadows）等人，[6]以整个世界为研究对象，通过研究世界人口、工业发展、污染、粮食生产和资源消耗五种因素之间的变动和相互关系，建立了所谓的"世界末日模型"，首次对能源问题进行了系统研究，通过电子计算机对此模型进行模拟和分析，最后得出这样的结论：如果维持现有的人口增长率和资源消耗速度不变的话，世界资源将会耗竭。后来20世纪70年代两次石油危机似乎证实了梅多斯等人所得出的结论，这不仅引起经济学家的注意，而且也引起了工程技术专家的关注。因此，在后来对能源需求问题的研究中，主要有两条理论途径：基于经济学理论和基于工程技术理论。

（1）基于经济学理论的能源需求理论：Christensen 等 [7] (1973) 从柯布—道格拉斯生产函数演化得出能源需求的超越对数模型，首次将能源作为生产要素引入柯布—道格拉斯生产函数中，从而对能源需求进行分析，之后 Hudson 和 Jorgenson（1974）、Berndt 和 Wood（1975）、Jorgenson 和 Fraumeni（1981）[8] 等人对此模型不同程度地进行深入研究，结果他们发现，此模型存在着一定的缺陷，而且他们通过研究对其进行了不同程度的补充和修正；一些研究者（Griffin and Gregory，1976）[9] 在利用部门间和截面组数据（panel data）计算能源价格弹性时，发现地区间的能源需求变化也会对长期能源需求产生影响，进而他们通过国家间的、跨部门的数据进行研究并建立基于截面组数据的能源需求模型，20 世纪 80 年代以来，截面组数据研究在质量和数量上都增加很大，特别是在计量经济学的支持下，截面组数据模型得到了迅速的发展；Beenstock（1981）、Kouris（1983）、Bopp（1984）、Prosser（1985）[10] 等人基于经济学的需求理论，通过分析影响能源需求的因素，建立能源需求函数来分析能源需求并预测未来能源需求，这也是目前应用较多的、较广泛的模型形式之一，Noel D.Uri [11] (1993)、Mohinder Gill [12] (1995) 在此基础之上，将气候因素引入能源需求函数中，发展了能源需求函数，使之更接近现实、更能解释其经济意义。

（2）基于工程技术理论的能源需求理论：Fisher 和 Kaysen（1962）对能源应用设备、技术效率和能源需求的相互关系进行了分析，认为对于一种给定的燃料的需求取决于使用该燃料的设备的存量及其该设备的燃料效率和利用率，得出了一种分析能源需求的模型，McFadden（1978，1984）[13] 在上述的基础之上，通过研究发现上述模型存在许多概念上的困难，基于这一点，他补充和发展了上述模型，把燃料应用选择描述为效用最大化的非连续选择，并得出了以效用最大化为基础的非连续模型；由于煤、石油、天然气等都属于不可再生资源，由历史数据估测得到的计量经济学模型，并不能反映这些不可再生资源在以后时期的储量或可消费量，这也是能源经济研究面临的不确定性，基于这一点，Pindyck 和 Griffin [14] (1978) 在对能源需求进行分析时，考虑了时间和工程技术等影响因素，并运用动态最优方法进行研究分析，开辟了另一新的能源需求模型。

国内有关能源需求的理论研究，比国外起步晚了 10 年左右，始于 20 世纪 80 年代。之后，基于国际形势和国内经济发展的需要，我国学术界越来越重视能源需求问题的研究。在借鉴国外的经验和结合我国的实际情况的基础之上，我国学者在 20 世纪 80 年代初和 90 年代中进行过两次大规模的学术研讨，[15] 基本上沿着两种思路来研究能源经济问题：一是从实物量或标准实物量的角度，研究国民经济发展对能源的需求；二是就价格论价格。[7]

1.2.3 能源需求分析方法研究

20 世纪 70 年代爆发的"石油危机"使得各国学者关注能源问题的研究，将各种建模方法引入能源系统的研究当中。国内外许多能源或相关机构对能源需求进行过研究，得出了一些比较实用的建模方法，[16] 这些方法大致可以归结为：①部门分析法是根据能源消费量和经济增长速度之间的关系，直接测算一定经济增长速度和能源利用率下，各部门的能源消费量的一种方法。[17] 该方法将国民经济分成若干部门，分别计算各个部门的能源需求量，然后加总，得到能源需求总量。部门划分越细，预测的准确率就越高，反之，则预测的准确率就越低。[18] 吴宗鑫等[19]（1988）运用了部门分析法对我国的能源需求进行分析，并对未来能源需求进行预测。②时间序列趋势法是以研究对象的历史时间序列数据为基础，运用一定的数学方法使其向外延伸，来预测其未来的发展变化趋势。[20] 在预测能源需求时，是在过去能源消费增长的基础上进行趋势外推，其根本出发点是认为将来的能源需求与过去的能源消费规律变化不大。[21] 这种方法运用广泛，国内学者如李维杰（1996）、陈淑绵（1998）等分别运用回归模型和自回归移动平均模型对能源需求进行建模与分析，就是属于这种方法的范畴。③能源弹性系数法是把能源消费量与经济增长定量地表示出来，以考察两者关系一般发展规律，以此来分析未来能源需求。[22] 应用弹性系数法作为能源需求预测的手段，是根据历史上能源消费及其影响因素的统计数据，进行回归分析和找出合适的回归方程及其回归系数，以此回归方程为基础，对未来的能源需求进行预测。甘肃省计委[23]（1988）首次运用此方法研究本省的能源需求；陈书通[24]（1996）以此为基础，对未来能源消费与经济增长一般关系进行分析，但后来有学者认为能源弹性系数法存在一定局限性。[25] ④投入产出法，又称部门联系平衡法，是综合考察、分析国民经济各部门之间的数量依存关系以及消费积累的综合比例的一种方法。它既可以作为综合统计分析和计划综合平衡的重要工具，也是进行能源需求预测的一种方法。[26] 应用投入产出分析法进行能源需求预测，需要具有一份实物型投入产出表。王海建[27]（1999）在分析我国能源消费特点的基础上，运用投入产出分析法，并借助中国1987年和1992年18部门能源经济投入产出表，分析了各部门生产技术结构变动和最终需求结构变动对能源需求变动的影响；中国科学院科技政策与管理科学研究所建立了基于投入产出的能源需求预测模型，国际上投入产出技术的一个重要发展趋势是将它与最优化技术结合。[28~30] ⑤20世纪80年代初欧洲Rhys提出了一种简单实用的因素分析法，接着，德国学者Reitler、Rudolph和Schaefer在其方法的基础上，加以完善，把影响工业能源消费的因素分解为四个部分，即工业总产值增长因素（Output Effect）、能源利用效率因素（Energy Intensity Effect）、工业结构因素（Structural Effect）以及其他因素（Residuals），简称RRS能源因素分析法。李俊[31]（1994）曾采用此种方法对我国区域能源供求进行分析。以上所运用的建模方法有一个共同的特点，即都是以传统的建模技术为基础的，而传统的建模技术有一个重要的前提条件：所分析的数据都是平稳的时间序列。

"二战"后随着各国的经济发展，各国经济变量表现出非平稳性，这使得传统的建模技术失去了前提条件，为了解决这一难题，恩格尔（Engle）和格兰杰（Granger）提出了协整理论。[32] 自协整理论提出以来，受到各国学者的关注，一些学者[33~36]运用协整理论与误差修正模型对经济变量如居民消费、外资投资、同业拆借利率等进行了分析，并且得到了比较好的结果。近年来，灰色预测模型和人工神经网络模型用于非线性时间序列预测较为引人注目，其优点是在建模时都不需要计算统计特征，从理论上讲，可以适用于任何非线性时间序列的建模，[37] 徐明德、[38] 王立杰和孙继胡、[39] 王勇、林保江、[40] 荆全忠、张健[41]等分析了灰色预测模型在能源预测中的应用；Fung, Y.H, Tummala, V.M.R [42]（1993）进行了关于电力消费预测的人工神经网络模型与回归模型的比较分析；彭建良、李新建、王斌等[43]（1998）也运用神经网络方法对能源消费量进行了模拟分析和预测，但是这两种方法也有其不足之处，灰色预测方法由于其模型特点，比较适合于具有指数增长趋势的实际问题，对于其他变化趋势，则有时拟合灰度较大，导致精度难以提高；人工神经网络方法在应用中难以科学地确定网络结构，学习训练最优权数时，其BP算法存在陷于局部极小值收敛的固有缺陷，从而影响预测模型的可靠性和准确性；小波神经网络（Wavelet Neural Network）是近几年国际上新兴的一种数学建模分析方法，是结合最近发展的小波变换与人工神经网络的思想而形成的，已经开始有效地应用于信号处理、数据压缩、故障诊断等众多领域，它是通过对小波分解进行平移和伸缩变换后而得到的级数，具有小波分解的一般逼近函数的性质，并且由于它引入了两个新的参变量，即伸缩因子和平移因子，所以小波神经网络具有比小波分解更多的自由度，从而使其具有更灵活有效的函数逼近能力，经过筛选恰当的各个参数，通过较少的级数项组成的小波神经网络就能达到优良的逼近效果，[44]宁云才[45]（2003）运用复合小波神经网络对煤炭需求进行预测分析，复合小波神经网络拟合精度很高，但在系统结构变化较大时，用于预测未来仍然有较大偏差。近几年，国外预测领域出现了很多关于组合预测的研究，Yue Fang[46]（2003）通过分析得出了结论：组合预测模型比单一预测模型具有更好的准确性；Miche'le Hibon，Theodoros Evgeniou[47]（2005）分析了组合预测与单一预测方法的选择问题，指出组合预测方法并不是在任何的情况下都优于单一预测法，国内学者也对组合预测方法进行了研究和论证。[48~49]

由美国麻省理工学院的福瑞斯特（Jay W.Forrester）教授1956年创立的系统动力学（System Dynamics）是一门研究信息反馈系统的科学，是以系统方法论的基本原则来考察客观世界，认为系统的行为模式与特性主要根植于其内部的动态结构与反馈机制，其最大的特点是采用定性与定量结合，系统分析、综合与推理的方法，借助计算机的模拟，进行调查研究和政策分析。[50]沈玉志[51]（2004）运用SD建立了中国能源发展预测模型。宁云才运用系统动力学方法对矿区生产效率、矿区可持续发展等问题进行了分析。[52-53]实践证明，系统动力学对于处理高阶次、非线性、多重反馈的时变系统是很有成效的，SD模型被称为是社会、经济与生态等复杂大系统的实验室。[54]

1.2.4 系统动力学在复杂网络结构研究中的实用性分析

（1）系统动力学的概念及特征。系统动力学是福瑞斯特教授为分析生产管理及库存管理等企业问题而提出的系统仿真方法，最初叫工业动态学。1961年，福瑞斯特发表的《工业动力学》（Industrial Dynamics）成为经典著作。随后，系统动力学应用范围日益扩大，几乎遍及各个领域，逐渐形成了比较成熟的新学科——系统动力学。

系统动力学是一门分析研究信息反馈系统的学科，也是一门认识系统问题和解决系统问题的交叉综合学科。它是系统科学中的一个分支。从系统方法论来说，系统动力学是结构的方法、功能的方法和历史的方法的统一。它基于系统论，吸收了控制论、信息论的精髓，是一门沟通自然科学和社会科学等领域的横向学科。[55]

系统动力学的基本概念包括：①因果反馈。如果事件 A（原因）引起事件 B（结果），AB 便形成因果关系。若 A 增加引起 B 增加，称 AB 构成正因果关系；若 A 减少引起 B 减少，则 AB 构成负因果关系。两个以上因果关系链首尾相连构成反馈回路，亦分正、负反馈回路。②积累。本方法视社会经济状态变化为由许多参变量组成的一种流，通过对流的研究来掌握系统性质和运动规律。流的规程量便是"积累"，用以描述系统状态，系统输入输出流量之差为积累增量。"流率"表述流的活动状态，亦称决策函数，积累则是流的结果。任何决策过程均可用流的反馈回路描述。③流图。流图由"积累"、"流率"、"物质流"、"信息流"等符号构成，直观形象地反映系统结构和动态特征。④延迟。任何决策实施均需一定时间，此现象即为延迟。在流图上不易表述，通常用计算机程序中延迟指令来实现。⑤仿真语言。为使用方便，设计了 DYNAMO 专用语言，备有 20 多种函数，只需输入系统动力学议程和必要参数，即可向用户提供结果。

系统动力学方法是一种以反馈控制理论为基础，以计算机仿真技术为手段，通常用以研究复杂的社会经济系统的定量方法。自创立以来，已成功地应用于企业、城市、地区、国家甚至世界规模的许多战略与决策分析中，被誉为"战略与决策实验室"。这种模型从本质上看是带时间滞后的一阶差微分方程，建模时需借助于"流图"，其中"积累"、"流率"和其他辅助变量都具有明显的物理意义。它与其他模型方法相比，具有下列特点：[56]①适用于处理长期性和周期性的问题。如自然界的生态平衡、人的生命周期和社会问题中的经济危机等都呈现周期性规律并需通过较长的历史阶段来观察，已有不少系统动力学模型对其机制做出了较为科学的解释。②适用于对数据不足的问题进行研究。建模中常常遇到数据不足或某些数据难于量化的问题，系统动力学借助各要素间的因果关系、有限的数据及一定的结构仍可进行推算分析。③适用于处理精度要求不高的复杂的社会经济问题。上述问题常常因描述方程是高阶非线性动态的，应用一般数学方法很难求解。系统动力学则借助于计算机及仿真技术仍能获得主要信息。④强调有条件预测。本方法强调产生结果的条件，采用"如果……则……"的形式，对预测未来提供了新的手段。

（2）系统反馈结构及其表示方法。系统动力学认为反馈回路是构成系统的基本结构。一个复杂系统则是由这些相互作用的反馈回路组成的。基于系统的整体性与层次性，系统的结构一般存在下列体系与层次：①确定系统范围的界限，界限内为系统本身，而界限外则为与系统有关的环境；②子系统或子结构；③系统的基本单元，反馈回路结构；④反馈回路的组成与从属成分：状态变量、变化率（目标、现状、偏差与行动）。

系统的基本结构是反馈回路。反馈回路是耦合系统的状态、速率（或称行动）与信息的回路，它们对应于系统的三个组成部分：单元、运动与信息。状态变量的变化取决于决策或行动的结果，而普遍存在于生物界、社会经济与机器系统中的一种现象是，决策（行动）的产生依靠信息反馈的自我调节，这是系统的一种典型的基本结构。一个反馈回路就是由状态、速率、信息三个基本部分组成的基本结构。一个复杂系统则按一定的系统结构由若干相互作用的反馈回路所组成；反馈回路的交叉、相互作用形成了系统的总功能。

系统动力学模型由系统结构流程图和构造方程组成，二者相辅相成，融为一体。流程图反映系统中各变量间因果关系和反馈控制网络，正反馈环有强化系统功能，表现为偏离目标的发散行为；负反馈环则有抑制功能，能跟踪目标产生收敛机制。二者组合使系统在增长与衰减交替过程中保持动态平衡，达到预期目标。所以，流程图用以体现实际系统的结构特征，构造方程是变量间定量关系的数学表达式，可由流程图直接确定或由相关函数给出，可以是线性或非线性函数关系，其一般表达式为：

$$\frac{dX}{dt} = f(X_i, \ V_i, \ R_i, \ P_i) \tag{1-1}$$

其差分形式可形成：$X(t + \Delta t) = X_{(t)} + f(X_i, \ V_i, \ R_i, \ P_i) \cdot \Delta t \tag{1-2}$

式中，X 为状态变量，V 为辅助变量，R 为流率变量，P 为参数，t 为仿真时间，Δt 为仿真步长。

系统动力学模型的建立，首先是确定系统分析目的；其次是确定系统边界，即系统分析涉及的对象和范围；之后是建立因果关系（反馈回路）

图和模型流程图；然后写出系统动力学方程；最后进行仿真试验和计算。

（3）系统动力学研究复杂系统的优势。系统是结构功能的统一体，系统的结构表示系统构成的特征，功能表示系统行为特征，结构和功能是相辅相成、互为因果，是不可分割的，因此，分析研究一个系统时，不但要考虑系统的功能与行为，而且要考虑系统的结构。通过不断交叉地考察系统的结构与功能，来建立一个在系统上与功能上都能较好地反映实际系统的模型。这就要求我们在考察系统时，不但要搜集与研究反映系统功能与行为的各种数据、图表，而且需要研究另一方面的信息，也就是关于反映系统结构的信息，或者说是关于反映单元间相互关系、相互作用方面的信息。而这些信息不能仅仅依靠大量统计数据来反映，因为统计数据只表示了人们认识世界的一小部分，它只反映了系统的功能现象的一部分。要真正构造系统的模型就必须经过严谨的系统分析与结构分析阶段，深入到真实世界，洞察它所包含的那些不可测量的因果相互关系。把系统的动态变化与其内部的反馈回路结构联系起来，依靠人们的分析能力与认识能力，获得对系统的正确认识或概念，并把它们结合到模型结构中去。

在系统动力学的建模过程中，人们将更充分地了解系统的结构与功能的相互关系。由于系统动力学从系统的微观结构入手建立系统的模型，因此为我们研究系统结构与功能的关系提供了科学的方法。

如前所述，关于复杂系统的研究，钱学森等提出了"综合集成方法"，而这一方法的实现，必须解决两个问题：一是如何将科学理论、经验知识和专家判断力相结合，建立定性认识，提出假设并建立包括大量参数的系统结构模型；二是如何通过人机交互，调整参数等，进行仿真计算，反复对比逐次逼近，实现从感性到理性，由定性到定量的转化，而系统动力学具有解决这两个问题的基本条件，SD 在进行系统研究方面从微分方程组理论出发，建立了两条具体适合研究复杂系统的技术：①提出了因果关系及流位流率关系的反馈结构建模方法；②具有专用的便于参数调试的 DYNAMO 仿真语言，这两条与上述"综合集成方法"实现所需的必要条件不谋而合。贾仁安等所著的《用系统动力学研究复杂系统问题的方法论及其功能》阐述了用系统动力学可以有效地刻画反馈动态性复杂问题。他们从系统动力学的理论工具常微分方程组出发，首次提出了 SD 流率基本入树复杂系统结构建模的理论与方法，根据此理论与方法，可同时实现规范化建模和用行列式、矩阵代数方法计算出系统模型全部反馈环两个功能，这样实现了将复杂的网络结构流图模型转化为简单的树结构模型，又将树结构模型转化为线性的矩阵等计算问题，这样就解决了运用系统反馈动态性复杂结构来分析根本问题，这些结果为社会经济复杂系统管理问题的解决提供了理论基础和有效分析工具，有助于促进"综合集成方法"的实现。[57] 我国学者运用系统动力学方法在多个领域进行了研究和探索，[58~61] 但是系统动力学中尚有一些需进一步研究的问题，比如复杂系统主回路的判别方法；模型参数估计的进一步完善；模型行为模式的稳健性问题等。[57]

1.3 研究内容、方法及技术路线

1.3.1 研究内容

（1）绪论。对中国煤炭资源的重要性、煤炭消费与煤炭需求预测状况进行分析，界定研究的主要问题，明确研究的目的及意义，综述能源需求研究理论及方法的相关文献，确定研究内容、方法及技术路线。

（2）中国煤炭市场供需现状分析。主要分析中国的煤炭资源禀赋状况，近十几年来煤炭工业发展情况，影响煤炭产量的诸多因素以及煤炭消费市场构成，并进一步对中国煤炭供求平衡状态及发展趋势进行分析和展望。

（3）中国煤炭需求影响因素分析。运用协整理论分析煤炭需求与 GDP 的协整关系、各产业的增长值与煤炭消费的协整关系以及国内外煤炭市场价格之间的关系，同时，分析能源消费结构、节能、环保等因素对中国煤炭需求变化的影响作用。

（4）煤炭需求预测方法比较分析。分别运用煤炭需求间接预测法、煤炭需求因果回归预测法、灰色系统理论建模、复合小波神经网络预测模型，对中国煤炭需求进行趋势预测，并结合预测结构对不同的方法进行比较分析。

（5）煤炭需求系统结构分析。煤炭需求与国民经济增长和固定资产投资增长存在密切联系。中国正处在住房消费和汽车消费的高增长期，处在城市建设和区域间、城际间基础设施建设的高潮期，处在工业化、城市化的中期阶段和重工业时代的初期阶段，这一发展阶段对高耗能产品的需求将有较大幅度增长，能源需求量也将随之较快增长。在较长时期内，煤炭仍将是中国的基础能源，而中国的煤炭消费主要集中在电力、钢铁、建材和化工四个重工业部门，中国煤炭需求的发展趋势，主要取决于该四个行业的发展状况。重点揭示煤炭消费系统的结构特征，即分析主要耗煤行业煤炭消费状况及其各层次、各方面的影响因素，以及这些因素之间的相关特性。

（6）煤炭需求系统建模及仿真。通过建立煤炭需求各子系统的系统动力学模型，进一步有效地分析和研究煤炭需求复杂系统的结构和规律。首先对 SD 仿真模型的相关参数，特别是不可控参数的变化趋势、发展规律进行预测，确定有关指标与某些因子的定量关系。其次，建立煤炭需求系统动力学模型，并进行模型有效性检验。最后，对我国煤炭需求的未来发展趋势进行模拟仿真。

（7）结论与展望。给出研究的主要结论及其创新点，对中国的能源发展规划提出政策建议，并对研究中存在的问题以及今后进一步工作的内容提出建议。

1.3.2　研究方法

本书从系统科学的角度出发，以系统论与控制论、复杂系统研究理论为基础，以科学理论与经验知识相结合、定量分析与定性分析相结合、宏观与中微观相结合、目标实现与过程控制相结合的研究方法，综合运用系统工程理论、控制论、系统动力学、计量经济学理论与方法，首先通过相关统计年鉴、网络以及其他信息载体获取并归纳研究所需的资料及数据，发现问题；其次对研究内容的各组成部分进行结构分析和深入讨论，构造我国煤炭需求系统动力学主模型，对系统的低层子系统，采用各种数据模型技术建立预测模型；最后对我国煤炭需求进行科学的预测，为宏观经济调控、能源规划提供具体措施与政策建议。

1.3.3　技术路线

以煤炭需求系统复杂网络结构为研究对象，探讨煤炭需求各子系统的主要结构特征；在此基础上，依据复杂系统理论、控制论的基本理论与方法，建立煤炭需求系统动力学模型，对煤炭需求系统的演化机制与运行规律进行模拟，实现理论指导实践、实践完善理论的研究目标。

本文的技术路线是"理论阐述——系统分析——理论方法研究——模型构建——模拟运行——模型修改——政策建议"（见图1.1）。

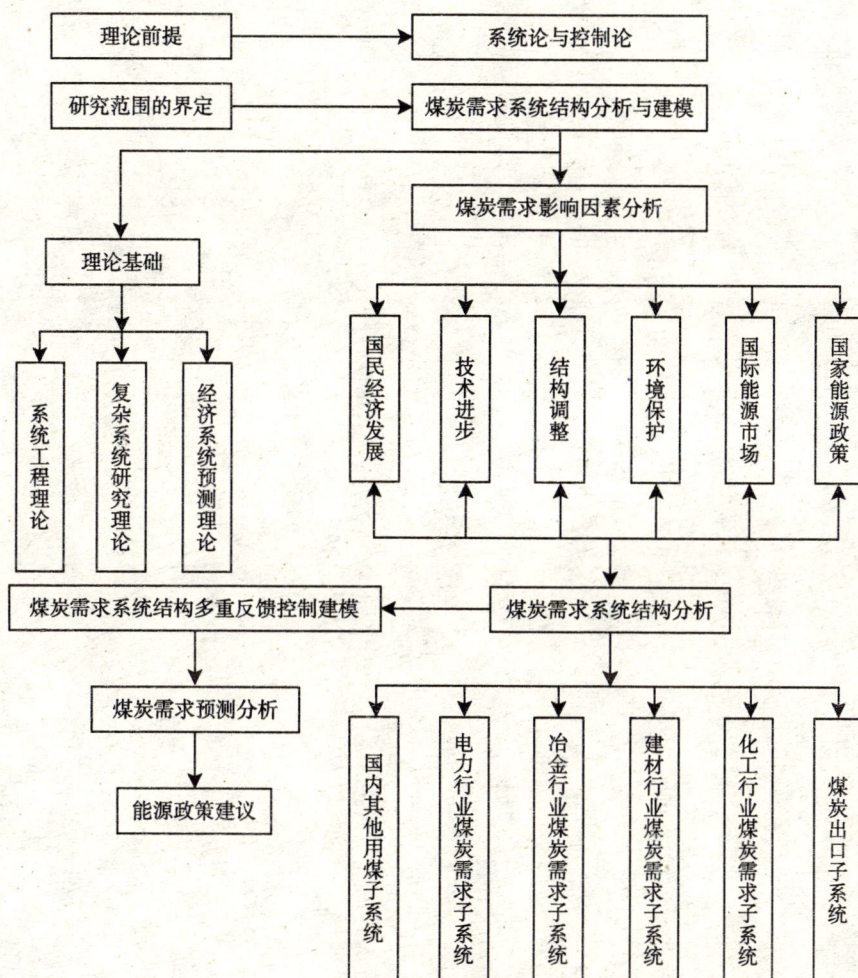

图 1.1 技术路线图

2 中国煤炭市场供需现状分析

我国是世界第一产煤大国，煤炭产量占世界的 37%。煤炭是我国的主要能源，分别占一次能源生产和消费总量的 76% 和 69%，在未来相当长的时期内，我国仍将是以煤为主的能源结构。随着煤炭工业经济增长方式的转变、煤炭用途的扩展，煤炭的战略地位仍然十分重要。本章主要分析中国的煤炭资源禀赋状况，近十几年来煤炭工业发展情况，影响煤炭产量的诸多因素以及煤炭消费市场构成，并进一步对中国煤炭供求平衡状态及发展趋势进行分析和展望。

2.1 煤炭工业的发展

我国煤炭生产长期以来始终保持着基本平稳的发展速度（见表 2.1、图 2.1），改革开放初期，国民经济的高速发展使得能源需求量也随之增长。"六五"期间，煤炭产量年均增长达 7.06%；"九五"期间，随着经济结构的调整，煤炭产量已经能够满足国民经济快速发展的需要。过去因为煤炭供不应求而制约经济发展的状况发生了根本变化，煤炭市场由长期短缺趋向于供大于求，因此，煤炭产业开始实行生产与库存双控制。1997年煤炭压产 800 万吨，1998 年继续压产约 1 亿吨，2000 年进一步压产 0.5亿吨，煤炭生产的发展速度明显减缓，"九五"期间的煤炭产量年均增长率为-6.7%。[62] "十五"期间，在市场的强劲拉动和国家政策的支持下，扭转了"九五"期间建设规模严重不足的局面，煤炭生产建设加快，煤炭产量年均增速达 11%，保障了国民经济发展。2005 年，煤炭产量 22 亿吨，比 2000 年增长 69.7%；在建规模 4.4 亿吨/年，是"九五"末期的 10倍；煤炭占我国一次能源生产总量的 76.3%，比 2000 年提高 4.3 个百分点；占能源消费总量的 68.7%，比 2000 年提高 0.9 个百分点。2006 年全国原煤产量 23.8 亿吨，同比增长 8%。

表 2.1 全国各期煤炭生产增长速度①

单位: %

"六五"	"七五"	"八五"	"九五"	"十五"
7.06	4.37	4.73	-6.7	11

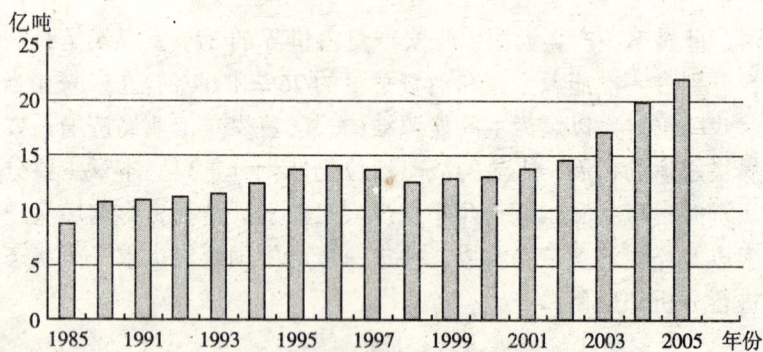

图 2.1 全国历年煤炭生产量

"十五"期间建设的大中型煤矿，主要分布在大型煤炭基地内。2005年，大中型煤矿产量占 54%，比 2000 年上升 7 个百分点；原煤入选率32%，比 2000 年提高 6 个百分点；在建煤矿中，大中型煤矿规模占 82%。目前，已形成 3000 万吨级以上的煤炭企业 10 家。其中，亿吨级特大型企业集团 2 个，5000 万吨级的大型企业 3 个。煤炭企业与电力、化工等企业合作步伐加快，向区域化、多元化发展，23 家煤炭企业跨入全国 500 强。[63]

以煤炭企业为主体的技术创新体系初步建立，攻克了一批行业共性的关键技术难题。年产 400 万~600 万吨煤炭的综采技术装备实现了国产化。开发了具有自主知识产权的煤炭液化技术，年产百万吨级煤炭液化产业化工程启动。2005 年，国有重点煤矿采煤机械化程度达到 82.7%，比 2000年提高 8.3 个百分点。"十五"期间，安全高效煤矿数量由 2000 年的 82个，增加到 2005 年的 197 个。其中，建成投产 10 个千万吨级煤矿。一批煤炭企业的生产和安全指标达到世界先进水平。

---

① 资料来源: 国家统计局《中国统计年鉴》(2006)。

国家采取了一系列重大举措，加强煤矿安全基础工作，安全生产形势有所好转。"十五"期间，全国煤炭产量增长 69.7%，百万吨死亡率下降 39.2%。2005 年，全国煤矿百万吨死亡率 2.711，其中，国有重点煤矿 0.919，国有地方煤矿 1.993，乡镇煤矿 5.158。[63]

总之，"十五"期间，煤炭产量持续增长，科技进步步伐加快，投资主体趋于多元化，大型煤炭基地建设取得阶段性成果，大型煤炭企业集团发展加快。国家确立了以煤为主的能源发展战略，《国务院关于促进煤炭工业健康发展的若干意见》为煤炭工业持续稳定协调发展指明了方向。

2.2　煤炭资源禀赋分析

我国煤炭资源相对丰富，但分布极不均衡，具有东少西多、南少北多的特点。已查明资源储量 1 万多亿吨，居世界第三位。在查明资源储量中，晋陕蒙宁占 67%，是我国煤炭资源最为集中的地区；新甘青、云贵川渝占 20%；其他地区仅占 13%。[64]

在地质历史上的成煤期共有 14 个，其中有 4 个最主要的成煤期，即广泛分布在华北一带的晚石炭纪——早二叠纪，广泛分布在南方各省的晚二叠纪，分布在华北北部、东北南部和西北地区的早中侏罗纪以及分布在东北地区、内蒙古东部的晚侏罗纪——早白垩纪四个时期。它们所赋存的煤炭资源量分别占中国煤炭资源总量的 26%、5%、60% 和 7%，合计占总资源量的 98%。上述四个最主要的成煤期中，晚二叠纪主要在中国南方形成了有工业价值的煤炭资源，其他三个成煤期分别在中国华北、西北和东北地区形成极为丰富的煤炭资源。中国煤炭资源分布面广，除上海市外，全国 30 个省、市、自治区都有不同数量的煤炭资源。在全国 2100 多个县中，1200 多个有预测储量，已有煤矿进行开采的县就有 1100 多个，占 60% 左右。从煤炭资源的分布区域看，华北地区最多，占全国保有储量的 49.25%；其次为西北地区，占全国的 30.39%；其他依次为西南地区，占 8.64%；华东地区，占 5.7%；中南地区，占 3.06%；东北地区，占 2.97%（见图 2.2）。按省、市、自治区计算，山西、内蒙古、陕西、新疆、贵州和宁夏 6 省区最多，这 6 省的保有储量约占全国的 81.6%。[65]

在漫长的地质演变过程中，煤田受到多种地质因素的作用；由于成煤年代、成煤原始物质、还原程度及成因类型上的差异，再加上各种变质作用并存，致使中国煤炭品种多样化，从低变质程度的褐煤到高变质程度的无烟煤都有储存。[66] 按中国的煤种分类，其中炼焦煤类占 27.65%，非炼焦煤类占 72.35%，前者包括气煤（占 13.75%），肥煤（占 3.53%），主焦煤（占 5.81%），瘦煤（占 4.01%），其他为未分牌号的煤（占 0.55%）；后者包括无烟煤（占 10.93%），贫煤（占 5.55 %），弱碱煤（占 1.74%），不缴煤（占 13.8%），长焰煤（占 12.52%），褐煤（占 12.76%），天然焦（占 0.19%），未分牌号的煤（占 13.80%）和牌号不清的煤（占 1.06%）。[67]

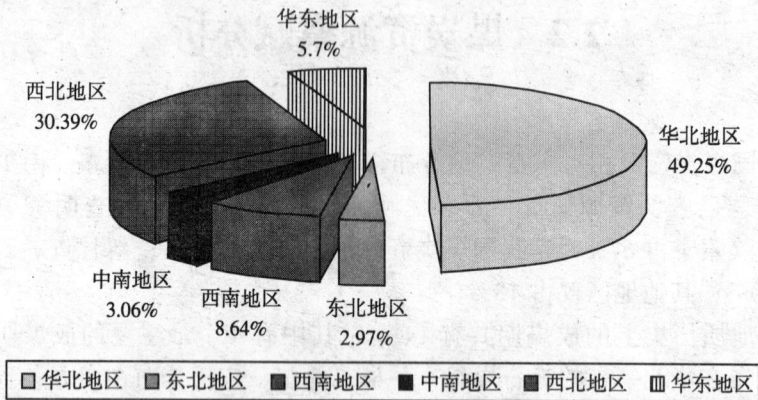

图 2.2　中国煤炭资源储量的地区分布

中国煤炭资源在储量、勘探程度、地理分布、煤种及煤质等方面有以下特点：①煤炭资源丰富，但人均占有量低。中国煤炭资源虽丰富，但勘探程度较低，经济可采储量较少。所谓经济开采储量是指经过勘探可供建井，并且扣除了回采损失及经济上无利和难以开采出来的储量后，实际上能开采并加以利用的储量。在目前经勘探证实的储量中，精查储量仅占30%，而且大部分已经开发利用，煤炭后备储量相当紧张。中国人口众多，煤炭资源的人均占有量约为 234.4 吨，而世界人均的煤炭资源占有量为 312.7 吨，美国人均占有量更高达 1045 吨，远高于中国的人均水平。②煤炭资源的地理分布极不平衡。中国煤炭资源北多南少，西多东少，煤炭资源的分布与消费区分布极不协调。从各大行政区内部看，煤炭资源分布也不平衡，如华东地区的煤炭资源储量的 87%集中在安徽、山东，而工业主要在以上海为中心的长江三角洲地区；中南地区煤炭资源的72%集中在河南，而工业主要在武汉和珠江三角洲地区；西南煤炭资源的67%集中在贵州，而工业主要在四川；东北地区相对好一些，但也有52%的煤炭资源集中在北部黑龙江，而工业集中在辽宁。③各地区煤炭品种和质量变化较大，分布也不理想。中国炼焦煤在地区上分布不平衡，四种主要炼焦煤种中，瘦煤、焦煤、肥煤有一半左右集中在山西，而拥有大型钢铁企业的华东、中南、东北地区，炼焦煤很少。在东北地区，钢铁工业在辽宁，炼焦煤大多在黑龙江；西南地区，钢铁工业在四川，而炼焦煤主要集中在贵州。④适于露天开采的储量少。露天开采效率高，投资省，建设周期短，但中国适于露天开采的煤炭储量少，仅占总储量的7%左右，其中70%是褐煤，主要分布在内蒙古、新疆和云南。[68]

2.3 煤炭产量影响因素分析

2.3.1 煤炭产业投资

"九五"及"十五"期间煤炭产业投资出现较大幅度波动（见图2.3），但十年平均增幅明显超过煤炭产量增幅。1996年、1997年两年，煤炭产业投资增长率分别是13.8%和17.6%，增幅基本正常。1998~2000年期间，煤炭产业投资大幅度下降，年均下降19.3%。2001年煤炭产业投资开始小幅增长，2002~2005年则超高速增长，年均增长50.6%。据统计，1995~2005年期间煤炭开采及洗选业投资完成额年均下降14%，扣除物价因素后，由投资新增加的煤炭资产年均增幅在10.9%左右，再扣除矿井报废核销的生产能力，煤炭生产能力保持5%以上的增长幅度，而该期间煤炭产量仅年均增长4.8%。

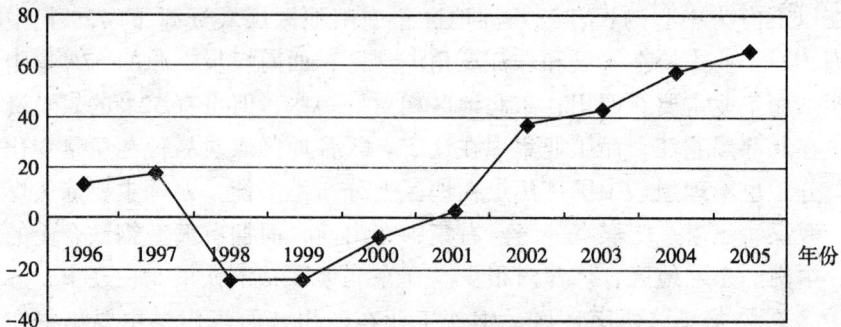

图 2.3   1996~2005 年煤炭采选业投资增长率（%）

2.3.2   煤矿建设发展惯性

煤矿建设周期长，并且发展惯性强，煤炭市场疲软期煤炭产能仍然保持适度增长；"十五"中、后期煤炭产能较快增长，从 2005 年开始进入集中释放期。

1995~2001 年间，平均每年新增原煤生产能力 2640 万吨（见图 2.4），其中基本建设平均每年新增原煤生产能力 2010 万吨，更新改造平均每年新增原煤生产能力 630 万吨。可见，自 1998~2000 年间，尽管煤炭产能过剩，但由于投资建设具有较强的发展惯性，煤炭生产能力仍然保持适度增长，在一定程度上加剧了煤炭过剩压力。

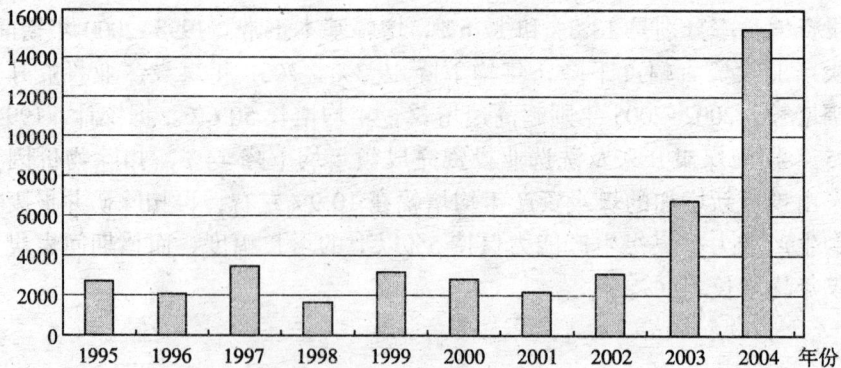

图 2.4   1995~2004 年全国新增原煤生产能力（万吨/每年）

资料来源：国家统计局《中国统计年鉴》（2005）。

2002~2004 年，新增煤炭生产能力开始加快增长。2002 年、2003 年和 2004 年新增原煤生产能力分别是上年的 1.42 倍、2.1 倍和 2.3 倍，2004 年新增产能达到空前规模，但相对于煤炭产量每年增加 2 亿吨左右的增长幅度，产能增幅依然偏小，这是造成 2004 年煤炭供应紧张的主要原因。

根据近几年来的投资情况可以初步判断，2002 年以来迅猛增长的煤炭产业投资所形成的煤炭生产能力从 2005 年开始大量释放，2005 年新增产能 2 亿吨，这是 2005 年煤炭供应紧张状况明显缓解的重要原因。产能释放导致总产能过剩，据国家发展和改革委员会调查统计数据，截止到 2005 年底，全国依法持有煤炭生产许可证的煤矿设计能力 18.8 亿吨/年，核定能力 22.6 亿吨/年。根据 2004 年对在建矿井及规划筹建矿井的调查情况，2005 年末生产能力已经超过 23 亿吨/年，加上非法煤矿生产能力（估计在 0.5 亿吨/年~1 亿吨/年），煤炭总产能已经过剩。

2.3.3 拉大产能发挥限度[①]

以放弃安全保障为代价，煤炭生产能力利用程度极富弹性，可根据需求状况在较大跨度内进行调节，"十五"期间煤炭产量增长的主要原因是拉大产能发挥限度。

由于矿井设计能力具有较大的安全系数，在适度降低矿井运行安全系数的情况下，煤炭生产能力可以在很大跨度内进行调节。"九五"及"十五"期间，3 万吨以上国有煤矿的生产能力利用率在 83%~109%波动，波幅峰谷差达 26 个百分点。在 2004 年煤炭供应紧张形势下，740 处国有煤矿共 88265 万吨/年的 3 万吨以上矿井，生产能力平均利用率为 109%[69]（见图 2.5），由于多数煤炭主产区受铁路运输制约，生产能力未能充分利

---

① 产能发挥限度——煤矿产能发挥限度反映煤矿的这样一种"性能"：一定核定能力的煤矿，最多可以生产多少煤炭，或者说，煤矿的生产能力可以发挥到多大程度。这一概念及其度量指标，可用来判断一定的煤炭总规模所可能满足的最大需求量。煤矿产能发挥限度的主要要素包括：一是运输条件；二是矿井技术状况及安全保障程度或安全管理的严格程度；三是煤炭生产的管理、组织强度等。其中运输条件是外部限定条件，后两个因素则是内部限定条件，安全管理的严格程度只是安全保障程度的外部化。决定产能发挥限度的根本依据是市场需求，市场需求是确定产能发挥限度的基准，但不属于产能发挥限度的构成要素。近几年单一矿井的产能发挥限度，最大可达矿井核定能力的几倍以上。三万吨以上国有煤矿的综合产能发挥限度，从 2004 年情况看可超过核定能力的 9%，扩张限度不大，这主要是因为部分煤矿的生产能力因运输条件制约而未能充分利用。

用，以致有 343 处矿井共 26525 万吨/年生产能力的实际利用状况未能达到核定水平，这些矿井的生产能力平均利用率仅为 80.35%，其中利用率在 60% 以下的矿井 94 处共 5105 万吨/年。同时，也有 178 处共 25088 万吨/年的生产能力超过核定水平，平均利用率达到 132.48%，其中有 204 处矿井共 25450 万吨/年的生产能力利用率超过 120%，平均利用率高达 155.62%，生产能力利用率过高。可见即便在煤炭供应紧张的形势下，生产能力利用率的波动跨度也很大，其下限区间主要受运输条件制约而致，其上限区间则以放弃安全保障为代价。小煤矿生产能力利用率过高的程度更大，安全保障程度更差，同时，运力不济对小煤矿的制约程度更大，小煤矿生产能力利用率的实际波动跨度更大。可见，中国煤矿生产能力的发挥限度极富弹性，如果进一步改善运输条件，并消除其他致使生产能力利用程度不均衡的因素，那么中国煤炭产业的供应能力仍大有潜力可挖；同时，如果严格安全管理，严禁超能力生产，则中国煤炭产业的供应能力就会大打折扣。

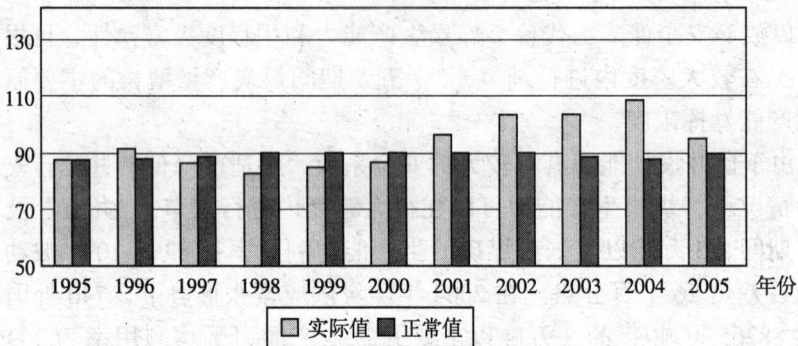

图 2.5　1995~2005 年生产能力利用率实际值、正常值（%）

就 3 万吨以上国有煤矿的生产能力利用状况来看，2001~2004 年间，生产能力增长率明显低于煤炭产量增长率，年均增长率比产量增长率低 5.6 个百分点，2001~2004 年间生产能力增加量占产量增加量的 59%，也就是说，有四成以上的煤炭产量是依靠拉大产能发挥限度来实现的[70]（见图 2.6）。

"九五"以来，3 万吨以上国有煤矿生产能力利用状况出现较大波动，全国煤炭生产运行状态在"九五"期间多数年份呈现为需求制约型运行状

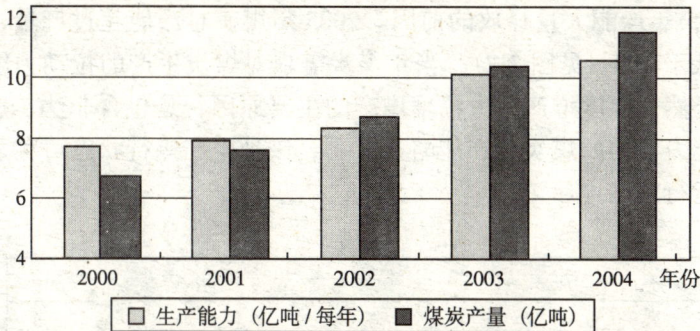

图 2.6　2000~2004 年 3 万吨以上国有煤矿产能、产量

态。"十五"前四年呈现为需求导向型运行状态，2004 年由需求导向型向产能导向型转变，2005 年处于产能导向型运行状态。从 3 万吨以上国有煤矿出力指数①的波动情况来看，1997~2000 年间，煤炭生产因需求不足而致部分产能闲置，该种生产运行状态可称之为需求制约型运行状态。2001 年开始超负荷生产，超负荷程度逐年加大，2001~2003 年间，煤炭产能利用率不断上升，总体看产能利用状态仍然处在原有习惯性安全保障程度（不严格的安全保障）的可调区间内，产量增长主要受需求导向，并非主要依靠产能增加，该种生产运行状态可称之为需求导向型运行状态；尽管 2004 年煤炭产能有较大幅度增加，但仍然超负荷 24%，煤炭产量的调节区间超出了原有习惯性安全保障程度，煤矿生产处于大额度超负荷状态，这意味着需要通过扩大产能来达到所需要的生产规模，煤炭生产运行状态总体上仍然处于需求导向型状态，但应该向产能导向型转变，这也可

---

①煤矿出力指数：设定现有核定能力皆为具有安全保障的生产能力，为保障安全生产，对于因铁路运输制约、重大安全事故及其引发的安全整治等原因而未能充分利用的那部分生产能力，不应以另一部分矿井的超负荷生产来予以补足，即不得"以过补缺、以丰补歉"。遵循这一原则的煤矿产能利用程度的上限，为安全保障状态下的充分利用状态，在这一状态下的全行业平均产能利用率可视为产能利用率的"标准尺度"。将"标准尺度"设定为 100，将实际利用率相对于"标准尺度"的相对值定义为煤矿出力指数，它是状态指数而非趋势指数，可用来反映现有核定生产能力在现有条件下的利用状态，反映相对于"具有安全保障的生产能力充分利用状态"的相对状态，其大于 100 的上限区域反映越过安全警戒线的程度，低于 100 的下限区域则反映因需求不足所导致的煤炭产能闲置程度。当煤矿出力指数在 100 左右时，说明在总体安全的状态下，现有条件下的生产能力基本得以正常利用，但不排除个别煤矿超越安全警戒线与个别区域因煤炭需求不足而产能闲置二者并存的情况；大于 100 意味着有部分矿井生产能力利用率过高生产，大量煤矿偏离设定的安全状态，超越了安全警戒线，但不排除有个别煤矿因需求不足而未能正常生产的情况；小于 100 意味着部分有条件正常生产的煤矿因需求不足而未能正常生产，但不排除有个别煤矿存在超越安全警戒线的情况。

视为 2005 年产能大量释放的前因。2005 年煤矿总产能超过产量，煤矿出力指数低于 100 (见图 2.7)；当年煤炭需求对煤炭生产的拉动力度明显减小，但仍然大幅度增产，大幅度增产的主要原因，是包含非法、违法小煤矿生产能力在内的煤炭总产能略显过剩，该种生产运行状态可称之为产能导向型运行状态。

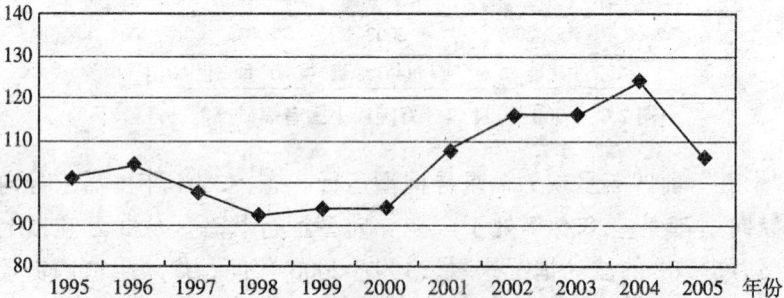

图 2.7　3 万吨以上国有煤矿出力指数

2.3.4　安全问题使煤炭供应不稳定

现有生产能力安全保障程度较差，小煤矿增产动力过于强劲，以致事故频发，生产、供应不稳。

(1) 现有煤炭产能的安全保障程度较差。2005 年以来煤矿安全条件有所改善，但多年积累的安全欠账绝非一年半载即可补足，尤其是大量小煤矿，其安全条件并未根本改善，所谓通过安全整顿验收，多是规避安全法规的结果。包括部分国有煤矿的生产能力在内，其核定能力实际上都未能达到应有的安全保障程度。根据国家发改委对煤炭生产能力的统计数据，全国合法煤矿的核定能力超出设计能力的 20%，该 20% 确有通过改扩建而增加的生产能力，但也有许多矿井在生产能力大幅度提升的同时，配套安技措工程并未同时建设、投产，其核定能力大增伴随着安全系数降低、安全欠账增多。据国家安全监察总局调查，截止到 2005 年底，国有重点煤矿安全欠账大约为 689 亿元；客观地说，地方煤矿尤其是乡镇煤矿，其安全欠账远远大于国有重点煤矿。据调查，2004 年近 20 亿吨煤炭产量中，具备安全保障的煤炭生产能力仅为 12 亿吨，预计到 2010 年可达 18.7 亿吨，可见具备安全保障的生产能力严重不足，现有煤炭产能的安全保障程度很差。

（2）小煤矿增产动力强劲，矿难频发导致供给不稳。小煤矿的成本核算高度"空洞化"，维简费、井巷建设基金和煤矿资产折旧等项目基本不计入煤炭成本；此外，乡镇小煤矿都寄生于国有大矿附近，国有大矿为小煤矿承担了很多的社会成本，例如，技术工人、管理人才等人力资源的开发费用、惠及整个矿区的环保费用、勘探费用、安技措工程费用和基础设施建设费用等，由于体制缺陷，寄生于大矿周边的小煤矿与国有大矿不在同一竞争起跑线上。自 2003 年开始，煤炭市场行情好转，在超低成本、超额利润的诱惑下，乡镇煤矿的产量迅猛增长，2003 年同比增长 10%，2004 年同比增长 11%，值得注意的是 2005 年安全整顿力度如此之大仍然阻挡不了乡镇煤矿的增长态势，2005 年乡镇煤矿产煤 8.8 亿吨，同比增长16%。由于煤矿生产能力利用率过高生产尤其是小煤矿在超额利润诱惑下"疯狂"生产，造成矿难频发，每次特大矿难都会带来周边地区大面积停产整顿，导致煤炭产量较大幅度波动，供给不稳。2005 年 2 月（阜新矿难）、7 月（新疆神龙矿难）、8 月（广州梅州矿难）、11 月（龙煤矿难），都使得周边地区停产整顿，同时也引起了国家对煤矿安全的高度重视，加大了安全整顿力度，这几个月的煤炭产量的同比增幅都呈下降趋势，特别是"7·13"大限后，安监总局进一步加大安全整治力度，致使原煤产量同比增幅从 7 月份以后一直呈下降趋势，12 月份同比增幅有所升高的主要原因是年底数据调整，实际产量另当别论。

（3）2005 年、2006 年安全整治成为调节煤炭生产的重要杠杆。矿难频发不符合"以人为本"、"建立和谐社会"的发展理念，在国内外造成恶劣影响。2005 年以来，中国对非法、违法煤矿进行治理、整顿力度全面加大，关停了大批非法、违法煤矿，在产能略显过剩的情况下控制煤炭产量不致过度增长。

根据相关政策，中国从 2005 年起，用 3~5 年时间，促使大型煤炭基地建设初见成效。具体思路是：按照煤炭发展规划和开发布局，选择资源条件好、具有发展潜力的矿区，以国有大型煤炭企业为依托，加快神东、陕北、晋中等 13 个大型煤炭基地建设，形成稳定可靠的商品煤供应基地、煤炭深加工基地和出口煤基地。据此判断，中国在大力淘汰落后生产能力的同时，还将大力支持大型煤矿建设，预计"十一五"期间还将有一批大型煤矿项目陆续开工建设。根据当前在建煤矿规模，结合国家及各省区煤炭产业"十一五"发展规划,估计"十一五"期间还将有 1 亿吨左右的煤矿项目陆续开工建设,加上目前已有在建煤矿,预计"十一五"期间新投产矿井能力将可达 7 亿吨左右,其中 2007 年是煤炭产能的集中释放期,投产矿井能力在 2 亿吨以上,2008 年开始会逐渐下降。

"十五"期间煤炭产业持续五年超能力生产,大大缩减了矿井服务年限,预计"十一五"期间将是矿井报废的高峰期。根据调查统计,目前矿井生产能力中有 2.8 亿吨/年的生产能力将在 2010 年前陆续报废,平均每年报废 5600 万吨。[71]

全国人大常委会在 2005 年安全生产法执法检查中提出,国务院确定的小煤矿整治目标为:"争取用三年左右的时间完成小煤矿的整顿工作";根据国家 11 部委于 2005 年 3 月 15 日联合下发的《关于加强煤矿安全生产工作规范煤炭资源整合的若干意见》,国家将"坚决依法关闭不具备安全生产条件、非法和破坏浪费资源的煤矿",并将于"2007 年末淘汰年生产能力在 3 万吨以下的矿井;各省(区、市)规定淘汰生产能力在 3 万吨以上的,从其规定",要"压减小煤矿数量,提高矿井单井规模。经整合形成的矿井的规模不得低于以下要求:山西、内蒙古、陕西 30 万吨/年,新疆、甘肃、青海、宁夏、北京、河北、东北及华东地区 15 万吨/年,西南和中南地区 9 万吨/年"。2006 年 4 月 10 日,国家七部委联合下发《加快煤炭行业结构调整、应对产能过剩的指导意见》,规定"新上煤矿建设项目要与淘汰落后生产能力相结合。各地新建煤矿、增加生产能力,必须相应关闭淘汰一部分落后能力的矿井,调整优化矿井规模结构。要坚持政府推动和市场化运作相结合,加快培育和发展大型煤炭企业集团,提高集约化和规模化开发水平。各省(区、市)要统一规划,对现有达不到最小规模标准的小煤矿,采取由大型煤炭企业收购、兼并,重组改造一批;小煤矿之间实施资源整合、联合重组,壮大发展一批;不具备安全生产标准和整合、改造条件的,关闭淘汰一批。力争用三年左右时间完成对小煤矿的关闭、整合、改造和重组任务"。根据以上政策规定,"十一五"期间,国家将加快煤炭产业以先进生产能力置换落后生产能力的进程,大力淘汰布局不合理、不符合安全标准、不符合环保要求和浪费资源的小煤矿,取缔违法经营的小煤矿,煤矿总产能过快增长势头可受到有效遏制,"十一五"期间中国煤炭生产能力将保持在基本合理水平。

2.4 煤炭消费情况分析

2.4.1 煤炭消费市场构成

我国的煤炭消费以火力发电、工业生产和生活消费为主，其消费量约占煤炭消费总量的75%左右。煤炭消费市场构成见表2.2。

表2.2 煤炭消费市场构成①

单位：%

年 份	1985	1990	1995	1996	1997	2000	2001	2002	2003	2004	2005
终端消费	64.6	57.1	48.1	47.3	44.4	35.5	33.8	30.1	28.9	30.7	28.7
中间消费量	31.1	39.1	50.5	51.3	55.6	64.5	66.2	69.9	70.9	69.2	71.3
工业消费	36.4	33.9	33.4	46.7	31.7	25.8	24.5	21.4	21.2	23.8	22.2
生活消费	19.2	15.8	9.8	9.9	8.8	5.9	5.8	5.4	4.8	4.2	4.0
电力消费	20.2	25.8	32.3	33.7	35.2	42.3	44.3	48.4	48.5	47.5	47.6

从煤炭消费的作用看，终端消费的比重逐步下降。在1996年以前，工业生产消费量比重最大，反映了这一时期经济快速增长对能源的消费需求；生活煤炭的消费近十几年来一直呈逐年下降的趋势，占全国煤炭消费总量的比重由1980年的18.9%下降到2000年的5.9%，主要是因为能源消费结构的变化，如石油、天然气的消费比重增加，使人均煤炭消费量减少，2000年我国人均煤炭消费量为62.6公斤，比1985年减少了58.2%，比1996年减少了55.7公斤。[72]

中间消费量（用于火力发电、供热、炼焦、炼油、制气等）始终呈现上升的趋势，中间消费量占煤炭消费总量的比重由1985年的31.1%增长到2000年的64.5%，2005年达到71.3%，其中同期电力消费比重增加了27.4个百分点，反映了我国电力生产仍然是以发展火电为主。

① 数据来源于国家统计局《中国统计年鉴》(2006)。

2.4.2 煤炭消费总量及构成

根据掌握的资料，全国及电力、建材、钢铁、化工四行业煤炭消费量、国内其他用煤量（包括国内其他产业用煤和生活用煤两部分）和煤炭出口量及其增长特性见图 2.8，各行业煤炭消费量占国内消费量的比例见图 2.9。

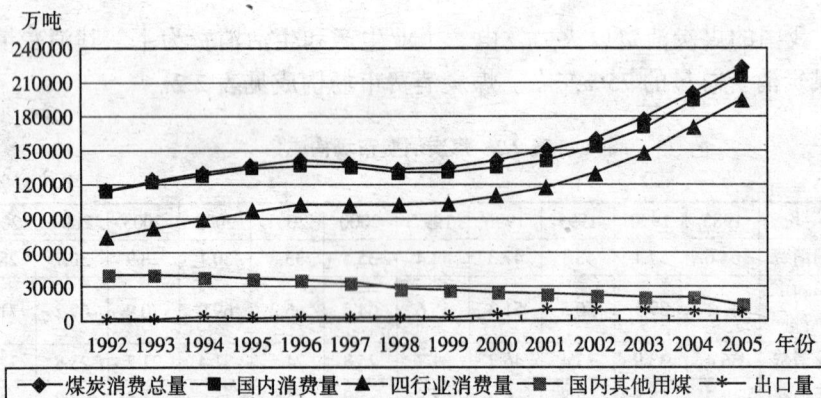

图 2.8　煤炭消费量①

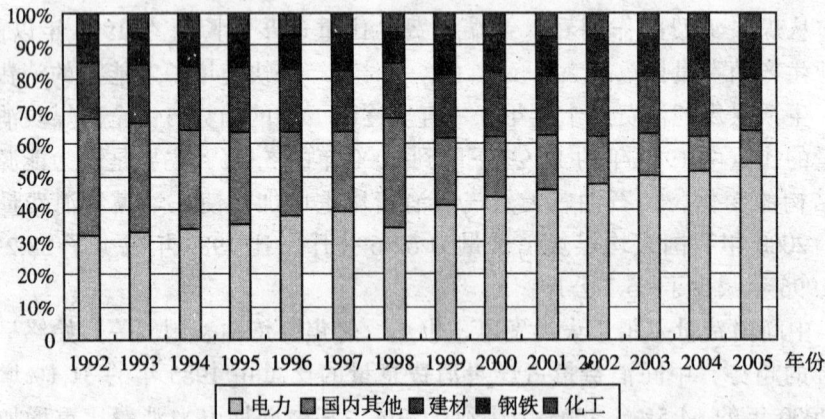

图 2.9　各行业煤炭消费量占国内消费量比例

① 数据来源于国家统计局《中国统计年鉴》(2006)。

根据图中数据，对煤炭消费状况分述如下：

全国煤炭消费总量包括国内消费量和出口量两部分，全国消费总量及其中的国内消费量，都是先期增长，随后略有下降，近几年又加快增长，经历了一个"S"形曲线；煤炭出口量增长幅度较大，尤其是在新一轮煤炭消费增长周期的起步期，煤炭出口对煤炭消费增长做出了较大贡献；近五年煤炭消费增长主要是受国内需求拉动，总体看，国内需求是煤炭消费总量增长的主导力量。

全国煤炭消费总量在 1992 年为 116051 万吨，之后持续小幅增长，1996 年达到 140854 万吨，比 1992 年增长 24803 万吨。1997 年略有下降，为 137981 万吨，随后到 1999 年期间持续三年下降，1999 年消费量为 134469 万吨，比 1996 年减少 6386 万吨。2000 年又开始回升，当年消费量增长 4.86%，达到 141109 万吨。2001~2005 年加速增长，2004 年增长率达到 12.38%，消费量达到 200635 万吨，2005 年消费量达到 216557 万吨，自 2000~2005 年年均增长 8.2%。

2.4.3 国内各行业煤炭消费状况[①]

国内煤炭消费量由电力、钢铁、建材、化工四个行业消费量和国内其他用煤·（包括国内其他产业部门用煤和生活用煤）构成，电力、钢铁、建材和化工行业的煤炭消费量先期呈小幅增长态势，随后增速有所放慢甚至略有下降，近几年又呈加快增长态势，经历了由增转稳再加快增长的发展过程。国内其他用煤量在 1992~2005 年持续小幅下降。

自 1993~1996 年，电力行业煤炭消费量保持较快增长，1992 年煤炭消费量为 36350 万吨，到 1996 年为 52208 万吨，增加 15858 万吨，年均增长 9.47%；1997 年开始增速有所放慢，当年增长 2.17%，1998 年略有下降，1999 年又稍有增长。总体看，1997~1999 年略有增长，年均增长 1.05%；电力行业煤炭消费量自 2000 年开始较大幅度增长，2000 年、2001 年、2002 年、2003 年、2004 年和 2005 年增长率分别是 9.87%、9.07%、13.51%、16.11%、16.80% 和 12.68%，年均增长 13.0%，自 1993~2004 年年均增长 8.6%。电力行业煤炭消费量占国内消费量的比例，1992 年为

---

① 本节数据来自国家统计局《中国统计年鉴》或者根据国家统计局历年数据计算得出。

31.86%，之后持续上升，到 2005 年达到 53.86%，13 年间平均每年上升 1.69 个百分点。

自 1992~1995 年，钢铁行业煤炭消费量持续小幅增长，1992 年为 11272 万吨，到 1995 年增长到 14649 万吨，年均增长 9.13%；在 1996~2000 年，小幅波动中略有增长，1996 年煤炭消费量为 14649 万吨，1997 年增长到 15486 万吨，比 1996 年增长 5.65%，之后增速有所放慢，到 2000 年为 16586 万吨，1996~2000 年年均增长 2.52%；2001 年、2002 年、2003 年、2004 年和 2005 年钢铁行业煤炭消费量加速增长，增长率分别是 8.12%、12.72%、14.71%、21.50% 和 16.61%，年均增长 13.96%，自 1993~2005 年期间年均增长 7.93%。钢铁行业煤炭消费量占国内消费量的比例，1993~1996 年在 10.7%±0.2% 的区间内波动，1997 年和 1998 年比例增长较大，1998~2000 年基本在 12.2%±0.2% 的区间内波动，2001 年提高了 0.5 个百分点，达到 12.73%，随后在 2002 年、2003 年、2004 年和 2005 年继续小幅升高，2005 年达到 14.98%。

建材行业煤炭消费量在 1992 年为 19104 万吨，到 1995 年一直保持较快增长，1995 年消费量为 26046 万吨，年均增长 10.89%；从 1996 年开始到 1998 年，消费量持续略有下降，1998 年为 25112 万吨，比 1995 年减少了 934 万吨，年均下降 1.21%；从 1999 年开始止降回升，但 1999~2001 年回升幅度都很小，平均每年增长 0.90%。建材行业煤炭消费量在 1992~2001 年经历了先升后降再升的过程，1995~2001 年波动幅度很小，总体看比较平稳，略有下降，波动区间保持在 25600±850 万吨的范围内，年均下降 0.16%，2001 年消费量为 25794 万吨。2002~2004 年增速逐渐加大，分别增长 4.68%、7.58%、10.73%，2004 年消费量达到 32165 万吨。建材行业煤炭消费量占国内消费量的比例，2000 年之前一直在 19.05%±0.35% 的区间内波动，自 2000 年开始逐年降低，2000 年、2001 年、2002 年、2003 年和 2004 年分别下降 0.36、0.43、0.61、0.51 和 0.41 个百分点，2005 年为 16.24%。

化工行业煤炭消费量先期快速增长，1992 年为 6362 万吨，1996 年增长到 8650 万吨，年均增长 8.89%；1997 年和 1998 年连续两年下降，1997 年为 8307 万吨，1998 年下降到 8218 万吨，两年下降了 432 万吨。自 1999 年开始逐年回升，到 2000 年回升到 8609 万吨，比 1998 年增加了 391 万吨。2001 年开始回升幅度加大，到 2004 年持续加速增长，四年间年均增长 6.95%，2004 年消费量达到 11266 万吨。自 1993~2004 年年均增长 5.17%。化工行业煤炭消费量占国内消费量的比例,一直在 6.0%±0.6% 区间内波动,2001 年以来呈下降趋势。

国内其他用煤量 1992 年为 41207 万吨,随后一直到 2004 年持续下降,2004 年消费量 20941 万吨,12 年间平均每年下降 5.48%。国内其他用煤量占国内消费量的比例,1992 年为 36.12%,随后持续下降,2004 年为 10.91%,12 年间平均每年下降 2.101 个百分点。

总体看来,电力、建材、钢铁、化工四行业是中国消费煤炭的主要行业,四行业合计消费量先期小幅增长,随后在平稳中略有增长,近五年加速增长。1993 年四行业合计煤炭消费量 72878 万吨,到 1996 年持续较快增长,1996 年达到 101464 万吨,年均增长 8.62%;1997~1999 年,四行业合计消费量在 102600±950 万吨的区间内波动,总体上是平稳的,略有上涨,年均增长 0.68%。自 2000~2004 年连续五年呈加速增长趋势,年均增长 10.56%,2004 年增长率达到 15.75%,消费量达到 170994 万吨。自1993~2004 年年均增长 7.37%。四行业合计消费量占国内消费量的比例,1992 年为 63.88%,随后持续升高,到 2004 年上升到 89.09%,平均每年上升 2.1 个百分点。

比较各个行业煤炭消费情况,电力行业增长最快,建材行业增长最慢,国内其他用煤持续下降。13 年间,各行业煤炭消费量年均增长率为:电力 8.74%,钢铁 7.93%,化工 5.17%,建材 4.44%;其余各行业合计量年均下降 5.48%。各行业煤炭消费量占国内消费量的比例,电力行业最高,其后依次是建材行业、钢铁行业和化工行业。本经济周期的变动趋势是:电力行业快速提高,钢铁行业小幅提高,化工行业和建材行业基本稳定;其他用煤所占比例下降幅度较大,在各行业所占比例排序中,1992 年最大,高于电力、建材、钢铁行业,2004 年则仅高于化工行业。电力行业所占比例大幅提高,其他用煤所占比例大幅度下降,但二者合计则基本稳定,1997 年以前波动幅度稍大,之后一直在 62%±0.5% 的区间内波动,这说明中国能源消费结构正在发生变化,由直接消耗煤炭向消耗电力转变。

2.5 煤炭供求平衡状况及发展趋势

"八五"期间是我国国民经济发展周期的一个上升期，GDP 的年均增长率超过了 10%，"八五"以来，国家实行中央和地方并举、大中小结合、有水快流的能源政策，促使煤炭生产单元剧增，尤其是地方小煤矿不成规模、缺乏保证的生产能力增长过快，全国煤炭生产高速发展，作为我国主要能源的煤炭产量逐年增长，但在此期间煤炭的消费量却并未相应增长，1993 年竟出现−1.5%的负增长。[73] 由于煤炭的生产量和消费量非同步增长，煤炭生产规模和结构大大超前于社会有效需求，资源过剩导致煤炭市场严重供大于求，生产能力大量闲置和放空。煤炭市场持续供大于求，煤炭产销在市场中持续处于劣势，煤炭企业呈现煤炭产量、运量、销量、价格下降以及煤炭库存、成本、煤款拖欠上升的不良特点，煤炭经济下滑，并持续在低水平运行。煤炭产品销售在市场疲软的强大压力下不断萎缩，煤炭维持买方市场格局，主要煤炭用户不约而同地采取各种办法，降低能耗，减少煤炭库存，谋求尽量少的资金占用和较低成本。[74] 各省市、各地区相继进入经济结构、产业结构调整时期，工业发展平稳，缺少新的能源消费增长点。煤炭需求萎缩，资源充足，运力宽松且不平衡，煤炭质量不断提高，价格持续走低，竞争激烈。煤炭下游企业产品也相继呈现买方市场态势，价格下滑，煤炭的消耗平稳并略有下降，对煤炭的选择性日益增强，中转环节煤炭库存仍居高不下，社会煤炭库存持续在 2 亿吨高位徘徊（见表 2.3）。

从全社会煤炭库存情况看，"八五"至"九五"期间煤炭供求平衡呈明显偏松状态，煤炭市场"十五"期间则处于偏紧状态，2001 年全社会煤炭库存明显下降，之后持续上升（见图 2.10）。"十五"期间，中国煤炭总需求年均增长 9.4%，总供给年均增长 10.3%，总供给比总需求多增加的那部分煤炭用于充实社会库存，"十五"期间社会库存共增加 3302 万吨。"十五"期间全社会煤炭库存年均增长 4.4%，比煤炭消费总量年均增幅 9.3%低 4.9 个百分点，库存增加相对较慢。2001~2004 年末煤炭库存比正常水平低 4%~10%，2005 年则略微高于正常水平 10.1%，中国煤炭市场

表 2.3 1992~2005 年中国煤炭供需总量平衡状况及其构成①

单位：万吨

年份	总需求量	国内消费量	出口量	总供给量	煤炭产量	进口量	总需求-总供给	库存减少量
1992	116051	114085	1966	116347	116224	123	-296	-296
1993	123644	121662	1981	121512	121369	143	2132	2132
1994	130441	128022	2419	128940	128819	121	1501	1501
1995	137039	134177	2862	136952	136788	164	87	87
1996	140854	137206	3648	139985	139663	322	869	869
1997	137981	134908	3073	139232	139031	201	-1251	-1251
1998	133548	130318	3230	132666	132507	159	882	882
1999	133649	129905	3744	130996	130829	167	2653	2653
2000	139684	134178	5506	136019	135801	218	3665	3665
2001	148908	139895	9013	147759	147493	266	1149	1149
2002	160465	152075	8390	161597	160471	1126	-1131	-1131
2003	178527	169225	9302	179032	177956	1076	-505	-505
2004	200931	192265	8666	201093	199232	1861	-162	-162
2005	218954	211782	7172	221607	219000	2607	-2652	-2652

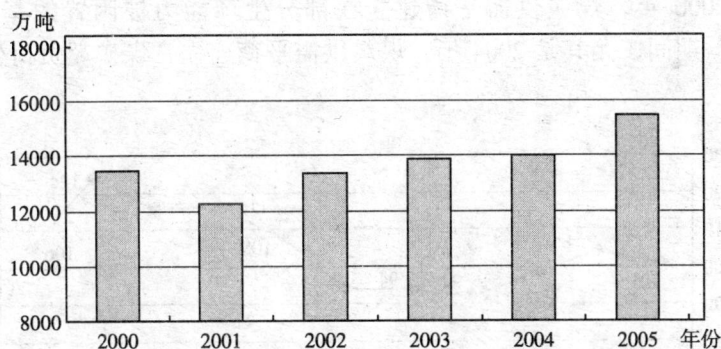

图 2.10 "十五"期间年末全社会煤炭库存量

形势发生了较大的变化，偏紧的供求关系转向平衡，过快的价格上涨得到遏制，基本上进入了合理运行区间。2005 年我国煤炭产量为 21.1 亿吨，与 2004 年同比增长了 7.9%，这是自 2002 年以来煤炭产量增长的最低幅度。

煤炭净出口变化量也能够反映前一至两年的供求平衡状态。1998~

① 数据来源：中国煤炭运销协会的中国煤炭工业网（www.chinacoal.gov.cn）。

2001 年间煤炭净出口呈增加趋势，说明 1997~2000 年煤炭供求平衡呈明显偏松状态。[75] 2002~2005 年煤炭净出口总体上呈下降趋势，说明 2001~2005 年煤炭供求关系向趋紧方向发展（见图 2.11）。

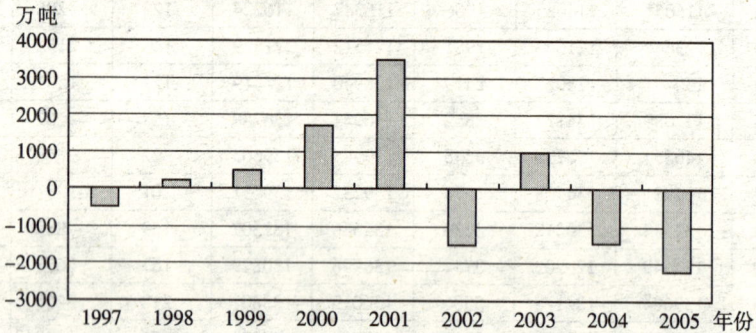

图 2.11　1997~2005 年煤炭净出口增加量①

从煤矿生产能力利用状况看，"十五"期间煤炭供需平衡建立在煤矿超能力生产的基础之上。根据各年煤矿出力指数（见图 2.12），可以看出自 1995~1996 年，煤炭供求平衡建立在煤矿超能力生产的基础之上；1997~2000 年，煤炭供需平衡建立在部分生产能力被闲置的基础之上；"十五"期间，尤其是 2004 年，煤炭供需平衡建立在煤矿超负荷生产的基础之上。[76]

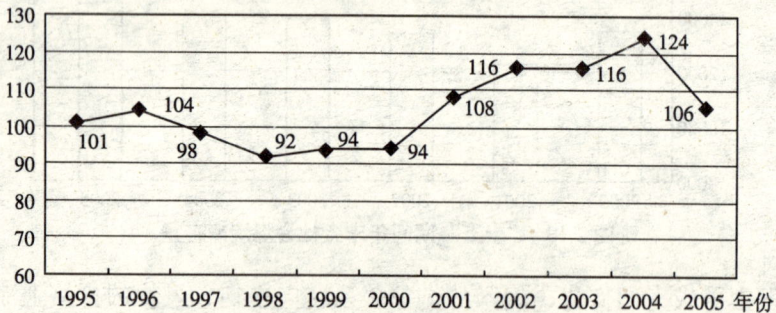

图 2.12　1995~2005 年煤矿出力指数

近年来，煤炭产量增长迅速，但规模企业产量增长相对缓慢，小煤矿在平衡快速增长的煤炭需求中发挥了重要作用，而小煤矿又导致极大的安

---

① 数据来源：中华人民共和国海关总署网站（www.customs.gov.cn）。

全问题和资源浪费。2005年以来国家通过"限产压井",治理整顿小煤矿,并关闭了上万家小煤窑;另外,自2003年起煤炭行业投资建设加快,年投资额已达1000亿元,产能快速提高,这两方面的因素使得近两年规模企业产量比重快速增加。2005年底社会煤炭库存超过1.4亿吨,为2006年煤炭供应打下良好基础。2006年上半年煤炭出口大幅下滑,进口快速增加,煤炭总需求增速有所趋缓;规模煤炭企业产量快速增长,煤炭总产量稳步增加,已超出煤炭需求增幅,社会煤炭库存同比大幅增加;煤炭输运能力有较大提升,终端企业库存水平继续改善,煤炭库存结构日趋合理。综合来看,2006年上半年煤炭总体供需形势持续好转,规模企业产出达95949万吨,同比增长15%,而同期煤炭总产量不到10.5亿吨,该比重已超过90%。从需求侧来看,2006年规模企业产量的增长已超过煤炭需求的增长;随着煤炭行业投资的快速增加,煤炭生产逐步往大型化、规模化发展,2006年小煤矿的产量继续减少,全年煤炭总产量达到21.8亿吨,同比增长6.7%,远低于规模企业增长水平。

2006年,随着宏观调控成效的进一步显现,煤炭投资、生产、运输、需求和实现利润继续保持增长,但增幅明显回落。煤炭市场供需总体平衡,部分地区、部分时段、部分煤种的紧张与过剩并存,价格虽有小幅涨落,但总体稳定。2006年底,全国社会煤炭库存1.44亿吨,比年初增长3.4%。

2006年和2007年,由于重工业产品供求形势发生了根本变化,重工业投资增幅明显回落;房地产开发投资受土地供应增量不足的制约,增幅也呈稳中趋落态势;铁路、水利等基础设施的建设进程加快,但与房地产开发投资及重工业投资相比,其对煤炭需求的拉动力度相对较小。另外,控制高耗能产品出口的一系列调控政策继续强化实施,政策效应进一步显现。综合多方面因素,投资建设和高耗能产品出口对重工业产品的需求强度以及重工业产业规模的快速扩张势头都明显减弱。同时,重工业产能过剩引发各重工业行业掀起产业整合热潮,产业工艺结构的调整、优化步伐加快,产业技术水平快速升级,都为节约能源消耗奠定了扎实的技术基础。国家制定了"十一五"期间单位GDP能源消耗量降低20%的节能目标,并正在实施一系列政策措施;同时,能源价格及高耗能产品价格皆处于较高价位,节约能源的市场动力强劲;在政策导向及市场机制的双重激励与约束之下,整个社会尤其是重工业行业的节约意识明显增强,节能管理将全面加强。以上因素共同作用，必将形成叠加、共振效应，势必造成国内煤炭需求增长趋缓。

2.6 本章小结

改革开放以来，中国的煤炭工业始终保持着基本平稳的发展速度，特别是"十五"期间，煤炭产量持续增长，科技进步步伐加快，投资主体趋于多元化，大型煤炭基地建设取得阶段性成果，大型煤炭企业集团发展加快；我国的煤炭资源相对丰富，但分布极不均衡，具有东少西多、南少北多的特点。中国煤炭品种多样化，各地区煤炭品种和质量变化较大，分布也不理想。

煤炭产业的投资增长情况影响着煤炭产量；煤矿建设周期长，并且发展惯性强，使得煤炭市场疲软期煤炭产能仍然保持适度增长，"十五"中、后期煤炭产能较快增长，从 2005 年开始进入集中释放期；以放弃安全保障为代价，煤炭生产能力利用程度极富弹性，可根据需求状况在较大跨度内进行调节，"十五"期间煤炭产量增长的主要原因之一就是拉大产能发挥限度；煤矿现有生产能力安全保障程度较差，小煤矿增产动力过于强劲，以致事故频发，生产、供应不稳。

我国的煤炭消费以火力发电、工业生产和生活消费为主，其消费量约占煤炭消费总量的 75% 左右。从煤炭消费的作用看，终端消费的比重逐步下降，中间消费量（用于火力发电、供热、炼焦、炼油、制气等）始终呈现上升的趋势；全国煤炭消费总量包括国内消费量和出口量两部分，全国消费总量及其中的国内消费量，都是先期增长，随后略有下降，近几年又加快增长，经历了一个"S"形曲线；煤炭出口量增长幅度较大，尤其是在新一轮煤炭消费增长周期的起步期，煤炭出口对煤炭消费增长做出了较大贡献；近五年煤炭消费增长主要是受国内需求拉动，总体看，国内需求是消费总量增长的主导力量。

国内煤炭消费量由电力、钢铁、建材、化工四个行业消费量和国内其他用煤（包括国内其他产业部门用煤和生活用煤）构成，电力、钢铁、建材和化工行业的煤炭消费量先期呈小幅增长态势，随后增速有所放慢甚至略有下降，近几年又呈加快增长态势，经历了由增转稳再加快增长的发展过程。比较各个行业煤炭消费情况，电力行业增长最快，建材行业增长最慢，国内其他用煤持续下降。1993 年以来，各行业煤炭消费量年均增长率为：电力 8.74%，钢铁 7.93%，化工 5.17%，建材 4.44%；其余各行业合计量年均下降 5.48%。各行业煤炭消费量占国内消费量的比例，电力行业最高，其后依次是建材行业、钢铁行业和化工行业。

从全社会煤炭库存情况看，"八五"至"九五"期间煤炭供求平衡呈明显偏松状态，煤炭市场"十五"期间则处于偏紧状态，2001 年全社会煤炭库存明显下降，之后持续上升，"十五"期间，中国煤炭总需求年均增长 9.4%，总供给年均增长 10.3%，总供给比总需求多增加的那部分煤炭用于充实社会库存，"十五"期间社会库存共增加 3302 万吨。

2006 年和 2007 年，由于重工业产品供求形势发生了根本变化，重工业投资增幅明显回落；房地产开发投资受土地供应增量不足的制约，增幅也呈稳中趋落态势；铁路、水利等基础设施的建设进程加快，但与房地产开发投资及重工业投资相比，其对煤炭需求的拉动力度相对较小。控制高耗能产品出口的一系列调控政策继续强化实施，政策效应进一步显现。另外，国家制定了"十一五"期间单位 GDP 能源消耗量降低 20%的节能目标，并正在实施一系列政策措施；整个社会尤其是重工业行业的节约意识明显增强，节能管理将全面加强。以上因素共同作用，必将形成叠加、共振效应，势必造成国内煤炭需求增长趋缓。

3 中国煤炭需求影响因素分析

从总的趋势来看，煤炭需求会继续增长，但影响需求增长的不稳定、不确定因素也在增加，影响煤炭需求的因素主要有：国民经济发展、产业结构升级、工业结构调整、人口增长、能源消费结构变化、城市化水平、技术进步（能源替代、可再生能源、节能技术）、国际能源市场状况、能源政策以及日益严重的环境问题等等。本章运用协整理论分析煤炭需求与GDP的协整关系、各产业的增长值与煤炭消费的协整关系以及国内外煤炭市场价格之间的关系，同时，分析能源消费结构、节能、环保等因素对中国煤炭需求变化的影响作用。

3.1 国民经济发展对煤炭消费的影响

改革开放以来，国民经济发展十分迅速，1978~1995 年，国内生产总值的年均增长率为 9.8%，人均国内生产总值的年均增长率为 8%，在1984 年和 1992 年两次达到增长高峰，GDP 分别增长 15.2% 和 14.2%，"九五"期间仍保持高速增长，年平均增长率为 8.6%。

"十五"期间是上个经济周期的上升期，该期间中国经济总体上呈加速增长态势。"十五"初期，中国经济得益于 20 世纪 90 年代末期以来的积极财政政策和稳健货币政策，在内需的拉动下成功走出亚洲金融危机的阴影，增长速度逐年加快，2004 年达到 10.1%，但出现煤电油运全面紧张状况，国家对过热行业实施了"点刹车"式的宏观调控，但 2005 年仍然达到了经济增长新的峰值 10.4%，"十五"期间 GDP 年均增长率为 9.5%。①

①据国家统计局 2006 年 1 月 9 日发布的对国内生产总值历史数据修订结果计算所得。

3.1.1 煤炭消费与国民经济增长的协整性及因果关系分析

自 20 世纪 70 年代石油危机以来，世界上很多国家开始研究经济增长与能源消费的关系。而大量的研究检验了能源消费和经济增长之间的因果关系。如 Granger 和 Kraft（1978）在他们的先驱研究里阐述了美国从 GNP 到能源消费存在单向因果关系。[77] 在最近的许多研究中，研究者比较关注少数国家的能源消费和收入的协整关系。John Asafu-adjaye（2000）在其文献中估计了印度、印度尼西亚、菲律宾、泰国等亚洲国家的收入和能源消费之间的因果关系，结果表明在短期内，印度和印度尼西亚从能源消费到收入有单向因果关系，而菲律宾和泰国从能源消费到收入有双向因果关系；[78] Geoger Hondroyiannis（2000）在其文献中论证了 Greece 的能源消费和经济增长之间也存在因果关系。Obas John（1996）在其文献中以坦桑尼亚和尼日利亚为例论证了其能源消费和本国收入增长是相互促进的。[79] Ugur Soytas 等人研究证明 7 国集团中，阿根廷存在能源消费和 GDP 的双向因果关系，[80] 意大利和韩国存在从 GDP 到能源消费的单向因果关系，土耳其、法国、德国和日本存在从能源消费到 GDP 的单向因果关系。范雪红、张意翔（2005）对我国能源消费与经济增长的计量经济分析，结果证明能源消费对经济增长起着重要的影响作用，能源消费总量的增长带动了经济总量的增长；而经济总量的增长却并不是能源消费总量增长的主要动因，即经济增长虽然对能源消费的增长有些影响但很微弱。[81] 所有这些研究都没有针对煤炭这一重要的能源，当然也没有针对某一具体的能源品种，而煤炭作为我国的主要能源，其消费量最高达全部能源消费总量的 76.2%（1990），而最低也达 65.3%（2001）。

如此高的消费比重，说明煤炭对于我国国民经济的增长具有重要的影响，是国民经济增长的重要的支撑。所以，从我国的实际情况看来，研究煤炭消费与国民经济增长的关系，具有举足轻重的地位，而煤炭价格的巨大波动也使之对经济增长产生更为重要的影响。罗敏、徐莉（2002）的分析表明各种能源生产中，波动最大的是煤炭，而电力、原油的增长率相对比较平稳。说明煤炭行业受经济影响的波动性最大，[82] 不仅如此，煤炭的价格在近几年随着煤炭价格改革的进行，也呈现出较大的波动性，因此，研究煤炭消费与生产与国民经济增长的关系对于我国的能源安全战略是很有意义的。比如，在 1995~2002 年间，国民经济以较高的速度增长，而煤炭消费却呈下降趋势，这就使人们对中国经济和煤炭消费的关系产生兴趣，经济增长和煤炭消费究竟是一种什么样的关系？煤炭消费的降低是经济结构的变化抑或能源消费效率的变化导致的？搞清这些问题对于我们研究煤炭需求的影响因素具有很重要的意义。

（1）基本理论介绍。1969 年美国计量经济学家 Granger 提出了因果关系分析的概念与方法（Granger，1969），这一方法便得到了很大的发展和应用。序列的平稳性，是指一个序列的均值、方差和自协方差是否稳定，如果一个序列是非平稳的，但其一阶差分是平稳的，则称其为一阶单整，如果其经历 D 次差分才能平稳，称其为 D 阶单整。由于 DF 检验假设所设定模型的随机扰动项不存在自相关，但大多数经济数据不能满足其假设，所以，当随机扰动项存在自相关时，就会出现偏差，所以，为了保证单位根检验的有效性，人们对 DF 检验进行拓展，从而形成了 ADF 检验。其假设方程为以下三种基本类型：

$$\text{模型 1：} y_t = \gamma y_{t-1} + \sum_{i=1}^{p} \alpha_i \Delta y_{t-i} + \varepsilon_t \tag{3-1}$$

$$\text{模型 2：} y_t = \alpha + \gamma y_{t-1} + \sum_{i=1}^{p} \alpha_i \Delta y_{t-i} + \varepsilon_t \tag{3-2}$$

$$\text{模型 3：} y_t = \alpha + \beta t + \gamma y_{t-1} + \sum_{i=1}^{p} \alpha_i \Delta y_{t-i} + \varepsilon_t \tag{3-3}$$

上述模型检验原假设 $\gamma=1$ 的 t 统计量的极限分布，同 DF 检验的极限分布一样，所以，可以使用相同的临界值表，若 t 统计量值大于相应的临界值，则不能拒绝原假设，即认为存在单位根，序列是非平稳的。而 Granger 因果检验的基本思路是：如果两个经济变量 X 和 Y，对 Y 进行预测，在同时包含 X 与 Y 过去信息的条件下，比只单独包括 Y 的过去信息，对 Y 的预测效果好，即变量 X 的历史信息有助于变量 Y 预测精度的改善，则认为 X 对 Y 存在因果关系。

（2）数据来源及预处理。本节采集 1978~2004 年的 GDP 产值、各产业的产值及历年的煤炭消费量，GDP 产值来源于《中国统计年鉴 2005》，煤炭消费数据来源于《中国能源统计年鉴》（国家统计局，1987，1990，1998，2001，2005）。GDP 的单位为亿元人民币，而煤炭消费的单位为万吨。利用 Eview4.0 作为计量分析工具对上述数据进行回归分析及因果检验。1978~2004 年 GDP 与煤炭消费的趋势图如图 3.1。

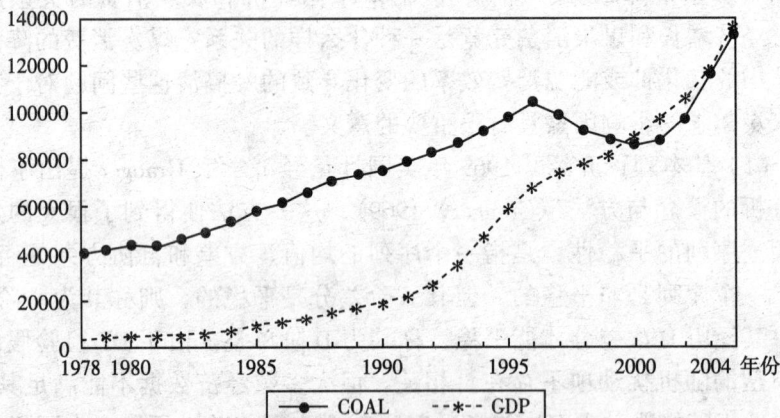

图 3.1　GDP 与煤炭消费的趋势图

从图 3.1 中可见，在 1978~1996 年，随着经济的增长，煤炭消费呈增长态势，而此之后到 2002 年，GDP 增长而煤炭消费呈下降态势，2002 年之后，二者则均呈增长态势。

（3）数据平稳性检验。我们对 GDP 和煤炭消费的原序列、一阶差分和二阶差分分别进行平稳性检验，ADF 中的滞后阶数根据 AIC 原则来确定，最大滞后量取 7，对 GDP 检验采取三种方程的检验结果是一致的，我们只列出含常数和时间趋势的方程的检验结果，如表 3.1。

表 3.1　GDP 的 ADF 检验表

序　列	ADF 检验值	10%显著水平	5%显著水平	1%显著水平	结　论
GDP	2.790440	−3.277364	−3.673616	−4.532598	不平稳
一阶差分	−1.538761	−3.286909	−3.690814	−4.571559	不平稳
二阶差分	−4.570845	−3.286909	−3.690814	−4.571559	平　稳

可见，GDP 是二阶单整序列，可记为 G（2）。同样，采取以上的方法对煤炭消费序列进行平稳性检验，结果如表 3.2。

可见，煤炭消费也是二阶单整序列，可记为 C(2)。

（4）协整性检验。我们运用 Engle-Granger 两步法进行 Johansen-co integration 协整（或称为共积）检验，做静态回归，结果如下：

$$GDP = -71326.91 + 1.49249526 \times coalconsume \qquad (3-4)$$
$$(3.673) \qquad (5.249)$$
$$R^2 = 0.784219 \qquad F = 21.53$$

表 3.2　煤炭消费序列的 ADF 检验表

序　列	ADF 检验值	10%显著水平	5%显著水平	1%显著水平	结　论
GDP	1.124134	−3.324976	−3.759743	−4.728363	不平稳
一阶差分	−1.102022	−3.324976	−3.759743	−4.728363	不平稳
二阶差分	−4.581487	−2.681330	−3.081002	−3.959148	平　稳

从静态回归可以看出回归方程的显著性、相关系数以及回归系数的显著性情况较优，其拟合度 R-squared = 0.784219，说明拟合效果是比较好的。协整方程拟合的结果及残差如图 3.2：

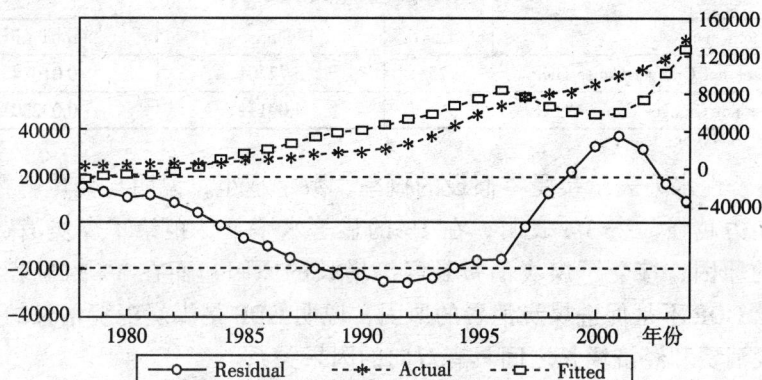

图 3.2　GDP 的拟合效果图

对残差的平稳性检验，仍然用 ADF 检验法，根据 AIC 原则，取最大滞后项为 7，三种检验结果都表明，残差序列是平稳的，这就说明，GDP 与煤炭消费之间具有协整关系。我们只列出含常数项与时间趋势的检验结果，如表 3.3：

表 3.3　GDP 与煤炭消费的协整关系检验表

Augmented Dickey–Fuller test statistic		−2.891429
Test critical values:	1% level	−2.728252
	5% level	−1.966270
	10% level	−1.605026

（5）Granger 因果检验。通过协整检验表明我国煤炭消费与经济增长确实存在协整关系，或者说存在着长期的平衡关系，当然，在短期内也许会出现失衡。那么是否可以说煤炭消费是引起我国经济增长的一个 Granger 原因呢？还是说煤炭消费总量的增加是由于 GDP 增加的结果，按照 Granger 因果关系分析方法，建立如下两个变量模型：

$$GDP_t = \alpha_0 + \sum_{i=1}^{m} \alpha_i GDP_{t-i} + \sum_{i=1}^{m} \beta_i coalconsume_{t-i} + \varepsilon_t \qquad (3-5)$$

$$coalconsume_t = \alpha_0 + \sum_{i=1}^{m} \alpha_i coalconsume_{t-i} + \sum_{i=1}^{m} \beta_i GDP_{t-i} + \varepsilon_t \qquad (3-6)$$

使用 1978~2004 年度的煤炭消费量和 GDP 年度数据，对其进行 Granger 因果关系检验，对上式分别进行检验，结果如表 3.4：

表 3.4　Granger 因果关系检验表

Null Hypothesis:	Obs	F–Statistic	Probability
COAL does not Granger Cause GDP	25	5.72201	0.01084
GDP does not Granger Cause COAL		4.09152	0.03239

显著性水平表示接受零假设的概率，数字越小，说明自变量解释因变量的能力越强，表 3.4 表明，在 1% 的显著水平下，拒绝了煤炭消费不是 GDP 的原因，接受了煤炭消费是经济增长的原因；而在 3% 的显著水平，拒绝了 GDP 不是促进煤炭消费的原因，说明 GDP 是煤炭消费增长的原因；即煤炭消费和经济增长之间具有双向的因果关系。

张炎涛、李伟进一步运用误差修正模型检验了 Granger 因果关系的方向，研究的结果表明从煤炭到经济增长之间在短期存在双向因果关系，在长期存在从经济增长到煤炭消费的单项因果关系。[83] 其研究支持了经济增长刺激煤炭消费的论点，直观地来说，增长 GDP 需要更多的煤炭消费。

3.1.2　煤炭消费随国民经济增长波动的具体特征

我国经济在改革开放后经历了四次经济周期波动，煤炭的生产和消费是国民经济的不可分割的组成部分，因而也就不能不随着经济增长的起伏而波动。煤炭消费的增长率曲线基本随国民经济增长的周期波动而呈现周期性波动（见图 3.3），其主要特点是：①2003 年以前，煤炭消费增长率

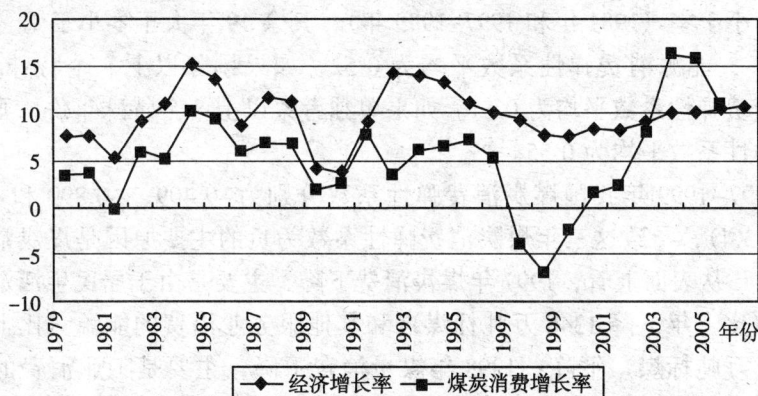

图 3.3　经济增长率与煤炭消费增长率（%）

曲线总体上低于经济增长率曲线，而且在 1988 年以前一波比一波逐步趋低，说明煤炭消费弹性系数是一个变数，有时高一些，有时低一点，但总体上波动逐步趋缓。计委能源研究所曾经通过研究国内外能源消费和国民经济的关系，认为 20 世纪 90 年代我国的能源消费弹性系数达到了亚洲"四小龙"的水平。②1988 年以前，煤炭供应是制约国民经济发展的"瓶颈"，煤炭消费增长曲线和国民经济增长曲线比较一致，但到 1989 年以后，随着煤炭市场的缓解和乡镇煤矿产量比重的加大，煤炭消费和国民经济增长曲线变化节奏开始不太一致，有时呈反向变化。[84] ③煤炭消费增长率曲线往往滞后于经济增长率曲线，而且在高峰时出现平台或高位微波。分析其原因，主要由于存在大量社会煤炭库存，起到一种"蓄水池"和"消防水池"的作用。煤炭与其他商品能源的最大不同点就是易于随处堆存，从而便于在生产和消费之间保留一个巨大的缓冲调节余地。④煤炭消费弹性系数相对波动较大。

经济增长需要消耗能源。能源消费弹性系数反映经济每增长一个百分点，相应能源消耗需要增长多少个百分点。如能源消费弹性系数小于 1，则本年单位不变价 GDP 能耗比上年降低；如弹性系数大于 1，则本年单位不变价 GDP 能耗比上年上升；如弹性系数等于 1，则本年单位不变价 GDP 能耗与上年持平。因此，能源消费弹性系数越大，从某种意义上讲，意味着经济增长利用能源效率越低，反之则越高。[85]

改革开放以来，我国能源消费弹性系数一直处于剧烈波动之中。在这 20 多年中，能源消费弹性系数有 4 年（1989 年和 2002~2004 年）大于 1，

有 4 年小于零（1981 年和 1997~1999 年），其余 19 年大于零小于 1。1978~
2004 年，能源消费弹性系数平均为 0.52，如果剔除以上 8 个特殊年份，
能源消费弹性系数平均为 0.51。如果单独考察以上 8 个特殊年份，则能源
消费弹性系数平均为 0.55。[86]

　　1997~1999 年我国煤炭消费弹性系数分别为 -0.409、-0.899 和 -0.317
（见图 3.4），导致这三年煤炭消费弹性系数为负的主要原因是煤炭消费量
下降。[87] 从表面上看，1997 年煤炭消费下降，主要是由于居民生活消费的
能源（比上年下降 1346 万吨标煤）和其他服务业消费的能源（比上年下
降 781 万吨标煤）下降；1998 年煤炭消费下降，主要是工业消费的能源
（比上年下降 5670.9 万吨标煤）和居民生活消费的能源（比上年下降
1975.3 万吨标煤）下降；1999 年煤炭消费下降，主要是第二产业消费的能
源（比上年下降 3843 万吨标煤）下降。从深层次看，这几年能源消费下
降的主要原因有：一是能源产品需求减少。由于 1997 年全国首次出现买
方市场，加上亚洲金融危机的冲击，国内需求疲软，导致对能源产品需求
的减少。二是能源生产量和消费量下降。在这几年的结构调整中，我国有
相当一批耗能高、污染大的"五小"企业相继被关闭，从而造成能源生产
量和消费量下降。三是由于产业结构变化导致能源消费下降。1997 年、
1998 年和 1999 年，我国第三产业比重分别为 30.9%、32.1% 和 33.0%，呈
逐年上升趋势。由于第三产业单位产出能耗要远小于工业，因而带动整个
能源消费下降。另外在工业内部，轻工业增长一直快于重工业，轻工业单
位产出能耗要远小于重工业，因此整个工业的能耗随之下降。四是能源利
用效率不断提高。由于采用新工艺、新技术、新设备，淘汰高耗低效设
备，加上节能技术的广泛应用和管理水平的提高，我国能源利用效率基本
上呈逐年上升之势。例如，1997 年、1998 年和 1999 年我国每度发电量耗
煤量分别为 375 克、373 克和 369 克，呈逐年下降趋势。五是能源消费量
的统计数字可能存在低估因素。由于我国规模以下能源统计一直比较薄
弱，加上这几年淘汰"五小"涉及地方政府诸多利益，致使这几年煤炭产
量和消费量的统计数字明显偏小。因为煤炭为能源最主要的构成部分，能
源消费量的降低主要体现在煤炭消费量的降低。从以上分析可知，在这几
年中我国在煤炭消费连续下降的情况下仍保持经济较快增长，有很多原
因，其中我国的技术、管理水平的不断提高造成煤耗降低只是其中原因之
一。从国际经验看，在能源消费下降的情况下仍能保持经济增长并非中国

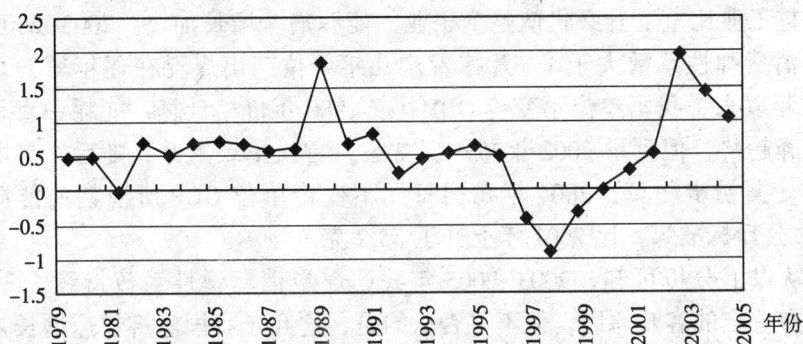

图3.4 煤炭消费弹性系数

特有。例如，美国 2001 年能源消费下降 1.9%，但 GDP 却增长 0.3%，再比如英国 2000 年能源消费下降 0.5%，但 GDP 却增长 3.1%，[87] 等等。

2003 年，我国煤炭消费增长率为 16.24%，当年经济增长率为 10%，煤炭消费弹性系数为 1.95，这是自改革开放以来第二次超过 1（第一次为 1989 年，当年煤炭消费弹性系数为 1.84）。2004 年和 2005 年，煤炭消费弹性系数进一步上升，分别为 1.42 和 1.06。2003~2005 年煤炭消费增长快于经济增长的主要原因：[88] 一是由于投资高速增长导致钢铁、水泥、电解铝等高耗煤产业迅速扩张，从而造成煤炭消费快速增长。2003~2005年，全社会固定资产投资分别增长 27.7% 和 26.8%、25.7%，年均增长 26.7%，该增长速度为 1995 年以来最高水平。在投资高速增长的拉动下，高耗煤产品增长迅速。2003~2005 年成品钢材产量年均增长 23.5%，十种有色金属产量年均增长 17.4%，氧化铝产量年均增长 13.8%，水泥产量年均增长 13.6%，平板玻璃产量年均增长 12.8%。高耗煤产品的迅速增长必然带动煤炭消费的快速增长。二是产业结构变化导致煤炭消费增长加快。2004 年，第二产业比重为 53.0%，比 2001 年上升了 2.9 个百分点，其中工业比重为 46.0%，比 2001 年上升了 2.5 个百分点；而第三产业比重为 31.8%，比 2001 年下降了 2.3 个百分点。由于工业单位产出能耗要远大于第三产业，工业比重上升和第三产业比重下降意味着整个能源消费上升。另外在工业内部，2002~2004 年规模以上重工业增长持续快于轻工业，导致重工业在整个工业中的比重不断提高。2004 年，规模以上重工业增加值占整个规模以上工业增加值的比重达到 67.6%，比 2001 年提高了 6.1 个百分点，为近几年的最高水平。因重工业单位产出能耗要远大于轻工业，因此重工业比重上升必将使整个工业的能源消费增长加快。2003~2005年煤炭消费弹性系数大于1，意味着这几年单位产出煤耗在逐年攀升。自1978年以来，我国单位不变价GDP（按1980年价格计算）能耗一直呈逐年下降趋势，但到了2002年却一反常态，首次出现上升，随后三年继续攀升。据初步测算，2004年我国每元不变价单位GDP所消耗的能源为0.492公斤标准煤，比2001年上升了55.2克。

从以上分析可知，2003~2005年我国煤炭消费弹性系数持续大于1，固然有一定的客观原因，但不可否认的是，这几年我国经济快速增长是在消耗大量能源和原材料基础上取得的，经济增长方式仍然很粗放，如果任由这种趋势发展下去，显然我国的经济发展是不可持续的。因此，树立科学发展观，转变经济增长方式，加快经济结构调整，千方百计节约能源，成为保持我国经济持续、快速、协调和健康发展的关键。

3.2 结构调整对煤炭消费的影响

党的十五大曾经明确提出要对经济结构进行战略性调整，主要包括对产业结构、产品结构、技术结构、企业组织结构和地区布局结构进行整体性和结构升级性调整，并注重经济成长质量的调整，而不仅在于经济总量一时的扩大；着眼于全面提高国民经济整体素质和效益，优化结构，改进技术，改善环境，调整布局，合理配置资源，促进经济良性循环，提高经济运行效率和增长质量。这种调整必然带来对能源结构调整的要求，直接对煤炭的生产和消费发展趋势产生重大影响。

3.2.1 产业结构调整对煤炭消费的影响

（1）各产业与煤炭消费的协整与因果关系分析。GDP和煤炭消费是具有因果关系的结论和实际情况是相符的，所以，可以用二者之间的关系对煤炭消费作一预测，然而，作为总量指标，GDP不能反映各个产业对煤炭消费的影响，即经济结构的变化对煤炭消费的影响，也不利于实务中对煤炭需求的情景分析，而将GDP分解为各个产业的产值，分析各个产业的产值和相应的煤炭消费的协整性与因果关系，有助于针对由于技术进步、产业政策等导致经济结构的转型所导致的煤炭消费的变化，就可以较为准确地分析煤炭需求的情况。鉴于此，本节将以各产业的煤炭消费量及各产业的产值进行协整性和因果分析。

①数据采集。我们选取 1985~2005 年的各产业的国内生产总值及其相适的煤炭消费作为原始数据，进行计量分析。根据 2003 年国家对三次产业划分的规定，将农、林、牧、渔业作为第一产业，而将采矿业、制造业、电力、燃气及水的生产和供应业、建筑业作为第二产业，其他作为第三产业，相应地，将以上行业的煤炭消费加以归类，得到数据见表 3.5，各产业的国内生产总值如表 3.6。

表 3.5　煤炭消费构成表

单位：万吨

年份	煤炭消费 1	煤炭消费 2	煤炭消费 3
1985	2208.6	59145.2	2513.6
1986	2296.9	63147.7	3074
1987	2286.7	69228.3	3066.6
1988	2377.5	74352.4	3191.8
1989	2180.5	79017.1	3308.5
1990	2095.2	81528.5	2781.6
1991	2124.9	56791.05	2999.8
1992	1768.3	92716.9	2834.1
1993	1601.7	99810	3277.3
1994	1783	108274.4	2893.8
1995	1856.7	118010.5	2374.3
1996	1917.3	123885.9	1817
1997	1927	122054	1911
1998	1923.3	115564	2338.2
1999	1735.6	113279.8	2190.5
2000	1647.7	112266.8	1417.7
2001	1599.6	113608	2398.8
2002	1622.9	124748.9	1310.6
2003	1683.3	151145.7	1350.5
2004	2251.2	180736.7	1703.9

表 3.6　1985~2005 年的国内生产总值构成表①

单位: 亿元

年份	总　值	第一产业	第二产业	第三产业
1985	9016.0	2541.6	3866.6	2607.8
1986	10275.2	2763.9	4492.7	3018.6
1987	12058.6	3204.3	5251.6	3602.7
1988	15042.8	3831.0	6587.2	4624.6
1989	16992.3	4228.0	7278.0	5486.3
1990	18667.8	5017.0	7717.4	5933.4
1991	21781.5	5288.6	9102.2	7390.7
1992	26923.5	5800.0	11699.5	9424.0
1993	35333.9	6887.3	16454.4	11992.2
1994	48197.9	9471.4	22445.4	16281.1
1995	60793.7	12020.0	28679.5	20094.3
1996	71176.6	13885.8	33835.0	23455.8
1997	78973.0	14264.6	37543.0	27165.4
1998	84402.3	14618.0	39004.2	30780.1
1999	89677.1	14548.1	41033.6	34095.3
2000	99214.6	14716.2	45555.9	38942.5
2001	109655.2	15516.2	49512.3	44626.7
2002	120332.7	16238.6	53896.8	50197.3
2003	135822.8	17068.3	62436.3	56318.1
2004	159878.3	20955.8	73904.3	65018.2
2005	183084.8	23070.4	87046.7	72967.7

②第一产业与煤炭消费的协整性与因果关系分析。

A. 基本趋势分析。样本取 1980~2003 年的第一产业的产值与煤炭消费的数据资料,其基本趋势如图 3.5,可以看出二者基本是不相关的,表现为第一产业产值的增加,而随着其产值的增长,煤炭消费的变化平稳,并有小幅的下降趋势。

B. 平稳性检验。对第一产业的煤炭消费序列及第一产业的产值序列进行平稳性检验。仍以 ADF 检验法,滞后项以 AIC 原则来确定,结论表明在含常数项和趋势项的假设方程下,第一产业产值及其煤炭消费量序列是一阶单整序列。

从 OLS 回归估计可以看出回归方程的显著性、相关系数以及回归系数

---

① 资料来源: 国家统计局《中国统计年鉴》(2006)。

的显著性情况较优，而拟合度 R-squared =0.593190，拟合度较好。进一步对回归残差序列进行 ADF 检验，其拟合图如图 3.6。

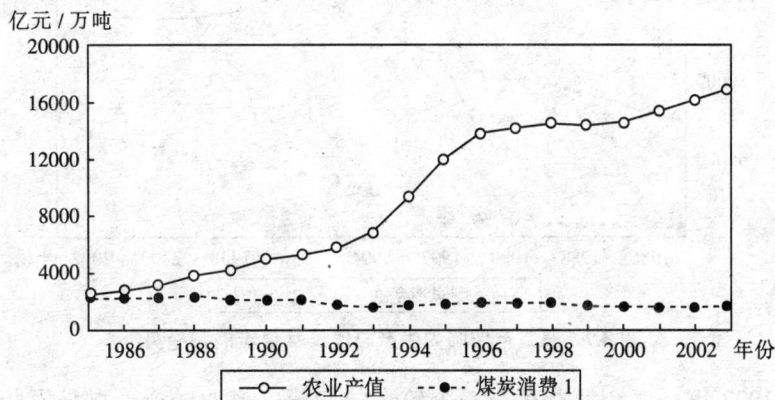

图 3.5 第一产业产值及其煤炭消费趋势

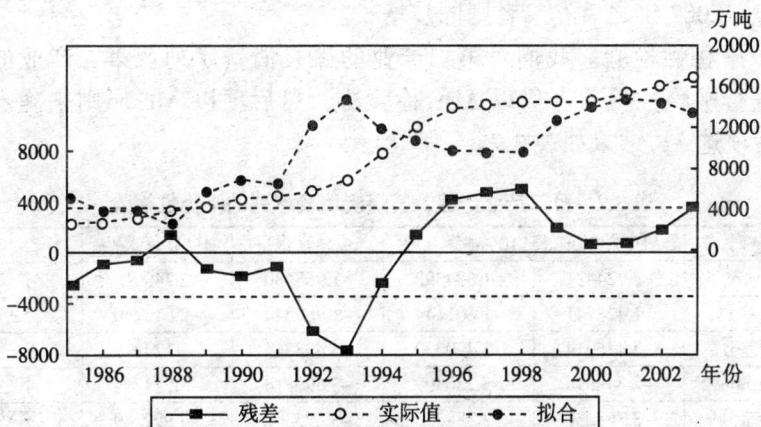

图 3.6 第一产业产值的拟合效果图

可见拟合的误差是比较大的。令残差为一数列，对之进行单位根检验，结果表明，无论何种假设方程，残差序列都是不平稳的，这表明二者之间不存在协整关系。

③第二产业与煤炭消费的协整性与因果关系分析。

A. 基本趋势分析。第二产业及其煤炭消费的序列样本仍选取 1985～2003 年区间，其基本趋势如图 3.7。

从图中可以看出，二者总体上呈现出同步增长的趋势，然而，在

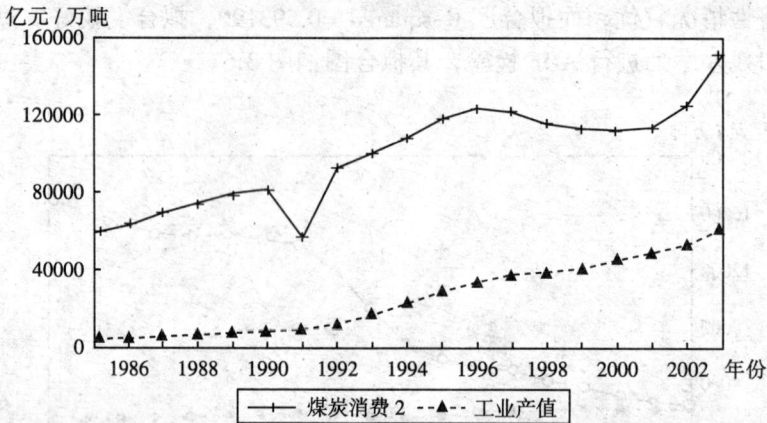

图 3.7　第二产业国内生产总值及其煤炭消费趋势

1990~1992 年，煤炭消费存在一个较大的和第二产业的产值增长不相符的波动。而在 1996~2002 年间，第二产业的产值持续增加，但煤炭消费呈下降趋势。2002 年之后，二者则同步增长。

B. 平稳性检验。我们对第二产业的煤炭消费序列及第二产业的产值序列进行平稳性检验。仍以 ADF 检验法，滞后项以 AIC 原则来确定，最大滞后项选 5，结果如表 3.7。

表 3.7　第二产业产值及其煤炭消费序列的平稳性检验

序　列	ADF 检验值	10%显著水平	5%显著水平	1%显著水平	结　论
industry	2.724431	−1.604392	−1.968430	−2.740613	不平稳
一阶差分	−1.428241	−1.601144	−1.982344	−2.816740	不平稳
二阶差分	−7.446914	−3.420030	−3.933364	−5.124875	平　稳
Coalconsume2	−2.348096	−3.286909	−3.690814	−4.571559	不平稳
一阶差分	−3.768030	−3.388330	−3.875302	−4.992279	不平稳
二阶差分	−7.245942	−1.605603	−1.964418	−2.717511	平　稳

表 3.7 表明，第二产业产值序列及其煤炭消费量序列均为二阶单整序列，因此，可以进一步进行协整性检验。回归得到二者之间的协整方程：

$$industrial = -38562.8609 + 0.64622 \times coalconsume2 \tag{3-7}$$

$$(-5.24778) \qquad\qquad (8.98818)$$

$$adj. \ R^2 = 0.82615 \qquad F = 80.78739$$

可见，回归方程的显著性、相关系数以及回归系数的显著性情况均优，其拟合度 R-squared = 0.826153，说明拟合效果是较好的。对残差进行平稳性检验，结果如表 3.8：

表 3.8 第二产业产值的残差平稳性检验表

序列	ADF 检验值	10%显著水平	5%显著水平	1%显著水平	结论
industry	−4.746411	−2.728985	−3.175352	−4.200056	平稳

C. 因果检验。进一步检验二者之间的因果关系，结果如表 3.9：

表 3.9 第二产业与煤炭消费的因果关系检验结果

Null Hypothesis：	Obs	F−Statistic	Probability
INDUSTRY does not Granger Cause COALCONSUME2	17	7.64005	0.00724
COALCONSUME2 does not Granger Cause INDUSTRY		2.11662	0.16318

检验表明无论滞后阶数为 1 还是 2，第二产业的产值对煤炭消费具有因果关系，而在显著水平为近乎 20%时，才表明出煤炭消费对第二产业的因果关系，所以，煤炭消费对第二产业具有弱的因果关系，而第二产业产值的增加对煤炭消费具有强的因果关系。所以，可以认为存在从第二产业经济增长到煤炭消费的单向因果关系。

④第三产业与煤炭消费的协整性与因果关系分析。

A. 基本趋势分析。煤炭平衡表中，将煤炭消费分为第一产业的消费量、第二产业的消费量、商业和贸易、其他、居民消费共五项，第三产业的煤炭消费应包括商业、贸易及其他项，1985~2003 年间第三产业的煤炭消费与经济增长的变化趋势如图 3.8：

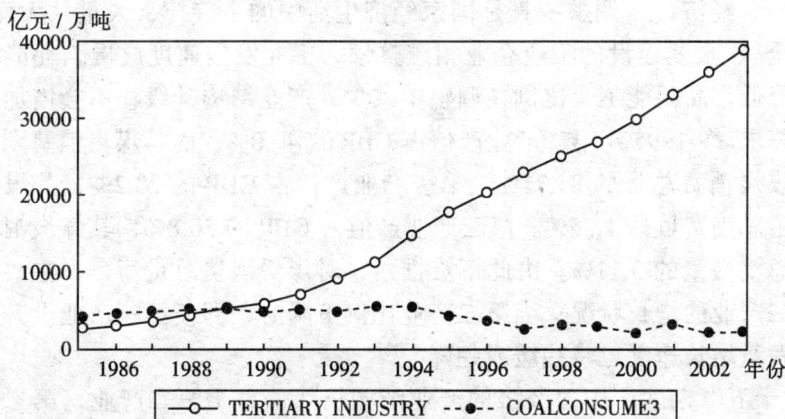

图 3.8 第三产业产值及其煤炭消费的趋势

B. 平稳性分析。对第三产业的产值序列及其煤炭消费序列进行平稳性检验，方程选择不含常数项及趋势项的假设方程，滞后项根据 AIC 原则选择 7，结果如表 3.10。可见，第三产业的产值序列为二阶单整序列，而其煤炭消费序列为一阶单整序列，不存在协整关系。

表 3.10 第三产业及其煤炭消费的平稳性检验表

序 列	ADF 检验值	10%显著水平	5%显著水平	1%显著水平	结 论
tertiary industry	−3.554293	−3.420030	−3.933364	−5.124875	不平稳
一阶差分	−0.392220	−3.388330	−3.875302	−4.992279	不平稳
二阶差分	−5.410304	−2.747676	−3.212696	−4.297073	平 稳
Coalconsume3	−1.203937	−2.728985	−3.175352	−4.200056	不平稳
一阶差分	−4.883038	−1.606129	−1.962813	−2.708094	平 稳

（2）各产业煤炭消费增长情况分析。在三大产业中，第一产业用煤比例甚低，第三产业用煤的比例也不大，并逐年有所下降。生活消费用煤的比例相对来说较大，但同样是逐年减少，唯独第二产业用煤比例极大，而且逐年上升。

1991 年国务院颁布的 90 年代我国产业政策纲要中明确规定，我国将重点发展附加值高、创汇高、技术含量高和能源、原材料消耗低的产品和产业。因此，20 世纪 90 年代初以来诸如电子、仪器仪表、精密机械、通信、家用电器、新兴材料、生物工程、金融、外贸、旅游等产业得到了进一步发展，而这些产业的产值虽然高，但能源消费却相对较低。90 年代中后期，经济结构调整一直是国家经济生活中的主旋律，大量"大而全、小而全"、重复建设的工业企业相继整顿，工业发展速度放慢，耗能增长速度降低，高耗能工业比例在调整中减少，产业结构升级，不会增加对煤炭的需求。[89] 1995 年第二产业产值占 GDP 的 49.0%，而其煤炭消费则占全社会煤炭消费总量的 85.71%。第一产业产值占 GDP 的 20.2%，其煤炭消费仅占总消费量的 1.35%。第三产业产值占 GDP 的 30.8%，其煤炭消费也仅占总消费量的 3.11%。由此不难推断，对煤炭消费总量而言，主要取决于第二产业的增长状况；当第二产业比例下降时，即使第三产业上升，煤炭消费量增长速度也将趋缓或趋降。[90]

"十五"期间，中国经济的产业结构仍然偏重于第二产业，第二产业年均增幅比 GDP 增幅高 1.2 个百分点（表 3.11）。第二产业结构偏重于工业，"十五"期间工业年均增幅比第二产业高 0.2 个百分点。规模以上企业是工业增长的主导力量，年均增幅比全社会工业增幅高 4.62 个百分点，规模以下工业呈下降趋势。工业结构偏重于重工业，规模以上重工业年均增幅比规模以上工业增幅高 1.1 个百分点。受重工业带动，交通运输业快速发展，第三产业年均增幅也高于全部 GDP 年均增幅。以 2005 年不变价格核算，"十五"期间，重工业增加值占全部 GDP 比重自 19.68%提高到 25.14%；重工业增量占 GDP 增量的比重却自 25.66%提高到 40.55%。整个"十五"期间，重工业增加值占 GDP 增量的比重是 22.43%，但所实现增量占 GDP 增量的比例达到 35.54%。[91]

表 3.11　"十五"期间全部 GDP 及各产业增长率

单位：%

年份	GDP	第一产业	第二产业	第三产业
2001	8.3	2.8	8.4	10.2
2002	9.1	2.9	9.8	10.4
2003	10	2.5	12.7	9.5
2004	10.1	6.3	11.1	10
2005	10.4	5.2	11.9	9.6

"十五"期间经济产业结构偏重于重工业，原因是作为经济增长主动力的社会消费增长相对迟缓，经济增长的动力结构过度偏重于投资和出口。"十五"期间，社会消费增长速度略有波动，总体看相对较慢，按可比价格核算，"十五"期间社会消费品零售总额年均增长 11.1%。固定资产投资较快增长，年均增长 19.6%，以 2005 年不变价格测算，整个"十五"期间，投资总额占 GDP 总额的比例为 40.4%，但投资增量占 GDP 增量的比例接近 80%。"十五"期间，投资率由"十五"初期的 38%上升到 2004 年的 44.2%，消费率则由近 60%下降到 2004 年的 53%[92]（经普查调整后 2004 年投资率为 43.2%，消费率为 54.3%）。为弥合高投资增长及其所形成的较大生产能力与低消费增长之间的产需脱节，自 2002 年以来，出口持续超高速增长，年均增长 25%。

2003 年，煤炭消费总量为 169232 万吨，第二产业消费 156745.7 万吨，占 92.6%，其中工业用煤 156168.5 万吨，占煤炭消费总量的 92.3%。2005 年全国煤炭消费总量为 216557.5 万吨，其中第一产业消费 2315.2 万吨，占消费总量的 1.07%；第二产业消费 203047.7 万吨，占消费总量的

93.8%，工业消费 202444.1 万吨，占 93.5%；第三产业消费 1689.7 万吨，占 0.78%，可见中国的煤炭消费量基本上被工业包揽。

3.2.2　工业结构调整对煤炭消费的影响

第二产业包括工业和建筑业。从 1978~1997 年，工业生产总值增加了 7.61 倍，年均增长 12%，较同期 GDP 增长速度高出 2.2 个百分点，其中，1990~1997 年年均增长速度为 16%，较同期 GDP 增长速度高出 4.8 个百分点；建筑业增长了 5.99 倍，年均增长速度为 10.8%，也高于同期 GDP 的增长速度，但低于同期工业增长速度 1.2 个百分点，其中，1990~1997 年年均增长速度为 13%，仍低于同期工业增长速度 3 个百分点（增长速度是按 1978 年不变价格计算的，如果按当年价格计算，建筑业的增长速度高于工业的增长速度）。[93]

建筑业在第二产业中耗煤所占比例很小，1996 年产值（不变价格）占 11.62%，而其耗煤仅为 0.37%。在工业生产总产值中，重工业所占比例历来高于轻工业。改革开放以来，国家调整了重工业优先的发展战略，1978~1990 年轻工业年均发展速度为 13.9%，较重工业高出 3.6 个百分点；进入 90 年代国民经济的发展已进入重化工业发展阶段，尽管轻工业以年均 20.9% 的速度发展，但比重工业仅高出 1 个百分点，轻重工业调整的步伐明显放慢。1997 年重工业生产总值 57112 亿元，占工业生产总值的 50.9%，较 1978 年下降了 6 个百分点，而轻工业生产总值 55015 亿元，较 1978 年提高了 6 个百分点。[94]

在克服了 1997~2001 年国内有效需求不足的矛盾之后，从 2002 年开始，在重化工业的推动下，我国经济又进入了新一轮快速增长时期，2004 年，全部国有及规模以上非国有工业企业工业总产值为 187220.7 亿元，其中轻工业总产值为 62654.0 亿元，比上年增长 24.4%，重工业总产值为 124566.7 亿元，比上年增长 34.5%，工业增加值为 54805.1 亿元，其中轻工业增加 17762.4 亿元，比上年增长 14.7%，重工业增加 37042.7 亿元，比上年增长 18.2%，说明重工业发展的规模和速度高于轻工业。[95]2002 年至 2004 年，受房地产开发、城市建设、基础设施建设与重工业产能补足各方面因素的叠加作用，重工业增长相对较快，耗煤产业快速发展，耗煤产品供求形势相对偏紧，众多能耗高、效率低的落后工艺开工率升高，煤炭消耗强度加大，煤炭需求日益旺盛，这也是 2002 年以来煤炭需求量快速增加的重要原因之一。[96]

在工业用煤炭消费量中，重工业 1995 年占 90.2%（占全社会用煤总量的 77.03%）。相对来说，轻工业用煤比例不大，仅占全社会用煤量的 9.2%。2004 年，重工业煤炭消费量 169005.66 万吨，占工业用煤的 93.8%，占全社会煤炭消费总量的 87.3%，因而当整个工业向轻型化方向发展时，必将对煤炭的消费和生产造成重大影响。

3.3 能源消费结构变化对煤炭消费的影响

当前，人类使用的能源有煤炭、石油、电力、太阳能、原子能等，以煤炭、石油、电力为主。19 世纪 70 年代产业革命以来，化石燃料的消费急剧增大。初期主要以煤炭为主，进入 20 世纪以后，特别是第二次世界大战以来，石油以及天然气的开采与消费开始大幅度的增加，并以每年 2 亿吨的速度持续增长。虽然经历了 20 世纪 70 年代两次石油危机，石油价格高涨，但石油的消费量却不见有丝毫减少的趋势。对此，世界能源结构发生了相应变化，核能、水力、地热等其他形式的能源逐渐被开发和利用。特别是在第二次世界大战中开始被军事所利用的原子核武器副产品的核能发电得到了和平利用之后，其规模不断得到发展。很多国家现已进入原子能时代。在日本，发电量的 40%靠核能来解决。1994 年世界能源的总消费量以石油换算为 79.8 亿吨，其中石油占 39.3%、煤炭占 28.8%、天然气占 21.6%，2004 年，在世界能源的总消费量中，石油占 36.8%，煤炭占 27.2%，天然气占 23.7%，水电、核电占 12.3%[97]（见图 3.9）。

煤炭是我国的主体能源，长期以来煤炭在我国一次能源生产和消费构成中均占 2/3 以上，煤炭在一次能源消费构成中占据主要地位，但比重逐渐下降。20 世纪 50 年代，中国煤炭消费占能源消费总量的 90%以上；60 年代后，随着石油产量的增加，石油消费比重迅速上升，煤炭消费比重由 1960 年的 93.9%下降到 1980 年的 72.2%；80 年代以后，煤炭消费比重又开始上升，1990 年上升到 76.2%；进入 90 年代，我国调整了过去自我平衡的能源政策，积极参与国际能源市场，大量进口石油天然气等优质能

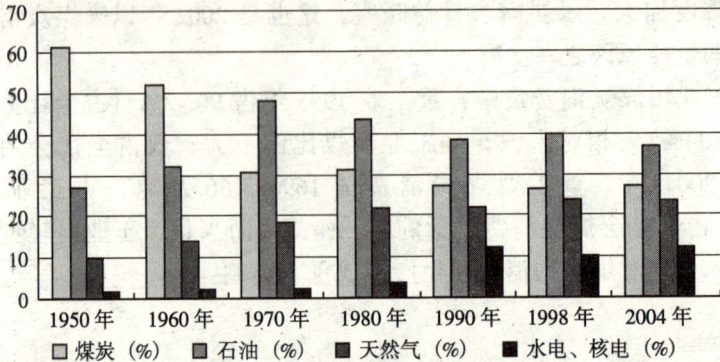

图 3.9 世界能源消费构成的变化

源，鼓励煤炭出口，拉开了中国能源消费结构优化的序幕，煤炭在一次能源消费中的比重明显下降，由 1990 年的 75.8% 下降到 2004 年的 67.7%[98~99]（图 3.10）。

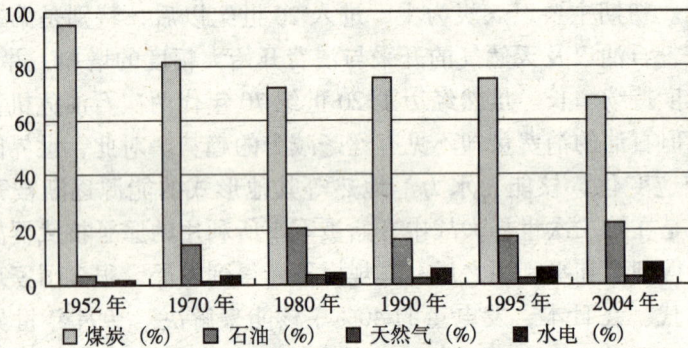

图 3.10 我国能源消费构成的变化

众所周知，能源在某些领域具有不可替代性，而在另一些领域又具有很强的可替代性。随着科技的发展，人类开发使用能源的能力越来越强，能源结构正在逐渐发生变化，在某些行业煤炭正在逐步被其他能源代替，主要表现在以下几方面：

（1）科技的发展导致铁路、制造业、冶金等行业逐步用电力等其他能源来代替煤炭。一是随着电气化铁路的建设和发展，沿线居民环保意识的加强，煤炭在铁路系统大有被电力逐步取代的趋势；二是随着冶金技术的进一步发展（如粉末冶金技术的使用），治理环境污染力度的加大，像钢铁等冶金行业、制造业等工业部门开发效率高、污染程度低、用电或其他能源的新型冶炼设备，这一部分煤炭市场将逐步萎缩。

（2）发电技术的进步导致煤炭市场萎缩。我国目前所使用的发电方式有核能发电、煤炭发电、水力发电、燃油发电、潮汐发电等，其中以煤炭发电为主。煤炭和电力既是互补品（火力发电），又是替代品；既有互相促进、共同增长的一面，又有相互排斥、挤占对方市场的一面。随着大规模水电建设的进行（如三峡水电工程），核电站的大力发展，煤炭发电所占的比重将逐步降低。电力由供不应求向供过于求的转化导致电力行业内部的竞争日趋激烈，以煤为燃料的发电厂大部分存在着成本高、效益差的问题，是竞争淘汰的重点对象，这将导致这一行业煤炭市场的萎缩。

举世瞩目的"三峡工程"于1993年开始施工准备，1997年大江截流，2003年7月10日，第一台机组并网发电，到当年11月，首批4台机组全部并网发电，2009年枢纽工程将完建。据了解，建成后的三峡电站总装机容量为1820万千瓦，年发电量为847亿度。

三峡电站作为全国联网的中枢，将促使不同地区不同电源之间的电力互相支援，实现火水电互补，从而大大提高电网运行的可靠性和稳定性。同时，三峡水电大量替代火电，每年至少可减少煤炭消耗5000万吨，减少二氧化碳排放1亿公吨。将使我国火水电结构失衡的问题得到改善，并带来巨大的环境与经济效益。

（3）太阳能等洁净可再生能源的开发利用将挤占部分煤炭市场。太阳能、生物质能、风能、海洋能、地热能、水力等可再生能源在21世纪将获得快速发展，其中太阳能、生物质能和风能等尤其引人注目。世界能源委员会的研究报告认为，到2050年，太阳能和生物质能等可再生能源将占世界能源构成的30%左右，到2100年将达到50%左右。

为了发展可再生能源，世界许多国家都制定了形形色色的研究与开发计划，并已取得可喜进展。例如：日本1993年就提出了"新阳光计划"，为了实施该计划，日本计划在2020年前投资15500亿日元，并计划到2010年使日本的可再生能源占日本能源消费的3.1%左右；太阳能电池在世界范围内已走向商业化，以色列目前的太阳能热水器普及率已达70%以上；瑞典的生物质能利用已达到本国能源消费量的20%以上；中国的沼气池已超过1000万个；中国的风能资源十分丰富，目前已经探明的风能储量约为3226千兆瓦，其中可利用风能约为253千兆瓦，主要分布在西北、华北和东北的草原和戈壁以及东部和东南沿海及岛屿上。根据统计，截至 2006 年底，中国内地地区已建成并网型风电场 91 座，累计运行风力发电机组 3311 台，总容量达 259.9 万千瓦（以完成整机吊装作为统计依据）。已经建成并网发电的风场主要分布在新疆、内蒙古、广东、浙江、辽宁等 16 个省区。根据电监会公布的数据，中国发电装机容量达到 62200 万千瓦，风力发电占全国总装机容量的 0.42%。全世界总风电装机容量已经达到 7390.4 万千瓦，其中德国总装机容量 2062.2 万千瓦，位居世界第一，中国 2006 年风电新增装机容量位居美国、德国、印度和西班牙之后，列第五位；总装机容量列世界第六位。因此，风力发电将成为我国最具大规模开发前景的新能源之一。[100]

太阳能利用包括光伏发电、太阳热发电，以及太阳能热水器、太阳房等热利用方式。我国光伏产业正以每年 30% 的速度增长，2005 年底国内太阳能电池生产能力已达 200 兆瓦以上。在国家各部委立项支持下，目前我国实验室太阳能电池的效率已达 21%，可商业化的光伏组件效率达 14%~15%，一般商业化电池效率 10%~13%。在今后的十几年中，太阳能电池的市场走向将发生很大的改变，2010 年以前中国太阳能电池多数将是用于独立光伏发电系统，从 2011 年到 2020 年，中国光伏发电的市场主流将会由独立发电系统转向并网发电系统，包括沙漠电站和城市屋顶发电系统。[101]

在 2007 年国际太阳能热利用大会上，"太阳能应尽快强制推广"成为与会政界官员、学界专家和企业界人士一致的呼声。根据我国目前的太阳能产业发展现状，太阳能热水器的各项技术已经成熟，工业基础较为完备，具备了强制推广的条件。未来一段时间我国政府需要做的就是尽快制定太阳能、税收和财政资金的相关政策，推动太阳能产业的快速发展。在这次大会上，国家发展和改革委员会下发了 2007 年 4 月出台的《推进全国太阳能热利用工作实施方案》。根据方案提出的中长期的发展目标，到 2006 年底，我国太阳能热水器面积已经达到约 9000 万平方米，占到世界太阳能热水器面积的 60% 左右。到 2010 年，太阳能热水器总集热面积达到 1.5 亿平方米，替代约 2000 万吨标准煤；到 2020 年，太阳能热水器总集热面积将达到 3 亿平方米，替代约 5000 万吨标准煤。《方案》特别提出我国即将制定太阳能热水器的强制安装政策，并要求有条件的医院、学校、饭店、游泳池等热水消耗大户，要优先采用太阳能集中供热系统；新建建筑在设计时要预留安装太阳能热水系统的位置和管道等构件，尽可能安装太阳能热水系统；对既有建筑，如具备条件也要安装太阳能热水系统，特别是政府建筑和政府投资的建筑要带头使用太阳能热利用设施。同时，国家发改委能源局的官员还表示，政府将尽快制定税收优惠政策和财政资金支持政策。要建立财政资金支持政策，重点支持公共设施、农村地区和低收太阳能热利用设施。

核能是未来能源的希望。据国际原子能机构（IAEA）的统计，在 20 世纪末，全世界正在运转的核电站为 437 座，总发电能力达 3.517 亿千瓦，这些电站主要分布在美、法、日、英、俄等 31 个国家和地区。受控核聚变是人类未来能源的希望，核聚变的主要原料是氢的同位素氘和氚，浩瀚的海水中大约含有 23.4 万亿吨氘，足够人类使用几十亿年。世界能源理事会（WEA）认为，如果受控核聚变技术在 21 世纪有重大突破，那么到 2100 年，核能可望占世界一次能源构成的 30%左右。

中国核能事业创建于 1955 年，在较短的时间里，以较少的投入，走出了一条适合中国国情的发展道路，取得了举世瞩目的成就。20 世纪 80 年代以来，以核电建设为重点，中国核能和平利用得到较快发展，规模不断扩大，科技水平不断提高，呈现了良好的发展势头。中国自主设计建设的第一座核电站——秦山核电站于 1991 年建成投产，结束了中国内地无核电的历史。1994 年建成投产的大亚湾核电站开创了中外合作建设核电站的成功范例。1996 年开始，中国又自主设计建设了秦山二期核电站；与国外合作建设了岭澳核电站、秦山三期核电站和田湾核电站。截至 2004 年 7 月，共有 9 台核电机组投入运行，总装机容量 701 万千瓦；2006 年 5 月 12 日，江苏田湾核电站一号机组成功实现并网发电，标志着我国和俄罗斯经济合作的最大项目、国内单机装机容量最大的核电站工程建造取得了重大成果。田湾核电站工程规划建设 4 台百万千瓦级核电机组，其中一期工程建设两台百万千瓦级俄罗斯 ASE-91 型压水堆核电机组，设计寿命为 40 年，年发电量为 140 亿度。

（4）油气田的开发使用给煤炭行业带来很大威胁。与煤炭相比，使用油气具有方便、经济实惠的特点。随着一大批油气田的建成投产，如新疆、南海等地区油气田的发现及开发，原来以煤为主的化工行业如化肥制造企业，将广泛地应用油气资源，这一行业的煤炭市场正在逐步萎缩。

2007 年 4 月 25 日，位于新疆阿克苏地区新和县境内的塔里木油田英买力气田群建成投产，并开始向西气东输工程供气，标志着西气东输塔里木油田首批 6 个气田已全部建成。目前，塔里木油田担负着向以上海为中心的华东地区、以北京为中心的华北地区共 12 个省（市）、80 多个大中城市供气的任务。2006 年西气东输供气 99 亿立方米，高峰期日均超过 3600 万立方米。西气东输一年的供气是目前我国全年天然气消费量的 1/10。西气东输正不断提升我国天然气在整个能源消费中所占的比例，改写着我国能源消费结构。从长远来看，能源消费结构的变化会对煤炭需求产生越来越明显的影响作用。

3.4 环保意识加强对煤炭消费的影响

加强环境、生态保护是我国的一项基本国策，同时又是实施可持续发展战略的中心内容之一。随着经济快速发展，全球性的四大公害（大气烟尘、酸雨、温室效应和臭氧层破坏）已经严重影响到人类的生存条件。世界环保问题已经引起国际社会的高度重视。由于大气污染与能源生产和利用有着直接的关系，尤其是煤炭的开发利用是烟尘、酸雨和温室效应的主要根源，就是臭氧层的破坏亦和煤炭开采过程中排放的甲烷有很大关系。因此加强环境、生态保护不能不对我国煤炭的生产、利用、消费带来严重挑战，并且是对煤炭消费市场起着持久性制约作用的最重要因素之一。

煤炭属于不清洁能源，低水平的消耗方式会造成严重污染。一是过量开采会造成环境的破坏。煤矿开采对土地资源的破坏表现为地表塌陷、水土流失和沙漠化、固体废弃物压占污染土地等，我国平原地区由于地下采煤而引起的塌陷已达 8.7 万公顷；煤炭开采对水资源也造成破坏和污染；在煤炭开采过程中形成的大气污染主要是来源于矿井瓦斯和矸石自燃释放的气体，每年新增煤矸石近 1 亿吨，煤矸石山自燃，排放许多烟尘、二氧化硫等有害气体，矿井的甲烷气体向大气排放，使我国成为甲烷排放大国。据估计，2000 年中国煤矿的瓦斯排放量达 96.25 亿立方米（CH_4 纯量）。近年来，随着采深进一步加大，矿井瓦斯涌出不断增加。全国煤矿瓦斯排放量每年大约在 140 亿~210 亿立方米，约占世界瓦斯排放量的 30%。这不仅浪费了大量的清洁能源，对矿区大气环境造成了严重危害，而且也大大加剧了全球气候的变暖，影响全球气候变化。矸石自燃产生的

大量含 SO_2、CO_2、CO 等有毒有害气体是煤矿开采对大气环境的另一个主要影响。

二是煤炭燃烧利用率低，造成严重的环境问题。煤炭的直接燃烧造成我国大气典型的煤烟型污染。国内曾分别冠以"煤都"、"煤电之城"的抚顺、本溪市，被称为卫星看不见、看不清的城市，空气污染对农田、庄稼、植物以及人体健康造成了影响。据国家环境保护总局统计，1990 年我国 SO_2 排放量已达 1495 万吨，到 1995 年达到 2370 万吨，超过美国成为世界第一大 SO_2 排放国。2001 年我国 SO_2 排放量有所下降为 1948 万吨，但仍高居世界第一位，其中 90% 左右的 SO_2 是由燃煤排放的。从各地区情况来看，SO_2 排放量最大的地区为高硫煤产区和能源生产消费量大的地区，这些地区的空气污染比较严重，据 1998 年世界卫生组织公布的一项报告，太原、北京等七个中国城市被列入世界十大污染最重的城市；从各行业看，电力、煤气及热水生产供应等主要用煤行业的 SO_2 排放量占全国工业总排放量的 50.6%。煤炭约有 50% 用于燃煤发电。燃煤发电对大气、水污染和人类健康造成了巨大的经济损失。在 2001 年我国二氧化硫排放总量中，火力发电排放的二氧化硫为 653.98 万吨，占 33.6%。2005 年，我国二氧化硫排放总量高达 2549 万吨，比 2000 年增加了 27%。经专家测算，每排放一吨二氧化硫造成的经济损失约为两万元人民币。

我国 1994~2005 年煤炭消费量与 SO_2 排放量的趋势见图 3.11，据研究我国 SO_2 排放量与煤炭消费量的相关系数达到 0.96，从总体趋势来看，我国在 20 世纪 90 年代中期 SO_2 排放量与煤炭消费量同时达到最大，之后因煤炭消费量的减少而呈下降趋势，但随着我国这几年煤炭消费量的急剧回升，SO_2 排放量也呈现出上升势头。

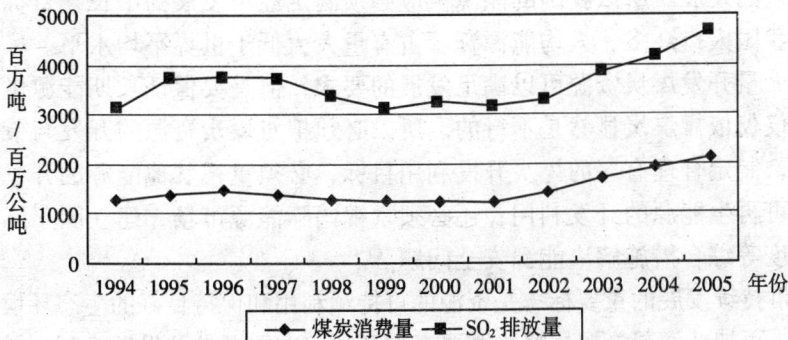

图 3.11 1994~2005 年煤炭消费量与 SO_2 排放量趋势图

据国家环保总局统计，目前中国 SO_2 污染产生的酸雨危害面积已达到国土总面积的 30%，全国年均降水 pH 值低于 5.6 的城市地区已占全国面积的 70% 以上，我国已成为世界三大酸雨区之一。而我国大气中 90% 的二氧化硫、70% 的烟尘和 85% 的二氧化碳，均来自煤炭的燃烧。

国家环保总局 2002 年发布了《燃煤二氧化硫排放污染防治技术政策》提出实行"限制两头，加强中间"的方针，即限制高硫煤开采，限制 SO_2 排放，加强煤炭洗选加工，强化煤炭运销管理。要求在酸雨控制区和 SO_2 污染控制区内，合理调整能源结构，限制建设燃煤电厂和其他大中型燃煤设施。鼓励可再生能源和清洁能源的开发利用，逐步改善和优化能源结构；鼓励工业企业进行节能技术改造，采用先进洁净煤技术，提高能源利用效率；逐步提高城市用电、燃气等清洁能源比例，清洁能源应优先供应民用燃烧设施和小型工业燃烧设施。大中城市应发展城市民用燃气化，固硫型煤和其他清洁燃料；采暖地区城市推行集中供热、热电联产。市区内禁止硫分超过 1% 的煤炭作为民用直接燃烧等，对煤炭的开采和利用提出十分严格的限制。

到 2010 年，我国 GDP 将比 20 世纪末再翻一番，到 21 世纪中叶达到中等发达国家水平。如果能源生产和消费方式保持不变，中国未来的能源需求无论从资源、资金、运输还是环境方面都是无法承受的。因此，改变能源生产与消费方式，实现能源、电力结构多样化，建立对环境危害较小甚至无害的能源系统，是中国可持续发展战略的重要组成部分。

可持续发展战略的核心是发展，经济发展是实现人口、资源、环境与经济协调发展的根本保障。同时可持续发展要求既要考虑当前发展的需要，又要考虑未来发展的需要，不以牺牲后代人的利益为代价来满足当代人利益的发展。所以我国的能源供应必须满足经济发展的中长期目标。考虑到我国人口众多，人均能源资源占有量大大低于世界平均水平。尽管短期内大量开发煤炭资源可以满足发展的要求，但是要保证长期能源供应安全，仅仅依靠煤炭显然是不行的。所以必须把对煤炭资源的开发与节约相结合，制定合理有序的煤炭开发利用目标；必须重视其他能源的开发，特别是可再生能源的开发利用；还必须重视国际能源市场，建立国家能源储备制度等综合措施解决能源安全问题。

可持续发展的重要标志是资源的可持续利用和保持良好的生态环境。在我国，可持续发展能源战略中既要考虑到如何在能源的开发转换利用过程中的污染防治和环境保护，还要考虑在能源结构和效率方面如何适应不断提高的环保要求。所以我国的能源生产消费结构将发生变化，以降低煤炭在能源结构中的比例。提高煤炭的利用效率，以降低煤炭生产消费对环境的冲击和破坏。《国民经济和社会发展第十一个五年规划纲要》提出，到 2010 年，二氧化硫排放总量削减 10%。这将对煤炭消费形成强有力的抑制作用。

3.5　节能技术推广对煤炭消费的影响

　　世界经济一体化导致市场竞争加剧。各国为了增强经济实力，扩大市场占有率，在开发研究新产品，使用新技术的同时，都在想方设法降低成本，节能是其中的主要措施之一。目前我国许多企业在采取降低成本、降低价格扩大市场占有率的措施时，都把节能作为一项重要的技改任务来抓。而煤炭在能源结构中占有很大的比重，因此节约煤炭的使用就成为重中之重。随着改革的进一步深化，市场体系逐步完善，因此节约煤炭的使用就成为重中之重。节能技术将得到长足发展，就是在经济增长的情况下，市场对煤炭需要量不但不会增加；反而会下降。张瑞在博士论文《中国能源效率与其影响因素的实证研究》中运用中国 1978~2005 年的数据进行了技术进步提高能源效率的实证分析，最后得出结论是技术进步对总节能率的贡献为 60%。[102]

　　我国从 20 世纪 80 年代开始开展有计划有组织的节能工作，国务院在 1980 年就确定了"开发与节约并重，近期把节约放在优先地位"的能源政策，1986 年国务院颁布了《节约能源管理暂行条例》，1997 年 11 月 1 日又颁布了《中华人民共和国节约能源法》。这些方针和法规的实施，对于促进节能工作的开展发挥了积极作用，重点耗能行业单位产值能耗逐年下降，能源利用效率逐年提高。

　　1991~1995 年，我国 GDP 年均增长率为 12%，是历史上增长最快的时期，能源消费年均增长率为 5.5%，能源消费弹性系数为 0.46，每万元国内生产总值能耗，从 1990 年的 512 吨标准煤降到 1995 年的 397 吨标准煤（按 1990 年不变价格计算），下降 25%，年均节能率为 5.8%，按产值能耗计算 5 年累计节约和少用能源达 3.5 亿吨标准煤，其中直接节能量占总节能量的 20%左右，其余为间接节能量；万元国内生产总值电耗由 1990 年的 1886 度下降到了 1995 年的 1720 度，年均节电量约 163 亿度。

从 1990~2000 年，GDP 能源强度年下降率高达 6.3%，能源系统效率提高了 5 个百分点，以此估算，技术节能对 GDP 能源强度的贡献率约为 27%。"十五"期间，主要高耗能产品的能源单耗均呈下降趋势，技术进步的因素促进 GDP 能源强度降低，但由于高耗能产业的增长远高于 GDP 的增长速度，重工业比重的快速增长使产业结构变化引起 GDP 能源强度升高的因素，淹没了技术进步使 GDP 能源强度下降的效果，两者抵消的结果使 GDP 的能源强度仍略有上升。[103]

清华大学副校长何建坤预测，"十一五"期间依靠发展节能技术，能源转换和利用效率提高的速度，可望超过"十五"及 20 世纪 90 年代的能源效率改进的速度，5 年期间包含能源转换和利用的系统效率可望提高 2.5~3 个百分点，技术节能量可达 2 亿~2.5 亿吨标准煤，对实现 GDP 能源强度下降 20%目标的贡献率可达 30%~38%。也就是说，如果不考虑产业结构和产品结构变化因素，技术节能可使 GDP 能源强度下降 6.4%~7.8%。

尽管节能工作取得了一定的成绩，但是从总体上看，目前我国能源利用效率低，能源经济效益差，能源利用系统的技术和管理落后的局面还没有得到根本转变，特别是电力、建材、冶金、化工等主要耗煤行业，比国外先进国家规模经济效益差。很多产品的单位能耗与发达国家相比差距很大，一般都高出 20%~80%，节能潜力十分巨大。

为推动节能技术进步，提高能源利用效率，促进节约能源和优化用能结构，建设资源节约型、环境友好型社会，国家发展和改革委员会、科技部联合发布了《中国节能技术政策大纲（2006 年）》，用于指导节能技术研究开发、节能项目投资重点方向，为编制能源开发利用规划和节约能源规划提供了技术支持，为实现国家"十一五"节能目标奠定了基础。

3.6　国际能源市场发展状况对中国煤炭市场的影响

20 世纪 90 年代，国际能源市场对我国煤炭消费市场的主要影响表现在大量进口石油和煤炭出口困难两方面。国际能源市场供大于求，石油和煤炭价格虽然在个别时期有所波动，但总的趋势是下降。利用国外廉价石油和天然气，对于加快我国经济发展十分有利，我国及时调整了能源政策，90 年代开始大量进口石油，并同外资合作，开发国外油田，对于我国的石油市场和煤炭市场都产生了重大影响；同时，世界煤炭过剩，澳大利亚等主要煤炭出口国竞争力很强，对我国的煤炭出口增加了巨大压力。[108]

我国加入 WTO 以后，在国内外"两种资源"和"两个市场"的交互影响下，我国煤炭市场供求形势发生了重大变化，对于我国煤炭行业，"WTO"已由非常规因素变为常规因素，"WTO 效应"更加广泛和深远，主要表现在国际能源市场对我国煤炭供求关系和煤炭价格的调整上。[104] 2002 年以来，我国煤炭界感受最深的恐怕就是煤炭进出口数量的激变。进口激增、出口萎缩以及国内煤炭大幅增产使得 2002 年 3 月以后国内煤炭供需关系发生逆转，煤炭价格出现下滑，与此同时，国际油价在波动中上涨，促使国际能源市场增加了对煤炭的需求，拉动了国际市场煤价上行。国内外煤炭价格的变动又改写了我国煤炭进出口的局面，我国煤炭进口大幅回落，出口猛增。从 2003 年下半年开始，由于中国经济的快速发展，使中国国内能源消费呈现突发性的增长，于是中国的煤、电、油、水以及运输一下子都紧张了起来。在国内能源紧张的形势下，从国外大量采购也就成了顺其自然的事情。在这种背景下，铁矿石、石油以及煤炭等的跨国大量采购不仅拉动着这些商品本身世界市场价格的提高，同时也带动了世界相关产业，如海运行业的兴旺。2004 年我国煤炭出口量减少，2005 年继续下降，进口量不断增加，2005 年全年累计进口 2617 万吨，比 2004 年多进口 749 万吨，增长了 40.1%；出口量为 8642.74 万吨，出口额 66.39 亿美元，同比分别减少 17.9% 和 14.6%。其中，原煤出口量 7174.48 万吨，同比减少 17.3%，占煤炭出口总量的 84.8%，比 2004 年下降 0.4 个百分点。由于国际原煤价格大幅度上涨，原煤出口额 42.84 亿美元，同比增长 12.1%。焦炭出口量为 1288.26 万吨，同比减少 14.6%。焦炭出口额为 23.55 亿美元，因而国际焦炭价格大幅下降，同比减少 40.5%。[105]

由于中国不仅是煤炭的生产大国、消费大国，同时也是煤炭的出口大国，从 1999~2002 年，中国煤炭出口数量的大幅度增长，使许多煤炭进口国对中国煤炭产生了依存。当中国一下子要减少煤炭出口，同时还要增加煤炭进口时，"煤炭不足的恐慌"首先从全球煤炭消费者的心理上开始形成了"提价抢购"的基础。于是,世界煤炭市场的价格从 2003 年下半年开始猛涨,澳大利亚动力煤的现货价格在 2004 年 7 月 1 日一度达到了 FOBT 纽卡索港 62.90 美元/吨的高度。[106] 国际煤炭市场的涨价,反过来进一步促使中国出口煤炭提价,中国强黏结煤现货出口价格高达 FOBT 中国港口 130.00~140.00 美元/吨、动力煤现货高达 FOBT 中国港口 65.00 美元/吨左右、无烟煤现货高达 FOBT 中国港口 70.00 美元/吨左右……2005 年下半年以来,随着国际煤炭市场供货能力的提高,动力煤价格有所恢复,但是国内市场动力煤的价格仍然高于国际市场,继续在高位运行, 如从 2005 年 7 月至年底,澳大利亚 BJ 煤炭现货价格下跌了 30%,而国内煤价的跌幅只有 5%左右,特别是高质量的强黏结煤和无烟煤价格仍然难以下降,使得国内煤炭出口的积极性受挫,2005 年,中国煤炭出口量下降了 17%,2006 年又在此基础上下降了 11.7%,至 6300 万吨。在出口下降的同时,2006 年中国煤炭进口量也下降了近 47%,达到 3800 万吨。2007 年 1 月份,中国煤炭进口首次超过出口,其趋势变化显而易见。

但是总的来看,国内煤炭价格与国际煤炭价格的中长期趋势相同(如图 3.12)。澳大利亚 BJ 动力煤现货价格,2002 年比 2001 年略有降低,2003 年与 2002 年基本持平,略有上涨,2004 年大幅度上涨,2005 年略有下滑,自 2001~2005 年总体上呈上涨趋势。国内重点煤矿综合煤炭售价总体上也是呈上涨趋势,但不像 BJ 现货价格那样出现波动,而是持续上涨,其中上涨幅度最大的年份在 2005 年。

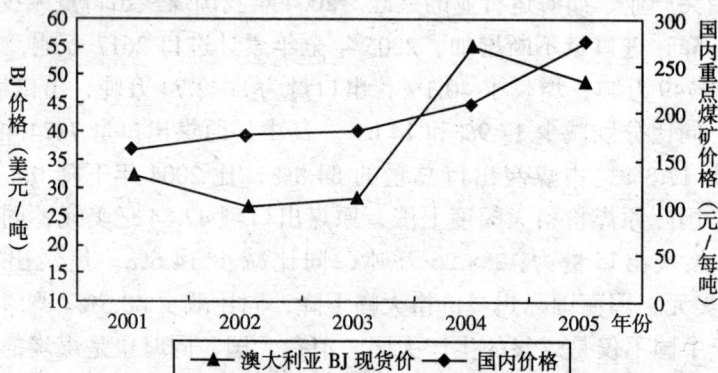

图 3.12 2001~2005 年澳大利亚 BJ 现货价格与国内价格比较

世界煤炭供货能力的增加,将促使煤炭价格回归,中国煤炭降价不可避免。世界煤炭生产国在大量投资的作用下，新开发的大型煤矿将相继建成投产，与煤炭相关的运输、港口设施也将完成更新、改造、扩容……煤炭产量及交货能力的增加，缓解了煤炭供不应求的状态，特别是动力煤首先摆脱了供不应求的局面，随之价格也回归到正常的水平。中国动力煤价格的回落首先从国际煤炭市场开始。随着澳大利亚、印度尼西亚等国家的动力煤价格的回落，再加上煤炭海运费的降低，中国东南沿海煤炭用户使用进口煤炭的积极性不断提高，于是就出现了世界煤炭市场供给量增加，价格下降→中国动力煤进口量增加→世界煤炭市场需求增加（中国国内煤炭市场需求减少）→世界煤炭市场价格趋升（中国国内煤炭市场价格趋降）→中国煤炭生产企业出口煤炭积极性增强→世界煤炭市场煤炭供给量增加，价格下降……如此循环了几个周期后，煤炭的供求关系在新的基础上达到了暂时的平衡，这一平衡将在新的技术或者新的经济模式出现后再次被打破。[104]

3.7 本章小结

本章对煤炭需求的影响因素进行了研究，重点运用协整理论分析了煤炭消费与 GDP 的协整关系，研究了产业结构调整对煤炭需求的影响作用，同时对可能影响煤炭需求的其他因素进行了研究分析，研究表明：

（1）通过 GDP 与煤炭消费量的计量分析，证明经济增长和煤炭消费表现出协整关系，且在短期内呈双向因果关系，即经济增长对煤炭消费有因果关系，而煤炭消费反过来也对经济增长具有因果关系。这一结论符合我国经济的实际情况，因为煤炭作为第二产业的重要组成部分，其本身的生产所形成的产值是第二产业的产值的组成部分，而煤炭消费增加，必然刺激其生产，其生产增加必然使第二产业的产值增加，也即造成整个 GDP 的增加，所以，二者的双向因果关系符合经济客观情况。

（2）通过对各产业的产值与煤炭消费的协整分析，表明第一产业和第三产业对煤炭消费不具有协整关系，从其发展趋势图也可以直观地看出，这两个产业的发展和煤炭消费呈不相关甚至一定程度的负相关关系。而第二产业则和整个经济增长的结论是一致的，即第二产业和煤炭消费具有双向因果关系，煤炭消费促进了第二产业产值的增加，而第二产业产值的增加则又促进了煤炭消费的增加，这主要缘于煤炭工业从属于第二产业，因此，其产量的增加必然体现为第二产业产值的增加，同时，第二产业的主要耗煤行业，如电力、水泥、钢铁、化工则和煤炭消费具有因果关系，这些产业的产值的增加是以煤炭消费为支撑的，是因果关系。在工业用煤炭消费量中，重工业耗煤一直占很大的比例，中国经济正处于重化工业的发展阶段，对煤炭的消费和生产必然造成重大影响。

（3）煤炭是我国的主体能源，长期以来煤炭在我国一次能源生产和消费构成中均占 2/3 以上，煤炭在一次能源消费构成中占据主要地位，但比重逐渐下降。随着科技的发展，人类开发使用新能源的能力越来越强，能源结构正在逐渐发生变化，势必对煤炭需求带来一定的影响。

（4）加强环境、生态保护是我国的一项基本国策，同时又是实施可持续发展战略的中心内容之一。由于大气污染与能源生产和利用有着直接的关系，尤其是煤炭的开发利用是烟尘、酸雨和温室效应的主要根源，因此加强环境、生态保护不能不对我国煤炭的生产、利用、消费带来严重挑战，并且是对煤炭消费市场起着持久性制约作用的最重要因素之一。《国民经济和社会发展第十一个五年规划纲要》提出，到 2010 年，二氧化硫排放总量削减 10%，这将对煤炭消费形成强有力的抑制作用。

（5）由于煤炭在我国能源结构中占有很大的比重，因此节约煤炭的使用就成为重中之重。随着改革的进一步深化，市场体系逐步完善，节能技术得到了长足发展，重点耗能行业单位产值能耗逐年下降，能源利用效率逐年提高。但是从总体上看，目前我国能源利用效率低，能源经济效益差，能源利用系统的技术和管理落后的局面还没有得到根本转变，特别是电力、建材、冶金、化工等主要耗煤行业，比国外先进国家规模经济效益差。很多产品的单位能耗与发达国家相比差距很大，节能潜力十分巨大。

（6）随着"入世"后的中国经济国际化的不断加深，在国内外"两种资源"和"两个市场"的交互影响下，中国煤炭市场供求形势已开始发生重大变化，对于我国煤炭行业，"WTO 效应"更加广泛和深远，主要表现在国际能源市场对我国煤炭供求关系和煤炭价格的调整上。

4 煤炭需求预测方法分析

煤炭需求预测的方法很多，主要有主观推断法、趋势外推法、国内生产总值单位能耗预测法、能源消费弹性系数法、主要消耗部门预测法、人均能源消耗法、回归分析法、时间序列预测法、灰色预测方法、BP 神经网络等，本章选取几种有代表性的预测理论与方法对我国煤炭需求趋势进行分析和预测，并对几种预测方法进行评价。

4.1 煤炭需求间接预测法

4.1.1 单位产值能耗法预测

2005 年国内生产总值 18.23 万亿元，全国能源消费量 22.25 亿吨标准煤，即 2005 年单位国内生产总值能耗为 1.22 吨标准煤/万元。

预测"十一五"期间国内生产总值年均增速为 7.5%~8.5%，按照 2005 年不变价格计算，2010 年国内生产总值为 26.2 万亿~27.5 万亿元。党的十六届五中全会提出 2010 年单位国内生产总值能源消耗要比"十五"期末降低 20%左右，这项节能任务非常艰巨（据统计，2006 年单位 GDP 能耗不降反升，同比增加 0.8 个百分点 [105]），主要原因如下：一是"十一五"期间我国城市化进程加快、居民消费层次升级；二是道路、桥梁、港口和水利等国家大型基础设施建设进入高速发展阶段；三是新农村建设带来新的需求增长点；四是重化工业阶段 GDP 能耗强度上升是必然的趋势。由此分析认为，"十一五"期间第二产业的比重还将上升或者持平，因此 2010 年单位国内生产总值能耗按 1.09 吨标准煤/万元考虑，全国能源消费量为 28.6 亿~30 亿吨标准煤。

综合国内权威机构的预测结果，2011~2020 年国内生产总值年均增速将达到 7.5%左右，按照 2005 年不变价格计算，2020 年国内生产总值将达到 55 万亿~58 万亿元，预测 2020 年单位产值能耗为 0.67 吨标准煤/万元，全国能源消费量为 36.9 亿~38.9 亿吨标准煤。

4.1.2 能源消费弹性系数法预测

由于我国目前正处于工业化进程的中期阶段，重化工业时代的特征逐步明显，未来一段时间对钢铁、石化、建材等产品的需求仍会有较大增长，势必会带动对能源需求的较快增长。"十五"期间能源消费弹性系数为 1.08，随着国家调控能力的进一步增强，高耗能产业增速趋缓，"十一五"期间能源消费弹性系数按 0.8 考虑，据此推算，能源消费增长速度"十一五"期间为 6%~7%（"十一五"期间 GDP 年均增速为 7.5%~8.5%），以 2005 年一次能源消费量 22.25 亿吨标准煤为基数，预测 2010年能源需求量为 29.8 亿~31.2 亿吨标准煤。

2011~2020 年能源消费弹性系数按 0.4 左右考虑，据此推算，能源消费增长速度为 3%左右（GDP 年均增速 7.5% 左右），以 2010 年一次能源消费量为基数，预测 2020 年能源需求量为 38.1 亿~40 亿吨标准煤。

4.1.3 人均能源消耗法预测

我国人均能源消费量从 1978 年的 0.59 吨标准煤增加到 2005 年的 1.70 吨标准煤。与世界其他国家相比，我国人均能源消费量还很低，2003年仅为世界平均水平的 60%，不足欧洲国家的 1/4。大多数发达国家人均能源消费量是中国的 4 倍以上，俄罗斯联邦与东欧各经济转轨国家的人均能源消费也是我国的 3 倍左右。

根据我国人均能源消费的历史变动趋势，结合当前工业化进程和城镇化进程加快的特点，我国人均能源消费将稳步增长。

预测 2010 年我国人均能源消耗 2.1~2.3 吨标准煤，2020 年为 2.6~2.8吨标准煤。根据人口计生委预测数据，我国总人口到 2010 年、2020 年分别为 13.7 亿人、14.6 亿人。由此，预测我国能源消费总量 2010 年为 28.8

亿~31.5 亿吨标准煤，2020 年为 38 亿~40.9 亿吨标准煤。

4.1.4　煤炭需求间接法预测结论

综合上文所述单位产值能耗法、能源消费弹性系数法、人均能源消耗法三种方法对能源需求的预测结果，推荐 2010 年能源需求量为 29.1 亿~30.9 亿吨标准煤，2020 年为 37.5 亿~40 亿吨标准煤。具体如表 4.1 所示。

表 4.1　能源需求预测结果对比

单位：亿吨标准煤

	2010 年	2020 年
单位产值能耗法	28.6~30.0	36.9~38.9
能源消费弹性系数法	29.8~31.2	38.1~40.0
人均能源消耗法	28.8~31.5	38.0~40.9

据相关部门预测，2010 年、2020 年我国消费的石油、天然气、水电、核电和新能源等煤炭外的其他一次能源总量将分别达到 11.8 亿吨标准煤、16.5 亿吨标准煤，[106] 根据上面能源需求预测结论和除煤炭外其他一次能源消费的预测结果，2010 年、2020 年国内煤炭需求量分别为 24.2 亿~26.7 亿吨、30.1 亿~32.9 亿吨。

4.2　煤炭需求的因果回归预测

4.2.1　解释变量的选择

通过对影响我国煤炭消费相关因素的分析，认为煤炭需求的解释变量应该反映经济发展对煤炭的需求和主要耗能行业对煤炭的需求，因此，本书以煤炭需求指数（$MTXQ_t$）为被解释变量，选择第二产业中的工业 GDP 指数（$GYGDP_t$）、煤炭价格指数（$MTJG_t$）、石油价格指数（$SYJG_t$）、火力发电量指数（$HLFD_t$）、生铁产量指数（ST_t）、钢铁产量指数（GC_t）、建材产量指数（JC_t）、化肥产量指数（HF_t）八个因素作为解释变量。以相关因素的指数作为解释变量和被解释变量，可以避免数据在数量级上的较大差异，同时指数能很好地反映增长趋势，满足需求预测需要。

4.2.2　多元计量经济学预测模型的建立

假设煤炭需求指数与各解释变量之间呈线性关系，建立模型如下：

$MTXQ_t = \beta_0 + \beta_1 \times GYGDP_t + \beta_2 \times MTJG_t + \beta_3 \times SYJG_t + \beta_4 \times HLFD_t + \beta_5 \times ST_t + \beta_6 \times GC_t + \beta_7 \times JC_t + \beta_8 \times HF_t + \mu_t$

式中，β_0 为常变量；β_1，…，β_8 为系数，代表各解释变量对被解释变量的影响；μ_t 为随机误差项。

4.2.3　样本数据的选取

被解释变量为煤炭需求指数：数据来自历年《中国煤炭工业年鉴》中的煤炭需求量，以 1978 年为 100，计算得到煤炭需求指数。

解释变量：第二产业中的工业 GDP 指数、煤炭价格指数、石油价格指数来自 2005 年《中国统计年鉴》，火力发电量指数、生铁产量指数、钢材产量指数、建材产量指数、化肥产量指数根据历年《中国统计年鉴》上的相关数据进行计算得到。

经过处理后的样本数据见表 4.2。

表 4.2　煤炭需求多元回归相关数据

年份	煤炭需求指数	工业 GDP 指数	煤炭价格指数	石油价格指数	火力发电量指数	生铁产量指数	钢材产量指数	建材产量指数	化肥产量指数
1978	100.00	100.00	100.00	100.00	100.00	100.00	100.00	100.00	100.00
1979	103.40	108.70	113.40	101.60	109.90	105.58	113.09	113.27	120.87
1980	107.72	122.40	120.66	103.73	117.15	109.28	123.01	122.41	141.73
1981	106.98	124.50	123.79	104.24	117.78	98.22	120.92	127.07	143.81
1982	113.23	131.70	126.15	104.77	122.42	102.07	131.43	145.92	145.88
1983	121.29	144.50	128.06	111.37	128.12	107.44	139.13	165.93	147.95
1984	132.16	166.00	130.60	124.74	140.25	115.00	152.72	188.57	150.03
1985	143.88	196.20	153.59	133.72	153.83	126.01	167.26	223.71	152.10
1986	151.70	215.20	148.67	139.87	171.61	145.56	183.79	254.54	156.41

续表

年份	煤炭需求指数	工业GDP指数	煤炭价格指数	石油价格指数	火力发电量指数	生铁产量指数	钢材产量指数	建材产量指数	化肥产量指数
1987	163.42	243.60	152.83	145.47	191.91	158.18	198.64	285.48	192.36
1988	185.43	280.80	169.03	155.36	210.66	163.96	212.36	322.10	200.18
1989	182.37	295.00	189.66	168.41	225.31	167.29	220.06	322.33	207.35
1990	186.19	304.90	201.41	180.37	239.22	179.30	233.38	321.44	216.23
1991	195.51	348.80	227.80	214.27	267.11	194.45	255.34	387.20	227.71
1992	204.59	422.60	264.48	247.06	300.94	218.14	303.31	472.44	235.58
1993	214.51	507.50	369.47	423.21	331.92	251.19	349.46	563.89	225.04
1994	227.89	603.50	451.50	629.31	361.01	279.99	381.70	646.66	261.45
1995	242.27	688.20	502.51	762.73	390.20	302.65	406.69	729.02	293.13
1996	256.98	774.30	571.36	797.81	424.37	308.21	422.92	754.12	323.24
1997	243.92	861.90	617.07	856.85	447.13	330.88	451.94	784.40	324.51
1998	227.83	938.64	596.09	796.87	453.70	341.01	486.31	821.50	346.26
1999	219.05	1018.58	565.09	873.37	485.55	360.43	548.45	878.30	373.98
2000	213.23	1118.40	554.35	1260.30	535.43	376.59	595.38	915.08	366.50
2001	218.11	1215.70	590.39	1248.90	582.11	447.09	727.70	1013.20	389.16
2002	242.19	1337.30	658.87	1189.00	650.20	491.08	871.90	1111.30	436.10
2003	274.61	1505.50	704.99	1374.48	751.06	614.16	1091.85	1321.42	446.49
2004	316.69	1682.00	817.08	1569.66	859.72	723.92	1346.16	1486.84	514.15
2005	327.54	1714.21	842.12	1645.89	901.01	799.89	1501.56	1526.36	559.68

4.2.4 参数估计及模拟检验

用 SPSS 软件计算得到表 4.3 所示结果。

$R^2 = 0.989$，adjust $R^2 = 0.984$，D.W.=1.126，F=197.638，SMPL：1978~2005 年。

以 $\alpha = 0.05$，$k = 9$，$n = 28$，查 t 分布表和 F 分布表，得到临界值：

$F_{0.01}(8, 19) = 3.26$，$t_{0.025}(n-k) = t_{0.025}(19) = 2.101$

由此可见，煤炭价格指数、石油价格指数、生铁产量指数和钢材产量指数不能通过 t 检验。煤炭价格指数、石油价格指数无法通过 t 检验，这可能是因为我国在相当长的时间内能源价格受政府控制，没有完全市场化。

通过逐步舍去 t 检验量较小的生铁产量指数、石油价格指数和煤炭价格指数三个变量后，钢材产量指数 t 检验显著提高，可以通过 t 检验，得

表 4.3　多元回归统计结果

Variable	Coefficient	Std.Error	t–Statistic	Sig.
常数	21.343	16.676	1.280	0.217
工业 GDP 指数	−0.377	0.051	−7.432	0.000
煤炭价格指数	5.799E-02	0.049	10183	0.252
石油价格指数	−1.968E-02	0.024	−0.824	0.421
火力发电量指数	0.508	0.175	2.901	0.010
生铁产量指数	0.129	0.265	0.488	0.631
钢材产量指数	−0.137	0.089	−1.541	0.141
建材产量指数	0.271	0.086	3.164	0.005
化肥产量指数	0.315	0.131	2.400	0.027

到新的回归方程：

$$MTXQ_t = \underset{(2.452)}{27.531} - \underset{(-13.442)}{0.405 \times GYGDP_t} + \underset{(2.918)}{0.467 \times HLFD_t} - \underset{(-3.506)}{0.110 \times GC_t} + 0.357 \times$$

$$\underset{(5.898)}{JC_t} + \underset{(3.123)}{0.350 \times HF_t}$$

$R^2 = 0.987$，adjust $R^2 = 0.984$，D.W.$= 1.147$，F$= 320.638$，SMPL：1978~ 2005 年。

以 $\alpha = 0.05$，$k = 6$，$n = 28$，查 t 分布表和 F 分布表，得到临界值：

$F_{0.01}(5，22) = 4.04$，$t_{0.025}(n-k) = t_{0.025}(22) = 2.080$

由此可见，五个解释变量都能通过 t 检验和 F 检验。查 D.W.检验的临界值表，得到 $d_1 = 1.01$，$d_u = 1.86$，所以模型无法判定是否存在自相关。

4.2.5　自变量的预测

（1）第二产业中工业 GDP 指数的预测。根据党的十六大确定的全面建设小康社会的经济发展目标，到 2020 年国内生产总值将比 2000 年翻一番。由此预计国民经济发展速度 2004~2010 年期间为 7.5%，2010~2020 年期间为 7%。目前我国经济发展正处于工业化中期（即重化工业时期），该时期的主要特征是经济发展加速，城镇化步伐加快，大规模基础建设层次升级，对钢铁、电力、汽车、石化等重化工产品需求猛增，这势必带动能源需求的大幅度增长。因此，第二产业中的工业 GDP 指数的增长速度不会低于国民经济发展速度，此外，2010 年以前按年均 7.5% 计算，2011~ 2020 年按 7% 计算，得到 2007~2020 年第二产业中的工业 GDP 指数的预测值，见表 4.4。

（2）火力发电、钢材产量、建材产量和化肥产量指数预测。本书曾尝试用指数函数来拟合火力发电指数、钢材产量指数、建材产量指数和化肥产量指数，自变量的预测方程拟合效果非常好，但是由于指数函数会使未来的自变量值迅速上升，致使预测的煤炭需求量明显偏大，因而不能采用指数函数来拟合自变量。结合我国电力行业、钢铁行业、建材行业、化肥行业对我国 2020 年以前的发展规划，以及国际能源组织在能源需求预测中对各行业增长率的假设，本书假设：火力发电指数和钢产量指数在 2010 年以前按年均 7%速度增长，2011~2020 年按年均 6%增长；建材产量指数在 2010 年以前按年均 7.5%的速度增长，2011~2020 年按年均 7%增长；化肥产量指数在 2010 年以前按年均 5%速度增长，2011~2020 年按年均 4%增长，各自变量 2007~2020 年的预测值见表 4.4。

表 4.4　各自变量 2007~2020 年的预测值

年　份	2007	2008	2009	2010	2011	2012	2013
工业 GDP 指数	2089.54	2246.26	2414.73	2595.83	2777.54	2971.97	3180.04
火力发电量指数	1053.19	1126.92	1205.80	1290.21	1367.62	1449.68	1536.66
钢材产量指数	1649.10	1764.54	1888.06	2020.22	2161.61	2312.95	2451.73
建材产量指数	1847.10	1985.63	2134.55	2294.64	2456.27	2627.14	2811.04
化肥产量指数	595.19	624.95	656.20	689.01	716.57	745.23	775.04
年　份	2014	2015	2016	2017	2018	2019	2020
工业 GDP 指数	3402.61	3640.29	3895.65	4168.34	4460.12	4772.23	5106.40
火力发电量指数	1628.86	1726.59	1830.18	1940.00	2056.40	2179.78	2310.52
钢材产量指数	2598.83	2754.76	2920.05	3095.25	3280.97	3477.82	3686.50
建材产量指数	3007.81	3218.35	3443.64	3684.69	3942.62	4218.61	4513.91
化肥产量指数	806.64	838.29	871.82	906.69	942.90	980.68	1019.99

4.2.6　煤炭需求指数预测

将相应的自变量的预测值代入煤炭需求指数的预测计算式中，得到煤炭需求指数的预测值，见表 4.5。

表 4.5　煤炭需求指数的预测值和拟合值

年　份	1978	1979	1980	1981	1982	1983	1984	1985
实际值	100	103.40	107.72	106.98	113.23	121.29	132.16	143.88
拟合值	93.89	105.13	112.44	114.51	120.06	124.56	128.83	134.61
绝对误差（%）	5.57	1.68	4.38	7.04	6.03	2.69	2.52	6.44
年　份	1986	1987	1988	1989	1990	1991	1992	1993
实际值	151.70	163.42	185.43	182.37	186.19	195.51	204.59	214.51
拟合值	145.91	165.89	173.88	174.71	180.51	200.85	214.67	218.63
绝对误差（%）	3.81	1.51	6.23	3.10	3.04	2.73	4.93	1.92
年　份	1994	1995	1996	1997	1998	1999	2000	2001
实际值	227.89	242.27	256.98	243.92	227.83	219.05	213.23	218.11
拟合值	232.08	249.15	247.95	231.17	220.23	225.87	224.09	224.89
绝对误差（%）	1.84	2.84	3.51	5.23	3.33	3.12	2.40	3.11
年　份	2002	2003	2004	2005	2006			
实际值	242.19	274.61	324.69	329.56	336.07			
拟合值	233.03	275.25	310.49	322.89	330.98			
绝对误差（%）	2.35	0.23	2.96	1.78	1.51			
年　份	2007	2008	2009	2010	2011	2012	2013	2014
预测值	359.44	377.57	396.69	416.86	430.86	445.18	462.36	480.18
年　份	2015	2016	2017	2018	2019	2020		
预测值	498.66	517.80	537.63	558.16	579.41	601.39		

　　1978~2006 年绝对误差的平均值为 4.35%，由此可见，模型具有较高的拟合精度。根据煤炭需求指数的预测值对煤炭需求进行预测，得到预测结果见表 4.6。

表 4.6　煤炭需求的预测值

单位：亿吨

年　份	2007	2008	2009	2010	2011	2012	2013
预测值	21.7609	22.8587	24.0165	25.2375	26.0847	26.9517	27.9924
年　份	2014	2015	2016	2017	2018	2019	2020
预测值	29.0710	30.1895	31.3485	32.5490	33.7920	35.0785	36.4092

4.3 基于灰色理论的煤炭需求预测模型

4.3.1 灰色预测技术

（1）灰色系统理论。灰色系统的概念是由我国学者邓聚龙教授于1982年首先提出的，并建立了灰色系统理论，引起国内外很多学者、科技人员的重视。之后，灰色系统理论得到较深入研究，并在众多方面获得了成功的应用。灰色系统是部分信息已知、部分信息未知的系统，灰色系统理论认为，凡是有些参数已知、有些参数未知的系统都是灰色系统，如社会系统、经济系统、生态系统等都是灰色系统。[107]灰色系统理论能更准确地描述社会经济系统的状态和行为，研究基于灰色系统理论的灰色预测模型，则对社会经济系统预测具有重要意义。

（2）灰色预测模型。灰色预测模型称为 GM 模型，GM（1，n）表示一阶的，n 个变量的微分方程型预测模型。

对于 n 个变量：x_1，x_2，…，x_n，如果每个变量都有 m 个相互对应的数据，则可形成 n 个数列 $x_i^{(0)}$（i=1，2，…，n），即 $x_i^{(0)} = \{x_i^{(0)}(1)，x_i^{(0)}(2)，…，x_i^{(0)}(m)\}$（i=1，2，…，n）。

对 $x_i^{(0)}$ 累加生成，形成 n 个生成数列 $x_i^{(1)}$，有

$$x_i^{(1)}(j) = \sum_{i=1}^{j} x_i^{(0)}(t) = x_i^{(1)}(j-1) + x_i^{(0)}(j) \qquad (i = 1，2，…，n)$$

则　$x_i^{(1)} = \{x_i^{(1)}(1)，x_i^{(1)}(2)，…，x_i^{(1)}(m)\}$　（i = 1，2，…，n）

对 n 个数列可建立微分方程，即

$$\frac{dx_1^{(1)}}{dt} + ax_1^{(1)} = b_1 x_2^{(1)} + b_2 x_3^{(1)} + \cdots + b_{n-1} x_n^{(1)} \qquad (4-1)$$

式（4-1）中参数可表示为 $\hat{a} = (a，b_1，b_2，…，b_{n-1})^T$。

按最小二乘法估计参数 $\hat{a}$，则有

$$\hat{a} = (B^T B)^{-1} B^T y_n \qquad (4-2)$$

式 (4-2) 中

$$B = \begin{pmatrix} -\frac{1}{2}(x_1^{(1)}(1) + x_1^{(1)}(2)) & x_2^{(1)}(2) & \cdots & x_n^{(1)}(2) \\ -\frac{1}{2}(x_1^{(1)}(2) + x_1^{(1)}(3)) & x_2^{(1)}(3) & \cdots & x_n^{(1)}(2) \\ \vdots & & \vdots & \vdots \\ -\frac{1}{2}(x_1^{(1)}(n-1) + x_1^{(1)}(n)) & x_2^{(1)}(n) & \cdots & x_n^{(1)}(n) \end{pmatrix}$$

$$y_n = (x_1^{(0)}(2), x_1^{(0)}(3), \cdots, x_1^{(0)}(m))^T$$

可得 GM (1, n) 模型为

$$\hat{x}^{(1)}(j+1) = [x_1^{(0)}(1) - \frac{1}{a}\sum_{i=2}^{n} b_{i-1} x_i^{(1)}(j+1)]e^{-aj} + \frac{1}{a}\sum_{i=2}^{n} b_{i-1} x_i^{(1)}(j+1)$$

$$x_i^{(0)}(0) = x_i^{(0)}(1) \qquad\qquad (i = 0, 1, 2, \cdots, n)$$

则

$$\hat{x}^{(0)}(j+1) = \hat{x}^{(1)}(j+1) - \hat{x}^{(1)}(j) \qquad (j = 0, 1, 2, \cdots, n)$$

由此式便可计算出第 j+1 期的预测值 $\hat{x}^{(0)}(j+1)$。

4.3.2 煤炭需求灰色预测模型

（1）煤炭需求灰色预测模型的建立。根据我国国民经济发展的状况、能源消费结构的特点以及煤炭消费的变化，选取以下三个变量：煤炭消费年增长率、GDP 增长率、煤炭占能源消费总量的比例建立全国煤炭消费需求灰色预测模型 GM (1, 3)。

为了建立模型的方便，引入变量 x_1、x_2、x_3 分别表示煤炭消费年增长率（%）、GDP 增长率（%）和煤炭占能源消费总量的比例（%）。

我国 1991~2005 年煤炭消费年增长率、GDP 增长率和煤炭占能源消费总量的比例三项指标的原始数据见表 4.7。

根据表 4.7 中的数据，应用前述的灰色预测技术原理，经计算得到模型中的各个系数，进而得到全国煤炭消费需求灰色预测模型 GM (1, 3)，即

$$\hat{x}^{(1)}(j+1) = [x_1^{(0)}(1) - \frac{1}{a}\sum_{i=2}^{3} b_{i-1} x_i^{(1)}(j+1)]e^{-aj} + \frac{1}{a}\sum_{i=2}^{3} b_{i-1} x_i^{(1)}(j+1)$$

（j=0，1，2，…，14）   (4-3)

其中，$x_1^{(0)}(0) = x_1^{(0)}(1)$，$a = -0.5158343$，$b_1 = 0.2378292$，$b_2 = -0.1896771$

表 4.7 1991~2005 年全国煤炭消费的原始数据

年份	GDP 年增长率/%	煤炭占能源消费总量比例/%	煤炭消费年增长率/%	煤炭年消费量/亿吨
1991	9.2	76.01	4.65	11.04
1992	14.2	74.65	3.31	11.41
1993	13.5	74.46	5.99	12.09
1994	12.7	74.80	6.30	12.85
1995	10.5	74.97	7.11	13.76
1996	9.6	74.40	5.13	14.47
1997	8.8	71.99	-3.79	13.92
1998	7.8	69.60	-7.48	12.88
1999	7.1	67.10	-11.04	11.46
2000	8.4	67.80	15.18	13.20
2001	8.3	66.70	-4.39	12.62
2002	9.1	66.30	8.24	13.66
2003	10	68.40	23.86	16.92
2004	10.1	68.00	14.42	19.36
2005	10.4	68.90	11.88	21.66

资料来源：1991~2006 年《中国统计年鉴》、《中国能源统计年鉴》。

（2）2007~2020 年全国煤炭需求预测。由式（4-3）可以计算出全国 2007~2020 年煤炭消费年增长率的全部累加值$\hat{x}_1^{(1)}(j+1)$，然后利用下面的公式，即

$$\hat{x}^{(0)}(j+1) = \hat{x}_1^{(1)}(j+1) - \hat{x}_1^{(1)}(j) \quad （j=0，1，2，3，…，13）\quad (4-4)$$

对$\hat{x}_1^{(1)}(j+1)$累减还原得$x_1^{(0)}$的模拟值$\hat{x}_1^{(0)}$，即煤炭消费年增长率的历史模拟值，进而将表 4.8 中 2007~2020 年全国 GDP 增长率和煤炭占能源消费总量的比例数值代入式（4-3）中，然后利用式（4-4）累减还原，便可计算出 2007~2020 年煤炭消费年增长率预测值（表 4.8 中第 4 列数值），由此预测值即可计算出 2007~2020 年全国煤炭消费量，计算结果见表 4.8（第 5 列数值）。

表 4.8 全国煤炭消费需求预测结果

年份	GDP 年增长率/%	煤炭占能源消费总量比例/%	煤炭消费年增长率/%	煤炭年消费量/亿吨
2007	8.00	67.25	4.26	23.08
2008	7.80	66.10	4.40	24.87
2009	7.78	65.21	3.10	25.24
2010	7.63	64.11	3.23	26.89
2011	7.40	63.14	3.23	27.34
2012	7.28	62.23	2.78	28.02
2013	7.20	61.07	2.23	28.97
2014	7.10	60.88	3.11	29.23
2015	7.00	59.12	2.12	30.34
2016	6.95	58.44	1.98	30.92
2017	6.80	57.24	1.01	31.34
2018	6.72	56.74	1.04	31.54
2019	6.68	56.12	1.06	31.98
2020	6.54	55.12	1.02	32.05

将 1991~2005 年全国煤炭年消费量实际值和系统模拟值、2007~2020 年全国煤炭年消费量预测值绘成图 4.1。从图 4.1 中可以看出，1991~2005 年全国煤炭消费量的模拟结果具有比较好的拟合度，由此可见本预测模型具有较好的预测精度，预测结果是比较可信的。

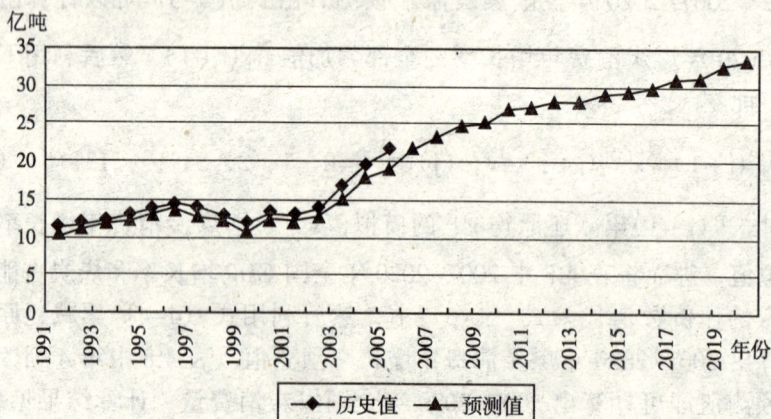

图 4.1 1991~2020 年全国煤炭消费量趋势预测

4.4 煤炭需求预测的复合小波神经网络模型

小波神经网络（Wavelet Neural Network）是近年来国际上新兴的一种数学建模分析方法，是结合小波变换与人工神经网络的思想而形成的，已经开始有效地应用于信号处理、数据压缩、故障诊断等众多领域。它是通过对小波分解进行平移和伸缩变换后而得到的级数，具有小波分解的一般逼近函数的性质，并且，由于它引入了两个新的参变量，即伸缩因子和平移因子，所以小波神经网络具有比小波分解更多的自由度，从而使其具有更灵活有效的函数逼近能力，经过筛选恰当的各个参数，通过较少的级数项组成的小波神经网络就能达到优良的逼近效果。[108]

4.4.1 小波及小波变换

满足条件 $\int_{-\infty}^{+\infty} |\hat{\varphi}(\omega)|^2 |\omega|^{-1} d\omega < +\infty$ 的平方可积函数 $\varphi(t) \in L^2(R)$ 为基本小波或母小波，其中 $\hat{\varphi}(\omega)$ 为 $\varphi(\omega)$ 的 Fourier 变换。令

$$\varphi_{ab}(t) = \frac{1}{\sqrt{|a|}} \varphi\left[\frac{t-b}{a}\right]$$

式中，a，b 为实数，且 $a \neq 0$。

将 $\varphi_{ab}(t)$ 称为由母小波 φ 生成的依赖于参数 a、b 的连续小波，也称为小波基。设非线性时间序列变化函数 $f(t) \in L^2(R)$，则小波变换为

$$W_f(a, b) = <f, \varphi_{ab}> = \frac{1}{\sqrt{|a|}} \int_{-\infty}^{+\infty} f(t) \varphi\left[\frac{t-b}{a}\right] dt \tag{4-5}$$

由时间序列特点，变换仅限实数域讨论。由上式可见，小波基中参数 b 变化起着平移作用，参数 a 的变化不仅改变小波基的频谱结构，而且改变其窗口的大小与形状，因此，a、b 分别称为 $\varphi_{ab}(t)$ 的伸缩因子和平移因子。对于函数 f(t)，其局部结构的分辨可以通过调节参数 a、b，即调节小波基窗口的大小和位置来实现。与 Fourier 分析类似，基于小波变换的小波分析同样是将信号函数分解成小波标准正交基，以此构成级数来逼近信

号函数。不同的是小波基是通过平移和伸缩构成的，具有良好的局部化性质，依据小波理论达到最佳的函数逼近能力。

目前常用的母小波有 Haar 小波、Shannon 小波、墨西哥帽小波、样条小波和 Morlet 小波等，这些函数的伸缩和平移可以构成 $L^2(R)$ 的标准正交基，使其生成的小波级数可以最佳逼近。

基本小波类型一般针对具体问题进行选择，如对跳变较多的信号，Haar-Walsh 基比较适用；对由分段多项式结构组成的信号，Daubechies 小波比较适用；如果信号含正弦分量或高频振荡，则局部三角函数基比较合适。

4.4.2　复合小波神经网络预测模型

复合小波神经网络是基于小波分析而构成的具有神经网络思想的模型，即用非线性小波基取代了通常的非线性 Sigmoid 函数，把非线性时间序列表述通过用所选取的非线性小波基进行线性叠加来实现，也就是用小波级数的有限项来逼近时间序列函数。实际上，用小波基 $\varphi_{ab}(t)$ 拟合时间序列 $s(t)$ 的过程就是信号分解过程，即希望把待分析信号 $s(t)$ 近似分解成若干正交归一的基本小波 $\varphi^{(n)}(t)$（上标（n）是小波类型的序号）作离散位移 b_k 和尺度伸缩 a_k 后的加权和，即

$$s(t) \cong \hat{s}(t) = \sum_n \sum_k w_k^{(n)} \varphi_{\alpha_k \beta_k}^{(n)}(t) \tag{4-6}$$

式中，$\varphi_{\alpha_k \beta_k}^{(n)}(t) = \varphi^{(n)}\left[\dfrac{t-b_k}{a_k}\right]$；系数 $\dfrac{1}{\sqrt{a_k}}$ 并入权重 w_k；$w_k^{(n)}$ 为 $\varphi_{\alpha_k \beta_k}^{(n)}(t)$ 的权重；a_k、b_k 都是离散取值，但不限定为整数。

现确定网络参数 w_k、a_k、b_k 和 n，使得 $s(t)$ 与 $\hat{s}(t)$ 间误差的平方和最小，即

$$\varepsilon = \sum_{t=1}^{T} [s(t) - \hat{s}(t)]^2 = \min$$

为达到此目的，可用随机梯度法或共轭梯度法寻优。不论采用哪种方法都需要知道 ε 对 w_k、a_k、b_k 的偏导数。例如当 n=1 且采用实数 Morlet 小波时，有 $\varphi(t) = e^{-\frac{t^2}{2}} \cos\omega_0 t$。

令 $t' = \dfrac{t - b_k}{a_k}$，则偏导数分别为

$$\frac{\partial \varepsilon}{\partial w_k} = -\sum_{t=1}^{T} \left[s(t) - \hat{s}(t) \right] \cos\omega_0 t' e^{-\frac{t'^2}{2}} \qquad (4\text{-}7)$$

$$\frac{\partial \varepsilon}{\partial b_k} = -\sum_{t=1}^{T} \left[s(t) - \hat{s}(t) \right] w_k \left[\frac{\omega_0}{a_k} e^{-\frac{t'^2}{2}} \sin\omega_0 t' + \frac{t'}{a_k} e^{-\frac{t'^2}{2}} \cos\omega_0 t' \right] \qquad (4\text{-}8)$$

$$\frac{\partial \varepsilon}{\partial a_k} = -\sum_{t=1}^{T} \left[s(t) - \hat{s}(t) \right] w_k \left[\frac{\omega_0 t'}{a_k} e^{-\frac{t'^2}{2}} \sin\omega_0 t' + \frac{t'^2}{a_k} e^{-\frac{t'^2}{2}} \cos\omega_0 t' \right] = t' \frac{\partial \varepsilon}{\partial b_k} \qquad (4\text{-}9)$$

递推寻优时，b_k 的初始值对收敛性能影响较大，需要做比较准确的预估计。

关于 n 的确定可以使用逐步检验法，可对非线性时间序列的拟合误差事先给出一个界限，设拟合误差小于 D，则 n 从取 1 开始，计算后得 ε_1。若 $\varepsilon_1 < D$，则 n=1，否则 n 增加取 2；若 $\varepsilon_2 < D$，则 n=2，否则，继续逐步下去，一直到 $n = n^*$ 时，使 $\varepsilon_n^* < D$，从而确定模式数 n 的最优值为 n^*。

4.4.3　复合小波神经网络预测模型实例应用

表 4.9 给出了 1991~2005 年我国煤炭消费与 GDP 年增长率等相关统计数据，可以看出煤炭消费年增长率与 GDP 年增长率总体趋势是同步的，但有些波动，主要是由于我国进行产业结构调整造成的。

考察我国能源和煤炭消费弹性系数及煤炭消费占一次能源的比重，总体趋势是下降的，这说明随着我国工业化程度的提高，单位国民产值的能耗不断降低，并且随着我国石油、天然气、核能和水电工业的发展，对煤炭的替代程度和规模不断加大，必然造成经济发展对煤炭的依赖性以及煤炭消费弹性的降低。

1996~2000 年，受我国国民经济结构调整、节能技术进步、能源消费结构等因素的影响，国内煤炭消费量持续下降。1996 年我国煤炭消费量为 13.89 亿吨，到 1999 年下降到 12.2 亿吨，2001 年以来，国内煤炭需求开始增加，近几年增长幅度不断加大。根据表 4.9 中的历史数据，应用复合小波神经网络模型对煤炭消费年增长率进行了预测，其结果见表 4.9、表 4.10。

由表 4.9 可见，煤炭消费需求预测的相对误差最大为–3.68%，达到了

比较高的精度。应用上述复合小波神经网络模型预测 2006~2020 年的煤炭消费预测见表 4.10。预测 2010 年的煤炭消费量为 25.34 亿吨，2020 年为 30.56 亿吨。

表 4.9   1991~2005 年我国煤炭消费情况

年份	能源消费总量/亿吨	国内煤炭消费/亿吨	煤炭占能源消费比例	煤炭消费年增长率/%	GDP年增长率/%	煤炭消费弹性系数	煤炭消费年增长率预测值/%	煤炭消费预测值/亿吨	相对误差/%
1991	10.38	11.04	76.01	7.65	9.2	0.83	6.496	10.22	−3.01
1992	10.91	11.41	74.65	3.31	14.2	0.23	5.709	10.67	−3.68
1993	11.60	12.09	74.46	5.99	13.5	0.45	6.199	11.91	−2.74
1994	12.27	12.85	74.80	6.30	12.7	0.54	5.351	12.04	−3.04
1995	13.12	13.76	74.97	7.11	10.5	0.21	3.247	12.28	−3.02
1996	13.89	14.47	74.40	5.13	9.6	0.24	0.615	13.23	2.68
1997	13.81	13.92	71.99	−3.79	8.8	−0.30	−1.595	13.24	3.05
1998	13.22	12.88	69.60	−7.48	7.8	−0.15	−0.833	12.99	3.38
1999	12.20	11.46	67.10	−11.04	7.1	−1.58	−11.16	11.50	3.03
2000	13.85	13.20	67.80	15.18	8.4	1.81	13.787	14.05	3.26
2001	14.31	12.62	66.70	−4.39	8.3	−0.52	−5.014	14.21	2.73
2002	15.17	13.66	66.30	8.24	9.1	0.90	7.967	15.79	2.97
2003	17.49	16.92	68.40	19.86	10	1.98	17.457	16.99	2.69
2004	20.32	19.36	68.00	14.42	10.1	1.42	13.989	18.77	−2.93
2005	22.33	21.66	68.90	11.88	10.4	1.14	10.879	20.56	−2.68

资料来源：1991~2006 年《中国统计年鉴》、《中国能源统计年鉴》。

表 4.10   煤炭消费预测

年份	煤炭消费年增长率预测值/%	煤炭消费预测值/亿吨
2006	2.7867	22.89
2007	3.2756	23.67
2008	2.2901	24.01
2009	1.3498	24.88
2010	1.0987	25.34
2011	0.9674	26.01
2012	0.7632	26.70
2013	0.6517	27.09
2014	0.5543	27.99
2015	0.4521	28.34

年份	煤炭消费年增长率预测值/%	煤炭消费预测值/亿吨
2016	0.3532	28.98
2017	0.3214	29.24
2018	0.2478	29.57
2019	0.2786	30.04
2020	0.2345	30.56

4.5 本章小结

（1）煤炭需求间接预测法通过单位产值能耗法、能源消费弹性系数法、人均能源消耗法对中国能源需求趋势进行预测分析，并综合三种方法的预测结果，得出能源需求的预测值，准确度比较高，而煤炭需求预测结果取决于能源需求总量的预测值和除煤炭外其他一次能源消费的预测值，而其他一次能源需求量的预测（本书引用了其他相关研究成果）由于涉及的范围广，影响因素多，预测结果的准确度可能会受到影响，需要进一步研究和探索。

（2）煤炭需求因果回归预测法通过对影响我国煤炭消费相关因素的分析，认为煤炭需求的解释变量应该反映经济发展对煤炭的需求和主要耗能行业对煤炭的需求，以煤炭需求指数为被解释变量，选择第二产业中的工业 GDP 指数、煤炭价格指数、石油价格指数、火力发电量指数、生铁产量指数、钢铁产量指数、建材产量指数、化肥产量指数八个因素作为解释变量。建立了多元计量经济学预测模型，首先对自变量进行了预测，然后对煤炭需求指数进行了预测，据此预测出煤炭需求的预测结果，模型具有比较高的拟合精度。

（3）采用灰色系统理论进行建模，能够克服相关数据不足的缺陷和避免人为因素的影响。本书建立的预测模型的仿真结果与实际值接近，预测误差较小，模型精度比较好，这表明基于灰色理论的预测方法，比较适合于对我国煤炭需求总量的趋势进行预测。但灰色预测方法由于其模型特点，比较适合于具有指数增长趋势的实际问题，对于其他变化趋势，则有时因拟合灰度较大，导致精度难以提高。

随着事物的发展，未来的一些扰动因素将不断进入系统而对系统施加影响，当利用模型进一步外推时，将会发现灰色区间越来越大，若用这个模型进行长期预测，效果将越来越差，因此不能用本模型去预测未来所有的值。模型的参数应当根据新信息的出现而不断调节，避免模型中灰参数的估计"一劳永逸"。实践证明，在对变化过程中的未知系统进行预测时，只有不断增加新信息、新数据，才能对系统的变化趋势有一个更好的拟合。

（4）建立复合小波神经网络预测模型，有效地解决了普通神经网络预测需要人为地给定网络结构的缺陷，通过平移和伸缩因子，使复合小波神经网络达到最强的函数逼近能力，从而达到最优拟合，有效地提高了预测精度。

复合小波神经网络预测模型用于煤炭需求量的中、短期预测具有较高的精度，可以作为煤炭需求的一种比较可行的定量预测方法在实际中应用，不断补充新的历史数据，进行滚动预测，可靠性会更高。

但是，任何预测技术都有其局限性，运用上述各种技术和模型进行煤炭需求的预测，虽然得到了比较好的结果，但仍存在不足，需要探索更有效、更科学的预测方法。

5 煤炭需求系统结构分析①

　　煤炭需求与国民经济增长和固定资产投资增长存在密切联系。中国正处在住房消费和汽车消费的高增长期，处在城市建设和区域间、城际间基础设施建设的高潮期，处在工业化、城市化的中期阶段和重工业时代的初期阶段，这一发展阶段对高耗能产品的需求将有较大幅度增长，能源需求量也将随之较快增长。在较长时期内，煤炭仍将是中国的基础能源，而中国的煤炭消费主要集中在电力、钢铁、建材和化工四个重工业部门，中国煤炭需求的发展趋势，主要取决于该四个行业的发展状况。2004年中国煤电油运全面紧张，成为国民经济发展的"瓶颈"，为中国能源安全敲响了警钟。未来若干年内，电力、钢铁、建材和化工四个行业将是怎样的发展趋势？其产业规模扩大将会带来煤炭需求量多大幅度的增长？全国煤炭需求又是怎样的发展趋势？这些正是本书要研究的主要问题。本章的重点内容是揭示煤炭消费系统的结构特征，即分析煤炭消费状况及其各层次、各方面的影响因素，以及这些因素之间的相关特性。

5.1 电力行业煤炭需求子系统分析

　　电力工业是国民经济发展中最重要的基础能源产业，是国民经济的第一基础产业，是关系国计民生的基础产业，是世界各国经济发展战略中优先发展的重点。作为一种先进的生产力和基础产业，电力行业对促进国民经济的发展和社会进步起到重要作用。

---

　　①本章数据主要来源于国家统计局、中国煤炭工业协会、煤炭信息中心、国家电力资讯网、中国冶金网、钢铁工业年鉴、中国海关、中国统计学会等部门，或根据相关原始数据整理计算所得。

电力行业是煤炭消费的第一大户，电力行业逐年耗煤量及其动态特征见图 5.1。电力行业煤炭消费量包括发电耗煤和热电厂供热耗煤两部分，发电耗煤占 90%左右，供热耗煤占 10%左右，见图 5.2。发电耗煤等于火力发电量与发电耗煤单耗指标的乘积，供热耗煤量等于供热量与供热耗煤单耗指标的乘积，发电耗煤和供热耗煤情况见图 5.3、图 5.4。

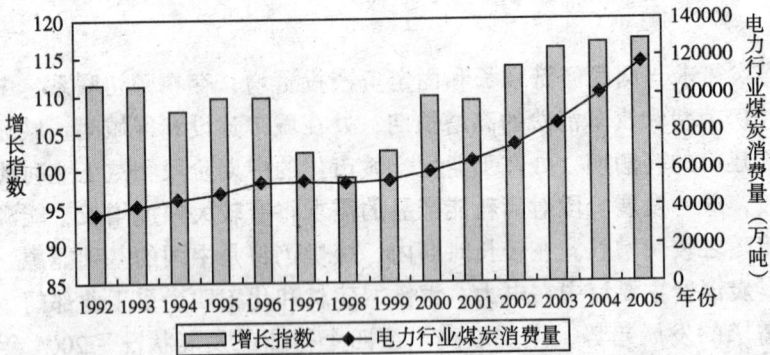

图 5.1 电力行业煤炭消费量增长情况

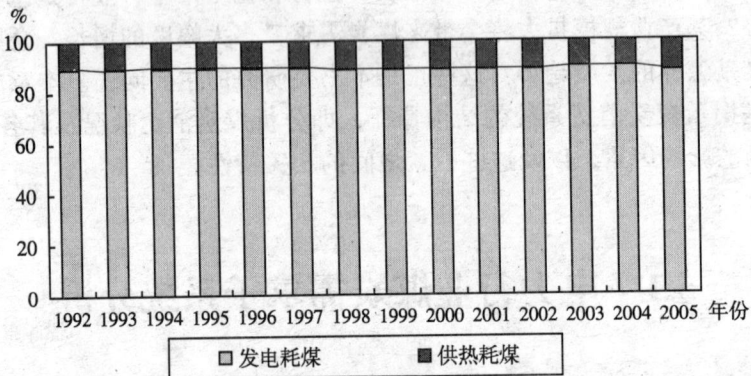

图 5.2 电力行业煤炭消费量所占比例

据此，可从火力发电量和发电耗煤的单耗指标两个方面，分别分析发电耗煤量的影响因素；可从供热量和供热耗煤单耗指标两个方面，分别分析热电厂供热耗煤量的影响因素。

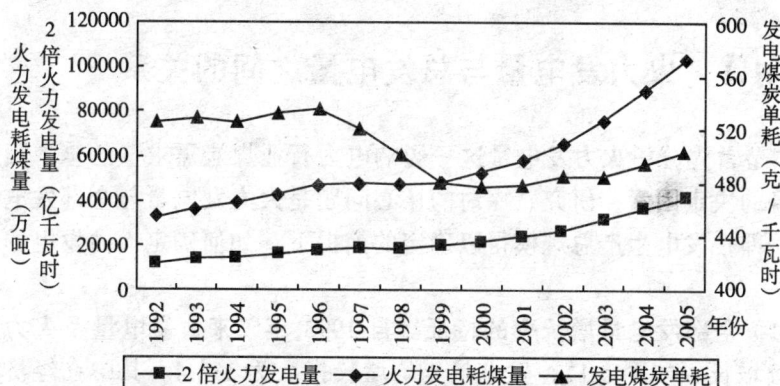

图 5.3 火力发电煤耗量、火力发电量及发电煤炭单耗之间的关系

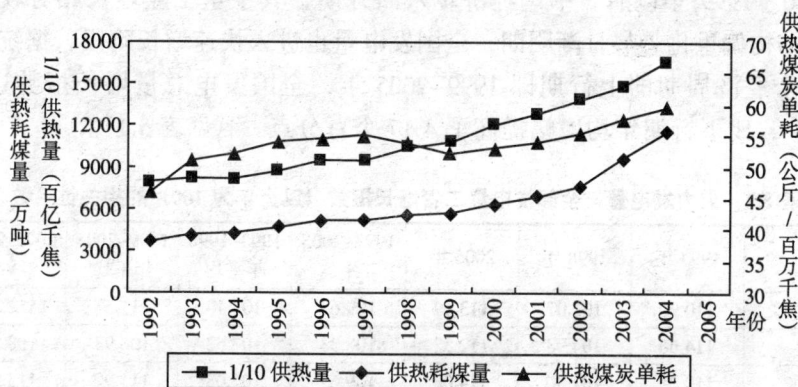

图 5.4 热电厂煤耗量、供热量及供热煤炭单耗之间的关系

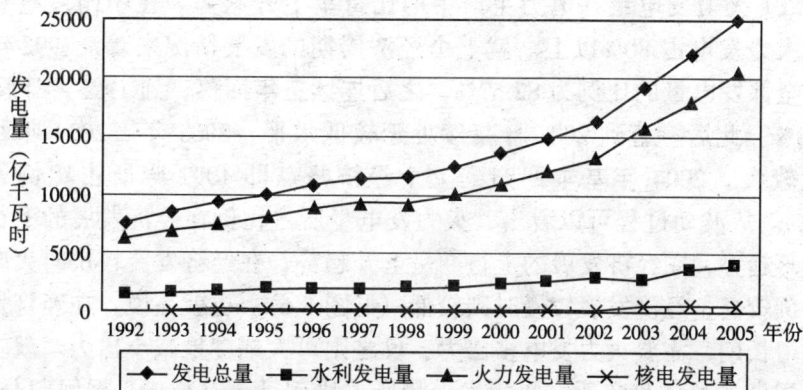

图 5.5 历年各类型发电量

5.1.1 火力发电量与总发电量之间的关系

本节首先分析火力发电量这一影响电力行业煤炭需求量的基本因素及其自身的决定因素，研究、探讨的核心问题是火力发电量与全部发电量的关系，即在发电生产总规模得以确定的前提下，如何确定火力发电的生产规模。

（1）全部发电量增长率的特征。自 1993 年以来，发电量及火力发电量持续增长（如图 5.1），发电量年均增长指数为 111.4。其中在经济发展的下行期即 1993~1998 年，全国总发电量增长较慢，年均增长指数为107.40。1999 年以后，中国经济步入回升期，其中重工业增长相对较快，经济结构偏重化趋势日渐明朗，全国发电量也进入快速增长阶段，据统计，在上个经济周期的上行期即 1999~2005 年，全国发电总量增长指数达到111.57，比下行期年均增幅提高了 4.17 个百分点 [92]（见表 5.1）。

表 5.1　火力发电量与全部发电量二者增长指数（以上年为 100）的相关性系数

	1993 年	1998 年	2005 年	1993~2005 年平均	1993~1998 年平均	1999~2005 年平均	2001~2005 年平均
发电总量	110.90	102.07	113.49	109.63	107.40	111.57	112.72
水电	114.66	104.98	112.32	108.33	107.62	108.93	108.88
火电	110.25	101.50	114.08	109.67	107.08	111.92	113.26

（2）火力发电量在电力生产中的比重呈上升趋势。在中国发电总量中，火力发电占 80% 以上。就上个经济周期的发展情况来看，1992 年火电占全部发电量的比例为 82.57%，之后连续三年回落，到 1995 年下降到80.18%。此后一直到 2001 年持续处于较低水平，2003 年、2004 年回升幅度较大，2004 年基本回归到上个经济峰点即 1992 年所占比例，为82.5%。从波动过程可以看出，火力发电量所占比例在经济发展的下行期呈回落趋势，在经济发展的上行期呈上升趋势；在经济发展较快时火电所占比例较高，经济发展较慢时则较低（见图 5.6）。也就是说，在经济发展快速增长期，需要火力发电多出力，反之则可大幅度地减小出力。就上个经济周期的总体趋势看，火力发电量所占比例呈上升趋势，据回归分析，平均每年上升 0.058 个百分点。

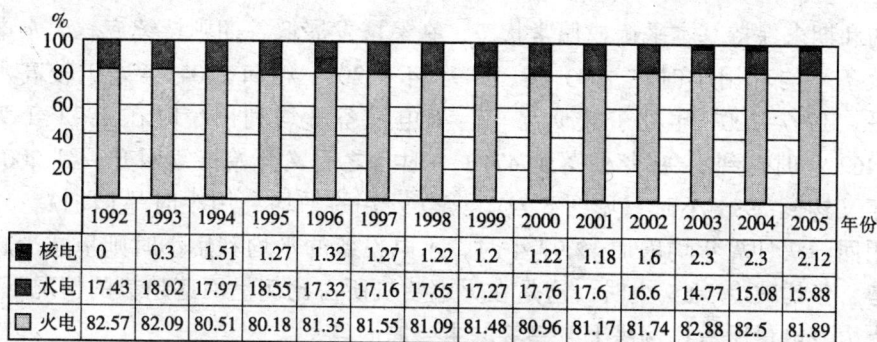

年份	1992	1993	1994	1995	1996	1997	1998	1999	2000	2001	2002	2003	2004	2005
核电	0	0.3	1.51	1.27	1.32	1.27	1.22	1.2	1.22	1.18	1.6	2.3	2.3	2.12
水电	17.43	18.02	17.97	18.55	17.32	17.16	17.65	17.27	17.76	17.6	16.6	14.77	15.08	15.88
火电	82.57	82.09	80.51	80.18	81.35	81.55	81.09	81.48	80.96	81.17	81.74	82.88	82.5	81.89

图 5.6　各类型发电所占比例

（3）火力发电量比例波动的主要原因。发电量等于发电设备平均装机容量与平均利用小时的乘积（不包括试运行设备），火力发电量所占比例等于火电在装机容量中所占比例与火电设备平均利用小时与全部发电设备平均利用小时的比率（即火电出力贡献率）的乘积，因此，火电在发电量所占比重的直接因素包括两个方面，一是装机容量所占比例；二是各种发电方式出力状况的相对关系。而影响各种发电方式出力状况的主要因素，一是电力供求关系；二是气候因素及其决定的水电出力大小。因此，装机结构、气候因素和电力供求关系，是决定火力发电在电力生产结构中所占比重的三个要素。

就每年装机情况来看，火电装机容量在全部装机容量中所占比例呈持续回落趋势（见表 5.2），所占比例从 1995 年的 75% 下降到 2005 年的 74.2%。由此可见，火力发电量所占比例出现波动，主要原因不是火电装机容量所占比例波动，而是火电设备平均利用小时及其与全部发电设备平均利用小时的相对关系波动幅度较大。具体原因，一是电力供求关系出现波动；二是水电设备出力波动较大。调节电力供求关系是火力发电的一项基本功能，这是因为水电运行成本极低，在电力供应宽松时，一般都是水电出力优先；但水电出力大小主要取决于来水状况，水电因受自然条件限制，可人为调控的余地很小，在电力供应紧张时，主要依靠火电超发来补足市场需求。因此，电力供求状况和水电出力状况，就成为对火力发电影响最大、最直接的因素。1992 年以来，电力供求关系和水电出力状况都出现较大波动，以致火电设备平均利用小时也相应出现波动。全部设备平均利用小时与火电设备平均利用小时都经历了先降后升的过程，其中在 1997~2001 年出现持续五年的低谷期，反映电力供求关系在经济周期的期初和期末保持基本平衡或偏紧状态，在经济发展低谷期则持续疲软。水电设备平均利用小时在 1993 年、1994 年、2002 年和 2004 年处于较高水平，1997~2001 年处于较低水平。火电设备平均利用小时在 1992 年为 5462 小时，到 1999 年回落到 4719 小时，之后又开始持续回升，到 2004 年又达到 5991 小时（见图 5.7）。火电设备的平均利用小时呈增加趋势，用回归法计算年均增加 12.97 小时，水电设备的平均利用小时则呈减少趋势，年均减少 50.5 小时，这是在火电装机所占比例呈回落趋势的情况下，火力发电量所占比例呈上升趋势的主要原因。

表 5.2 历年电力装机和发电量的构成比（1985~2005 年）

年份	装机容量（万千瓦）		比重（%）		发电量（亿千瓦时）		比重（%）	
	水电	火电	水电	火电	水电	火电	水电	火电
1985	2641	6064	30.3	69.7	924	3183	22.5	77.5
1986	2754	6628	29.4	70.6	945	3551	21.0	79.0
1987	3019	7271	29.3	70.7	1002	3971	20.1	79.9
1988	3270	8280	28.3	71.7	1092	4359	20.0	80.0
1989	3458	9206	27.3	72.7	1185	4662	20.3	79.7
1990	3605	10184	26.1	73.9	1263	4950	20.3	79.7
1991	3788	11359	25.0	75.0	1248	5527	18.4	81.6
1992	4068	12585	24.4	75.6	1315	6227	17.4	82.6
1993	4489	13802	24.5	75.5	1516	6868	18.1	81.9
1994	4906	14874	24.5	75.6	1668	7470	18.5	81.5
1995	5218	16294	24.0	75.0	1868	8074	18.6	80.2
1996	5558	17886	23.5	75.6	1869	8781	17.3	81.3
1997	5973	19241	23.5	75.6	1946	9252	17.2	81.6
1998	6507	20988	23.5	75.7	2043	9388	17.6	81.1
1999	7297	22343	24.4	74.8	2129	10047	17.3	81.5
2000	7935	23754	24.9	74.4	2431	11079	17.8	81.0
2001	8301	25314	24.5	74.8	2661	12045	17.6	81.2
2002	8608	26420	24.0	74.8	2880	13274	17.6	80.9
2003	9490	28977	24.2	74.3	2837	15804	14.8	82.7
2004	10524	32490	23.8	74.4	3535	17956	16.0	81.5
2005	11700	37857	24.1	74.2	3970	20473	15.9	81.9

注：用于模型运算的装机容量应为平均设备容量，但在统计数据缺失的情况下，根据历年来平均设备容量与年初、年末平均装机容量的比例关系，由年初、年末平均装机容量粗略推测平均设备容量。

（4）发电设备出力状况的长远发展趋势。火电出力加大，水电出力减小。根据以上分析可以看出发电设备出力状况的长远发展趋势：①火电设备的出力水平呈上升趋势。自 1993 年以来年均上升 12.969 小时（见图 5.7）。火电设备出力水平上升，是价值规律与科技进步规律的共同体现。②水电设备出力水平呈下降趋势。自 1993 年以来年均下降 50.514 小时（见图 5.7）。这反映出两大趋势：一是随着水电开发不断推进，许多来水不够稳定的水电资源也在得以开发、利用，以致水电设备的平均利用小时下降；二是中国生态环境及水电资源状况呈恶化趋势，水资源耗费过度，建有水电站的江河来水呈下降趋势。③全部发电设备平均出力水平呈缓慢上升趋势。火电与水电两种成分的综合影响，使全部发电设备的出力水平呈缓慢上升趋势，年均上升 0.2517 小时（见图 5.7）。

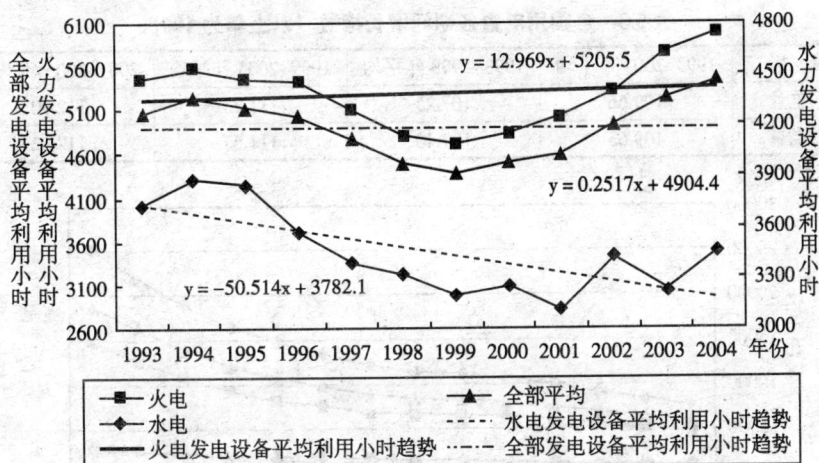

图 5.7 1993~2004 年发电设备平均利用小时波动过程及发展趋势

5.1.2 全社会用电量及影响因素

本节对发电量与用电量之间的比例关系和用电量与各产业产值之间的相关特性进行分析，基本结论为：发电量与用电量基本同步波动，用电量增长取决于各产业产值的增长状况，各产业产值增长带动用电量增长的增长特性，第一产业为减幅增长，第三产业为加幅增长，第二产业在经济下行期为减幅增长，在上行期则为加幅增长。

（1）发电量与用电量的关系。发电量与用电量本是对同一事物从不同角度进行描述的两个统计指标，如果没有统计误差，两个指标数量应该完全等同，但多年来的实际统计结果显示，发电量与用电量并不等同，因此，在煤炭需求分析与预测模型的运算中，需要对二者的比例关系进行分析，确定两个指标之间的关联特性。[124]

自1993年以来，中国用电量增长先慢后快，发电量与用电量基本同步增长，发电量始终大于用电量，发电量除以用电量的比率呈逐渐降低趋势。

① 用电量增长速度先期较慢，2001~2005年较快。全社会用电量1993~2004年年均增长9.34%，其中在1993~1998年增长较慢，年均增长7.25%；1999年以来用电量快速增长，年均增长率达到11.75%，详情见表5.3、图5.8。

表5.3 全国用电量各期间增长指数（以上年为100）

指 标	1993~2005年平均	1993~1998年平均	1999~2005年平均	2001~2005年平均
用电量	109.66	107.25	111.75	112.90
发电量	109.63	107.40	111.57	112.72

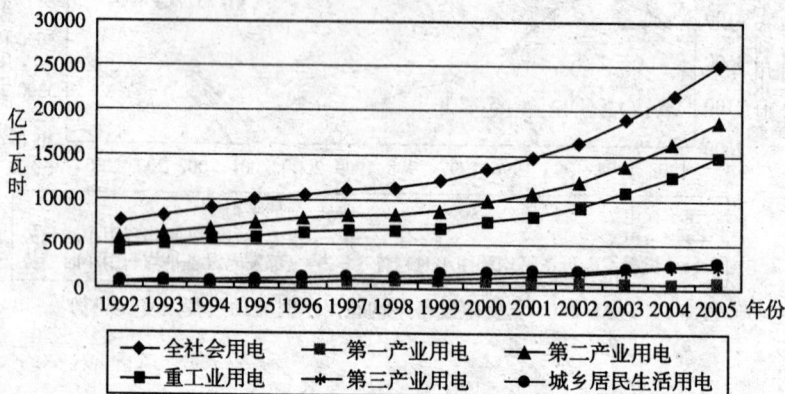

图5.8 全社会各产业用电量情况

②发电量与用电量基本同步增长，发电量与用电量的比率逐渐下降。发电量增长与用电量增长基本同步（见表5.3），发电量除以用电量的比率出现波动，但自1997年以来持续下降（见表5.4）。

（2）用电量的产业构成。全部用电量中，第一产业和第二产业所占比例呈下降趋势，但最近5年由于重工业产出较多导致第二产业所占比例呈上升趋势；第三产业和生活用电所占比例总体呈上升趋势，但近5年生活用电所占比例呈下降趋势（见表5.5）。

表5.4 全国用电量与发电量及其比例关系

单位：亿千瓦时

指标	1993年	1994年	1995年	1996年	1997年	1999年	2000年	2002年	2003年	2005年
发电量	8364	9279	10069	10794	11342	12331	13685	16542	19052	25002
用电量	8201	9046	9886	10570	11039	12092	13466	16386	18891	24940
发电量/用电量	1.020	1.026	1.019	1.021	1.027	1.020	1.016	1.010	1.009	1.002

表5.5 各用电部门用电量所占比例

单位：%

年份	第一产业	第二产业	工业	第三产业	城乡居民生活
1992	6.86	77.93	77.08	6.71	8.50
1993	6.38	77.67	76.67	7.06	8.89
1994	6.36	76.48	75.42	7.49	9.67
1995	6.30	75.93	74.82	7.60	10.17
1996	6.20	75.17	74.08	7.91	10.72
1997	6.26	74.00	72.97	8.38	11.35
1998	5.95	72.82	71.77	9.00	12.23
1999	5.82	72.83	71.82	9.20	12.16
2000	5.33	72.67	71.69	9.58	12.41
2001	5.26	72.43	71.44	9.78	12.53
2002	4.80	72.97	71.97	10.02	12.21
2003	4.15	73.84	72.83	10.17	11.85
2004	2.77	74.79	73.77	11.16	11.29
2005	3.51	75.04	74.1	10.11	11.30

（3）各产业用电量与产值的相关性规律。整个国民经济及各产业部门产值增长带动用电量增长的增长特性见表5.6，1999~2004年，整个国民经济增长所带动的用电量增长是加幅增长，其中第一产业为减幅增长；第二产业1999~2004年基本上为加幅增长，2004年为减幅增长；第三产业则一直是加幅增长。

①整个国民经济增长带动用电量增长的增长特性：1993~2004年为减幅增长，1999年以来为加幅增长，用电量与产值的相关性系数大于1时，产值增长所带动的用电量增长是加幅增长，小于1时为减幅增长。

表5.6中数据显示，全社会用电量与整个GDP的相关性系数，1993~2004年为0.9945，小于1，为减幅增长，其中1993~1998年为0.9711，为

表5.6 各用电部门产值增长指数（以上年为100）和用电量增长指数及其相关性系数

年 份		1993~2004年平均	1993~1998年平均	1999~2004年平均	2001~2004年平均	2004年
产值	国内生产总值	109.94	110.45	109.44	110.40	116.74
	第一产业	104.95	104.30	105.60	107.14	121.51
	第二产业	112.45	113.88	111.04	112.20	118.14
	#工业	112.75	114.21	111.30	112.39	118.31
	第三产业	108.88	109.00	108.76	109.19	112.43
用电量	全社会用电量	109.34	107.25	111.46	112.75	115.17
	第一产业	101.39	104.75	98.13	95.74	101.34
	第二产业	108.96	106.05	111.96	113.56	116.57
	#工业	108.94	105.98	111.97	113.56	116.58
	第三产业	114.06	112.61	115.54	117.12	115.18
	城乡居民生活	111.95	113.96	109.98	110.09	116.98
相关性系数（用电量/产值）	全社会	0.9945	0.9711	1.0185	1.0213	0.9866
	第一产业	0.9661	1.0044	0.9292	0.8936	0.8341
	第二产业	0.9690	0.9312	1.0083	1.0121	0.9868
	#工业	0.9662	0.9279	1.0061	1.0104	0.9854
	第三产业	1.0476	1.0332	1.0623	1.0726	1.0244

减幅增长；1999~2004年、2001~2004年的相关性系数分别为1.0185和1.0213，明显大于1，为加幅增长；2004年由于国家宏观调控，高耗能产业增长略有放缓，相关系数为0.9866，略小于1，为减幅增长。总体看来，1999年以来用电量与GDP的相关性系数呈现为逐渐加大的发展趋势，分析其原因，一是国民经济结构的重工业化特征日渐明朗；二是第三产业和人民生活的电气化水平快速提高。

②第一产业增长带动用电量增长的增长特性：总体上为减幅增长，其中在经济周期的下行期为加幅增长。

第一产业用电量与其产值的相关性系数，1993~2004年平均值为0.9661，可见在上个经济周期内总体上为减幅增长。其中在1993~1998年为1.0044，表明这段时期内农业生产所带动的用电量增长为加幅增长。1999~2004年及2001~2004年分别为0.9292和0.8936，其中2004年为0.8341，都是减幅增长，并且减幅速度加快。影响第一产业用电量与第一产业产值相关性系数的因素，集中体现为农业生产在多大程度上依赖于电力，主要影响因素，一是农业电气化发展进程；二是农民从事农业生产的积极性和加大农业生产投入的承受能力；三是气候因素。

③第二产业及其工业增长带动用电量增长的增长特性：先期为减幅增长，1999~2004 年为加幅增长。

第二产业产值增长带动用电量增长的增长特性：1993~2004 年为减幅增长，相关性系数为 0.9690，其中工业为 0.9662，也为减幅增长；这段时期减幅增长主要发生在 1993~1998 年，该 6 年相关性系数为 0.9312，其中工业为 0.9279，可以看出工业用电量与工业产值的相关性系数小于第二产业全行业的相关性系数，由此推断工业用电量相对减少是这段时间相关性系数减小的主要原因。1999 年以来是中国经济进入重工业时代的初期阶段，许多高能耗、高电耗的工业部门加快发展，同时整个工业的电气化水平持续提高，重工业用电量增长明显超过了国民经济的增长速度，第二产业产值增长所带动的用电量增长特性转变为加幅增长，相关性系数为 1.0083，其中工业为 1.0061；2004 年受宏观调控影响，呈现为减幅增长，相关性系数为 0.9868，其中工业为 0.9854；近 5 年相关性系数总体上呈加大趋势。

影响第二产业用电量与第二产业产值的相关性系数的主要因素首先是产业结构，主要是指重工业发展速度相对快慢，它决定了重工业用电量在第二产业用电量中所占比例。决定重工业增长相对快慢的深层因素是投资、消费和出口三个经济增长动力要素各自所占比例。

④第三产业增长带动用电量增长的增长特性：远、中、近期趋势皆为加幅增长，相关性系数总体上呈加大趋势。

中国第三产业电气化水平持续提高，第三产业产值增长带动用电量增长的增长特性，在上个经济周期一直呈现为加幅增长，1993~1998 年、1999~2004 年和 2001~2004 年各期间的相关性系数分别是 1.0332、1.0623 和 1.0726，总体上呈加大趋势。

影响第三产业用电量与第三产业产值的相关性系数的主要因素，一是第三产业电气化发展进程，二是产业结构，这是因为交通运输业发展与重工业发展的相关性极强。

⑤居民生活用电年均增长指数：1993~2004 年为 111.95，居民生活用电的增长速度始终快于国民经济的增长速度。居民生活的电气化水平持续提高，自 1993 年以来的近 12 年，居民生活用电量年均增长指数为 111.95；居民生活用电增长率较高主要分两个时期，一个是 1992~1995 年，增长率都在 15% 以上；另一个主要在 2003 年、2004 年，增长指数分别为 111.42 和 110.13。总体看来，居民生活用电增长速度一直快于整个

国民经济增长速度。

5.1.3 热电厂供热量及影响因素

由于中国城市化进程快速发展，基于保护城市环境的需要以及追求最佳经济效益的合理选择，得益于国家的政策推动，热电厂供热量持续增长，增长速度先期较慢，近几年加快。

（1）热电厂供热量及其动态特征。1992 年热电厂供热量为 75279.28 百亿千焦，之后基本上逐年增加，1993~1998 年 6 年间年均增长指数为 104.56；1999 年开始增速加快，1999~2004 年年均增长指数为114.69，2003 年达到 188421 百亿千焦；1996~2003 年期间年均增长指数为 108.15。详情见图 5.9。热电厂供热量增长先慢后快，是热电厂供热耗煤量增长先慢后快的基本原因。

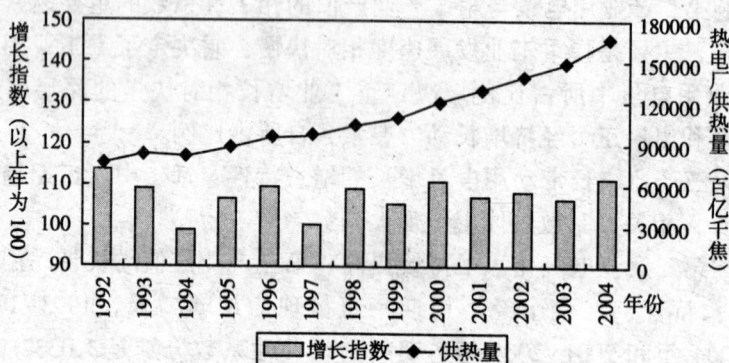

图 5.9 热电厂供热量

（2）热电厂供热量的影响因素。热电厂供热量的增长特性，主要受城市化发展、环保要求、经济性和政策推动四个因素的影响。

①城市规模及房地产开发规模快速扩大。近 10 年来，中国城市规模及房地产开发规模快速扩大，住房消费成为中国城市社会消费结构升级的主要标志，城市工业生产及居民取暖对热力的需求快速增长，尤其是近 5 年以来增长速度加快，这是热电厂供热量持续增长，且增长速度先慢后快的基本原因。

②保护城市环境的需要。由于人们对办公、家居环境及整个城市环境

的要求日益提高，城市环境保护力度加大，要求城市供热方式必须在更大程度上以集中供热来取代居民直接燃煤和分散的工业锅炉供热。

③热电厂是集中供热较为经济、合理的热力生产方式。热电联产具有明显的节能效果，一是代替分散的工业锅炉，减少供热锅炉的供热量和燃料消费，减轻对城市空气的污染程度，提高热力生产的整体效益，同时还减少了能源效率低的凝汽机组的发电量和燃料消费量；二是与供热的季节性和时段性与用电峰谷变化相适应，适合多种热电比的变化，可根据热或电的需求进行调节从而增加年设备利用小时，可以充分发挥热电机组的效用；三是输配电损耗低。

④国家政策推进力度加大。在1998年以前，国家关于发展热电联产的政策还不十分完备，热电联产机组在中国发展比较慢，1992年全国6000千瓦以上供热机组装机为1385.8万千瓦，占同容量火力发电装机的11.37%。1998年以后，国家加大了支持热电联产项目的力度，2000年下发的《关于发展热电联产的规定》，是指导中国热电联产发展的纲领性文件，在促进中国热电联产发展中已经发挥并将远期发挥重要指导作用。在国家政策的推进下，全国热电联产发展迅速，2004年全国6000千瓦以上供热机组为4823万千瓦，约占全国火力装机容量的14.15%，比1995年的11.37提高了2.78个百分点。

5.1.4　电力行业煤炭单耗指标[①]及其影响因素

电力行业耗煤的单耗指标，是指单位电力、热力产量的煤炭消费量。影响煤炭单耗指标的因素：一是工艺结构；二是节能技术和节能管理；三是煤炭供求关系；四是燃料结构。

（1）电力行业煤炭单耗指标经历"上升—下降—再上升"的发展过程。

---

①注：电力行业煤炭单耗指标与发电标准煤耗和供热标准煤耗不是同一概念，发电标准煤耗和供热标准煤耗，是分别将火力发电和热电厂供热所消耗的全部燃料都折合成标准煤，以全部燃料所折合的标准煤量为分子，分别以6000千瓦以上火力发电机组发电量和热电机组供热量为分母，所计算出来的标准煤耗指标，反映6000千瓦以上火力发电机组和热电机组的能源转换效率。计算电力行业煤炭单耗指标的分子不同于发电煤耗和供热煤耗，煤炭单耗指标的分子分别是火力发电耗煤量和热电厂供热耗煤量，仅包括煤炭消耗量，而且是煤炭的实物消耗量而非标准煤量。由于发电、供热消耗燃料中煤炭占到95%以上，因此，发电煤耗和供热煤耗的动态特性，与电力行业煤炭单耗指标的动态特性基本上是一致的。

十几年来，发电耗煤和供热耗煤的煤炭实物单耗指标经历了"上升—下降—再上升"的发展过程，总体上呈下降趋势，火力发电的煤炭单耗指标下降趋势比较明显，热电厂供热的煤炭单耗指标出现明显波动（见图5.10）。

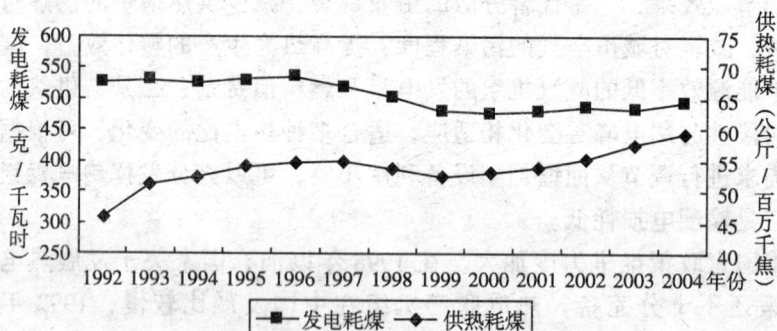

图 5.10　电力行业消耗煤炭的实物单耗指标

1992~1996 年，发电耗煤单耗指标呈稳中趋升态势，由 525.43 克/千瓦时上升到 535.77 克/千瓦时，年均升高 0.49%；供热耗煤上升幅度较大，由 45.79 公斤/百万千焦上升到 54.48 公斤/百万千焦，年均升高 4.44%。考虑到供热耗煤与发电耗煤之间可能因耗煤量分配不均而存在一定核算误差，粗略判断该期间供热耗煤单耗指标上升幅度可能小于统计数据，而发电耗煤单耗指标上升幅度可能大于统计数据。

1997~1999 年，发电、供热耗煤的实物单耗指标快速下降，到 1999 年，发电耗煤单耗指标下降到 479.6 克/千瓦时，年均下降 3.62%；供热耗煤单耗指标下降到 52.24 公斤/百万千焦，年均下降 1.39%。随后一直到 2005 年再次回到稳中趋升状态，其中在 2000 年发电耗煤指标略有下降，供热耗煤则明显上升，摒除核算误差后应该都呈小幅上升态势；到 2004 年，发电耗煤单耗指标上升到 494 克/千瓦时，年均上升 0.61%，供热耗煤单耗指标上升到 59.6 公斤/百万千焦，年均上升 2.67%，摒除核算误差后，二者可能都呈稳中略升态势。整个经济周期平均，发电耗煤单耗指标年均下降 2.58 克/千瓦时，年均下降率 0.51%；供热耗煤年均升高 1.15 公斤/百万千焦，年均上升率 2.22%；摒除核算误差后，估计二者都呈稳中略降趋势，其中发电耗煤单耗指标下降幅度可能较大，供热耗煤单耗指标下降幅度较小（见表 5.7）。

（2）影响煤炭单耗指标的相关因素。影响煤炭单耗指标的因素，一是

表5.7 发电、供热煤炭单耗指标年均下降幅度（以上年为100）

指 标	1993~2005年平均	1993~1996年平均	1997~1999年平均	2000~2005年平均
发电单耗	99.49	100.49	96.38	100.59
供热单耗	102.22	104.44	98.61	102.43

工艺结构调整，即发展大容量火电机组，淘汰小机组；二是火电机组节能技术改造和节能管理；三是煤炭供求关系及煤炭品质对发电设备的适用性；四是燃料结构调整状况。

①工艺结构调整：实施"以大代小"工程，推进高效、大容量的高参数机组的建设，淘汰小机组。1985~1990年，由于国内电力短缺，新建了大批的供电效率低、能耗高的小机组，据统计，小火电机组能耗要比大机组高50%~100%，发电煤耗都在400克/千瓦时以上，平均为500~600克/千瓦时以上。结果是全国火电的平均供电煤耗5年仅下降了4克/千瓦时，由431克/千瓦时降到427克/千瓦时。

20世纪90年代中后期，国家为了节省能源，同时控制燃煤造成的环境污染，先后出台了一系列政策，如《关于严格控制小火电设备生产、建设的通知》、《小火电机组建设管理暂行规定》、《关于关停小火电机组有关问题的意见》来推进"以大代小"工程，推进高效、大容量的高参数机组的建设。在这些措施的促进下，全国火电新建机组皆以高效、大容量的30万~60万千瓦机组为主，压力参数以亚临界压力为主并开始采用超临界压力机组，使火电大机组容量发生很大变化，详情见表5.8和表5.9。按容量分，1999年大于30万千瓦以上的汽轮发电机组所占比例达到39.94%，比1992年提高了18.1个百分点，年均提高2.59个百分点；2004年达到47.75%，比1999年又提高了7.81个百分点，年均提高1.56个百分点。按压力分，1999年大于超高压机组所占比例达到59.59%，比1993年提高了6.13个百分点，年均提高1.022个百分点；2003年达到59.33%，略有降低。大力推广大型机组的同时，加大了控制小机组发展的力度，加快了淘汰小机组的步伐，各种型号的小型机组所占比例都有不同程度的下降。大型机组所占比例1995~1999年的年均提高幅度明显大于2000~2002年的提高幅度，这是电力行业煤炭单耗指标前期下降幅度较大、后期下降幅度较小或上升的原因之一。

②加快火电机组节能技术改造，加强节能管理。电力生产企业大力开展节能降耗的技术改造，针对火电能耗高的各种问题，采取了几十项节能

表 5.8   全国 6000 千瓦以上发电机组装机容量变化

单机容量	装机容量（万千瓦）			占总装机容量的比例（%）		
	1992 年	1999 年	2004 年	1992 年	1999 年	2004 年
合计	11121.7	20127	29356	100	100	100
大于 30 万千瓦	2428.5	8038	13930	21.84	39.94	47.75
20 万~30 万千瓦	2980	3923	4509	26.79	19.49	15.36
10 万~20 万千瓦	2289.5	3414	4940	20.59	16.96	16.83
5 万~10 万千瓦	1297.5	1888	2221	11.67	5.32	7.56
2.5 万~5 万千瓦	964.3	1181	1359	8.67	3.33	4.63
1.2 万~2.5 万千瓦	688.6	974	1526	6.19	2.74	5.20
0.6 万~1.2 万千瓦	473.3	709	872	4.26	2.00	2.97

表 5.9   单机 6000 千瓦以上火力发电机组装机变化

单机容量	装机容量（万千瓦）			占总装机容量的比例（%）		
	1993 年	1999 年	2003 年	1993 年	1999 年	2003 年
合计	12690	21171	27848	100	100	100
超高压机组	6784.5	12617	16522	53.46	59.59	59.33
高温高压机组	3380.8	4881	6634	26.64	23.05	23.82
中温中压机组	2074.4	2604	3272	16.35	12.3	11.75
低温低压机组	29.34	24	144	0.23	0.11	0.52
燃气轮机组	203.2	510	706	1.60	2.41	2.54
柴油机组	217.66	535	570	1.72	2.53	2.22

措施，对 20 万千瓦和 30 万千瓦机组进行改造，取得了一定的节能效果，20 万千瓦机组经过改造后，每千瓦时热耗可降低 418.6 千焦。在节能管理方面，国家有关部委和各地电力管理部门颁发了一系列节能管理规章，做出严格规定，建立了节能责任制度和奖惩制度，把节能情况与企业升级与职工直接利益挂钩，对节能起到了有力的推动作用。

通过调整工艺结构、对火电机组进行节能技术改造和加强节能管理等措施，使得电力生产的能源转换效率明显提高，发电标准煤耗明显下降，详情见图 5.11。发电煤耗由 1992 年的 386 克/千瓦时下降到 2004 年的 349 克/千瓦时，下降了 37 克/千瓦时；供电煤耗（考虑发电过程中所消耗的电力）由 1992 年的 420 克/千瓦时下降到 2004 年的 376 克/千瓦时，下降了 44 克/千瓦时。

③燃料结构中煤炭所占比例呈提高趋势。火力发电的燃料结构见表 5.10，

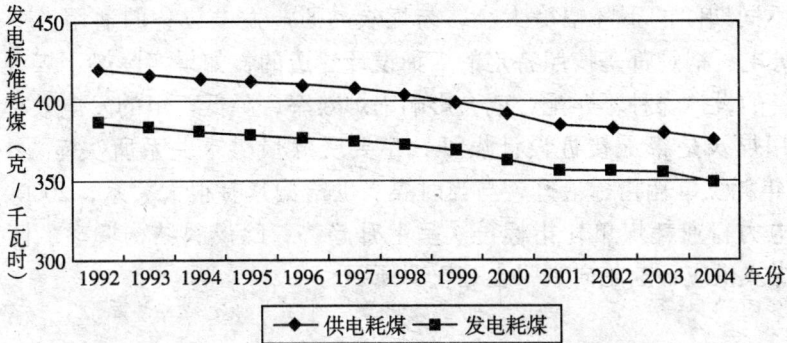

图 5.11 1992~2004 年电力工业煤炭消耗指标

表中数据表明，火力发电的燃料结构中煤炭所占比例总体上呈提高趋势，由 1992 年的 92.18%提高到 2003 年的 95.05%，提高了 2.87 个百分点，这是 2000~2003 年火力发电标准煤耗指标呈下降趋势，而煤炭单耗指标呈上升趋势的主要原因。煤炭在电厂燃料结构中所占比例上升，主要是因为国内石油缺口越来越大，国际油价高涨，许多电厂发电都由原来的燃油改为燃煤或天然气。

表 5.10 全国火力发电燃料组成　　　　单位: 万吨, %

年份	标准煤量	煤 折		油 折		气 折	
		消耗量	比 例	消耗量	比 例	消耗量	比 例
1992	23277.88	21457.07	92.18	1650.57	7.09	166.48	0.72
1993	25479.2	23628.1	92.73	1660.51	6.52	190.61	0.75
1994	28204.68	25996.81	92.17	1690.83	5.99	256.15	0.91
1995	30291.84	28110.02	92.80	1495.66	4.94	288.7	0.95
1996	32747.53	29515.08	90.13	2337.25	7.14	316.03	0.97
1997	34546.00	32223.83	93.28	1541.02	4.46	255.10	0.74
1998	34723.02	32297.28	93.01	1623.22	4.67	294.47	0.85
1999	36539.33	34012.46	93.08	1656.49	4.53	329.56	0.90
2000	39789.37	37387.48	93.96	1501.02	3.77	362.18	0.91
2001	42161.79	39217.37	93.02	1471.72	3.49	485.46	1.15
2002	47290.06	45070.94	95.31	1574.74	3.33	644.40	1.36
2003	55042.06	52318.80	95.05	1817.63	3.30	905.64	1.65

④煤炭供求关系影响煤炭品质对发电设备的适用性，进而影响煤炭单耗指标。工艺结构、节能技术与管理等因素决定了发电煤耗的下降趋势，

但在不同期间的下降幅度大小，与煤炭品质与发电设备的适用性关系很大。火电厂锅炉都是按照特定的煤种设计建造的，如果实际燃用煤种与发电设备的设计煤种不匹配，就会影响锅炉效率，降低机组的发电效率。实际燃用煤炭是否最接近设计煤种，主要受煤炭供求关系所决定。1993~1996 年耗煤单耗指标上升，与当时煤炭供给偏紧有很大关系；2000~2004 年间电力行业耗煤单耗指标再次呈上升趋势，除燃料结构调整的因素之外，煤炭供应日渐趋向紧张也是重要原因。

5.2　钢铁行业煤炭消费子系统

5.2.1　钢铁行业煤炭消费状况及其直接影响因素

钢铁行业消耗煤炭包括炼焦煤和燃料煤，其中炼焦煤大约占 75%左右，近两年由于炼焦煤供给紧张，焦炭质量下降，炼焦煤在钢铁行业煤炭消费量中所占比例大幅度升高。炼焦煤是以焦炭的形式用于钢铁冶炼的，焦炭是炼焦煤的转化形式，主要用作高炉炉料，除此之外，某些钢厂用焦炭制气作炼钢、轧钢工艺的动力，烧结环节用焦粉作固体燃料等。钢铁行业消耗的燃料煤主要包括三部分：一是动力煤，作为工业锅炉的燃料使用；二是喷吹煤，用于高炉炼铁，替代焦炭；三是烧结用无烟煤。本节中钢铁行业消耗的燃料煤不包括自备电厂用煤。炼焦煤用于铁前工序，大部分燃料煤也是用于铁前工序，从图 5.12、图 5.13 中可以看出煤炭消费量的增长曲线轨迹与生铁产量的增长曲线轨迹基本一致，并且随着单耗指标不断下降，两曲线的相似程度也越大。总体看来，钢铁行业煤炭消费量与生铁产量的相关性最强。据此，可从生铁产量和单耗指标两个方面，分别分析钢铁行业煤炭消费量的影响因素。[126]

5.2.2　生铁产量及其影响因素

影响钢铁产量的因素分两个方面：一是钢铁需求状况；二是钢铁生产

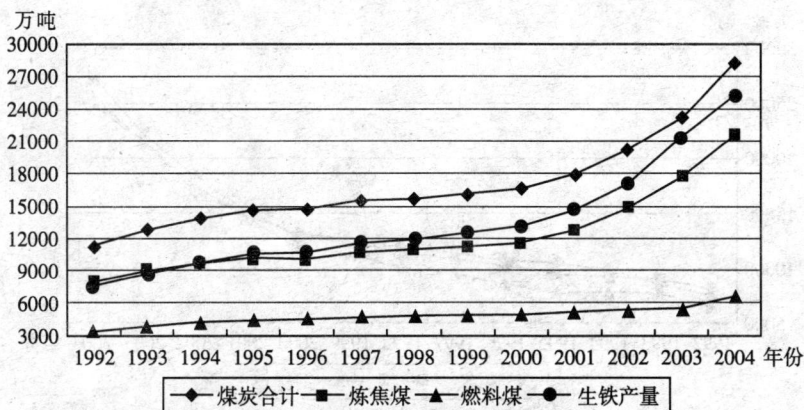

图 5.12 钢铁行业煤炭消费量

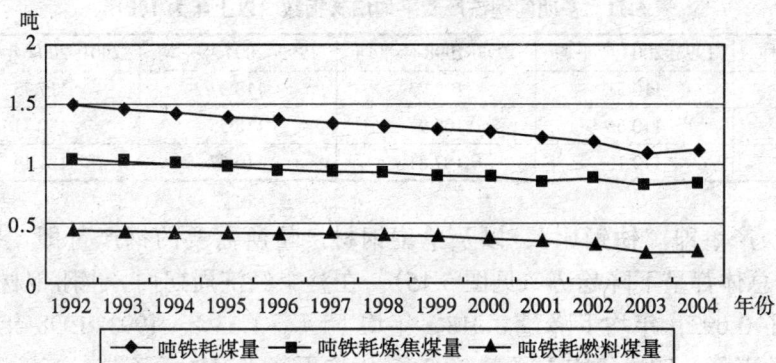

图 5.13 吨铁耗煤量

能力。以下从这两个方面分别展开分析。

（1）生铁、钢、钢材生产状况及其相互之间的关系。钢铁产量持续增长，增长速度先慢后快；单位钢材产量所需要的生铁产量持续下降，下降速度则是先快后慢。

①钢铁生产状况：产量持续增长，增长速度先期较慢，2001~2004 年膨胀发展。钢铁产量见图 5.14，钢铁产量各期间平均增长指数见表 5.11。图表中数据显示，在整个经济周期内，钢铁产量一直保持增长态势，生铁产量由 8738 万吨增长到 25185 万吨，年均增长率 10.51%；其中在 1993~1998 年期间年均增长 7.73%，在 1999~2004 年间年均增长 13.37%，在 2001~2004 年间年均增长 17.87%。钢和钢材产量也呈现出相同的增长特性。

②"铁钢比"以及"钢/钢材"总体呈下降趋势。单位钢产量所需要

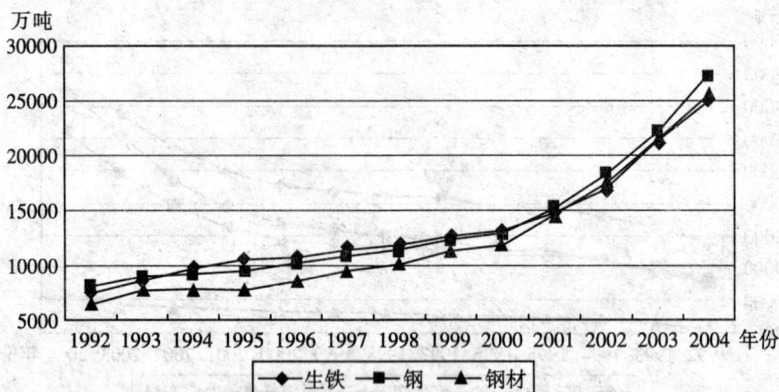

图 5.14 钢铁产量

表 5.11 各期间钢铁产量平均增长指数（以上年为100）

品 种	1993~2004 年平均	1993~1998 年平均	1999~2004 年平均	2001~2004 年平均
生铁	110.51	107.73	113.37	117.75
钢	110.66	105.97	115.55	120.71
钢材	112.15	107.81	116.67	121.14

的生铁产量即"铁钢比"，以及单位钢材产量所需要的钢产量即"钢/钢材"，总体都呈下降趋势（见图 5.15）。在整个经济周期内，"钢/钢材"共下降了 0.093，年均下降量 0.018，年均下降率 1.33%。1993~1998 年，铁钢比共下降 0.03，年均下降量 0.021，年均下降 1.71%；其中在 1999~2004 年年均下降 0.96%，年均下降量 0.01；2001~2004 年年均下降 0.36%，年均下降量 0.004，但"铁钢比"和"钢/钢材"也出现较大波动，在 1993~1995 年，"铁钢比"都呈上升趋势，"钢/钢材"在波动中略有下降；1995

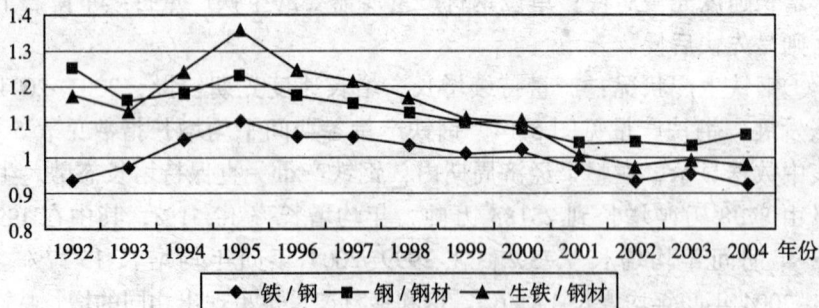

图 5.15 钢铁产品产量比例关系

年以后，"铁钢比"和"钢/钢材"总体上都呈下降趋势。

③决定铁钢比波动趋势的因素：铸造铁产量、生铁进出口量、炼钢工艺的原料单耗指标和废钢利用量。

一是铸造铁产量下降，1993~2004 年，铸造铁产量由 2000 万吨下降到 1427 万吨，这是铁钢比下降的主要原因。从图 5.16 中可以看出，铸造铁产量增长情况与钢材消费量极为相似，当钢材消费量增长较快时，铸造铁产量也快速增长，这主要是因为铸造铁能替代部分钢材，当钢材供不应求时，由于铸造铁生产工艺相对较为简单，因此，大量增加铸造铁产量来代替部分钢材。

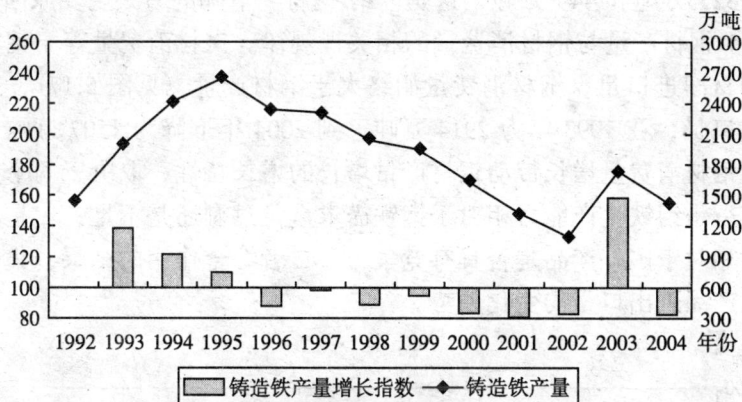

图 5.16　铸造铁产量及增长指数

二是生铁由净出口转变为净进口，从 1994~2000 年，生铁一直保持净出口状态，净出口量由 116 万吨增加到 347 万吨；从 2001~2004 年转变为净进口状态，净进口量由 26 万吨增加到 63 万吨，这也是铁钢比下降的重要原因。

三是炼钢工艺的生铁单耗指标变化，是促使铁钢比保持稳定的因素。在 1993~2004 年期间，转炉炼钢生铁消耗略有下降，但电炉炼钢生铁消耗明显上升，二者综合作用的结果，使吨钢生铁消耗量基本稳定。

四是废钢利用量增长较慢，是促使铁钢比上升的因素。废钢是炼钢生铁的主要替代品。粗略测算，自 1993~2004 年，中国废钢利用量年均增长率在 7.6%左右，即明显低于生铁产量年均增长率 10.51%，更低于钢产量年均增长率 10.66%，由于废钢利用量增长相对较慢，不得不更大程度上依赖于炼钢生铁,明显影响了铁钢比的下降量。

④决定"钢/钢材"波动趋势的因素:轧钢工序的原料单耗指标和钢进出口量。

一是技术进步,轧钢工序大力推广连铸、连轧技术,连铸比、轧钢成材率等经济技术指标大幅度提高,使轧钢的原料消耗指标明显下降,这是"钢/钢材"下降的主要原因。

二是钢进出口量,1992~1994年期间钢锭和钢坯一直保持净进口状态,1995~2000年,钢锭和钢坯一直保持净出口状态,净出口量由396万吨下降到34万吨;从2001~2003年转变为净进口状态,分别净进口545万吨、325万吨和444万吨,这是"钢/钢材"下降的另一主要原因。

(2)钢材产量与钢材消费量的相关性规律。钢材消费量等于钢材产量加上钢材净进口量,钢材消费量始终大于钢材产量(见图5.17),其差额即净进口量,在1993年为2914万吨,到2004年下降为1507万吨,降幅较大。钢材消费量增长带动钢材产量增长的增长特性,取决于两个方面的因素,一是钢铁生产能力相对于钢铁需求量是过剩还是不足;二是国内钢铁产品相对于国外产品是否具有竞争力,二者综合作用的结果,集中表现为钢铁产品进出口量的变化趋势。

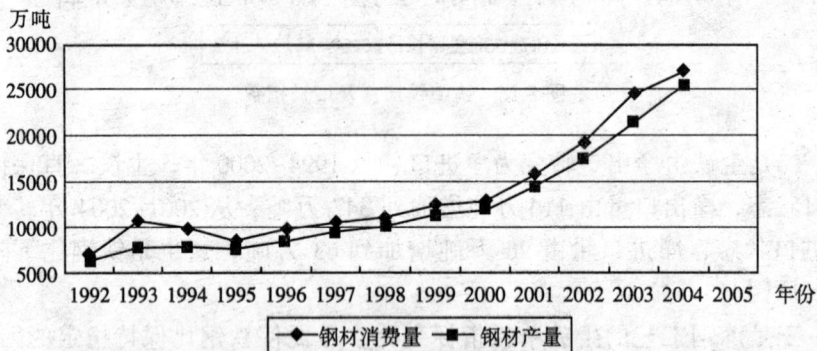

图5.17 钢材消费量和钢材产量

中国钢铁生产能力中,低附加值钢铁产品生产能力相对过剩,产品在国际市场上具有一定的竞争力,但不是很强。家电、汽车制造业等行业所需要的高档次钢材的生产能力不足。这使得在市场旺盛时必须进口大量高档钢材,低附加值钢铁产品出口量增长幅度减小甚至下降;需求不很旺盛时,仍需要进口部分高档钢材,同时低附加值钢铁产品出口量会大幅度增长。

5.2.3　钢铁消费量影响因素分析

拉动钢铁消费的动力包括固定资产投资、钢铁制品出口和国内钢铁制品最终消费三个要素，其中投资是基本要素，投资增长所带动的钢铁消费增长是减幅增长；钢铁制品出口虽然所占比例远远低于投资，但增长速度较快，也是影响钢铁消费的重要因素；受汽车和住房消费的带动，钢铁制品消费量高速增长，但在总消费量中所占比例极低，目前还不是影响钢铁消费的主要因素。

（1）拉动钢铁消费的动力要素。拉动国民经济的动力包括投资、消费、出口三个要素，我们将拉动钢铁消费的动力也分为三个方面：一是固定资产投资；二是钢铁产品出口；三是国内钢铁制成品消费。固定资产投资所带动的钢铁消费包括建筑业、机械制造业、交通运输业等实现固定资产投资或生产投资品的产业部门的钢铁消费，所消费钢铁最终都主要用于形成固定资产。所统计钢铁制品出口量中的钢铁制品，是指主要或全部用钢铁材料制成的、低附加值钢铁加工产品，不包括汽车、自行车、船舶等高附加值机电产品，该部分产品所消费的钢铁，最终都流向国外。钢铁制品消费量，是指最终用于产品、家用钢铁厨具等的量。中国钢铁消费量及其动力要素状况见图5.18，[①] 从图中可以看出如下规律性特征：

①固定资产投资是拉动钢铁消费的基本力量，钢铁制品出口量是重要因素，钢铁制品消费量所占比例极低。

2000年以来，固定资产投资所带动的钢铁消费量（以下简称"投资带动钢铁用量"）占全部钢铁消费量的比例呈下降趋势（见图5.19），2000年为77.21%，到2004年下降到71.65%，但仍然占钢铁消费量的绝大部分，可见固定资产投资是带动钢铁消费的最基本的力量。钢铁制品出口量所占比例达1/4左右，并呈上升趋势，从20.17%提高到25.23%，可见钢铁制品出口是钢铁消费的重要因素。居民消费钢铁制品量所占比例也呈上升趋势，由2.62%上升到3.11%，但所占比例较低，对整个钢铁消费的影响有限。

---

① 钢铁制品出口量数据，直接来源于海关总署网站 www.customs.gov.cn），2000年以前没有进行系统统计。

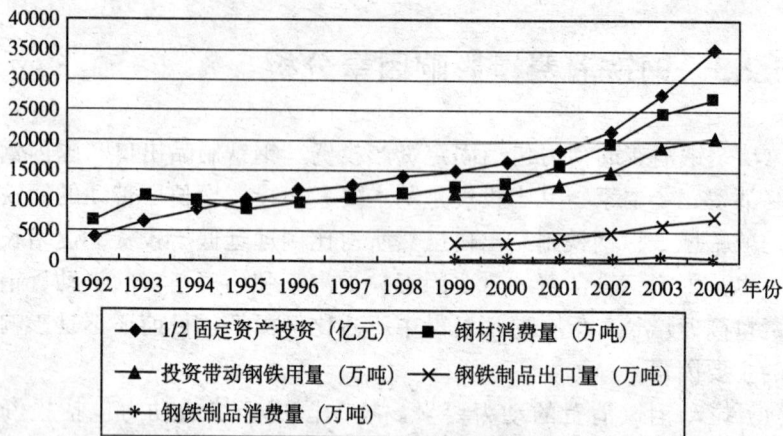

图 5.18　钢铁消费量

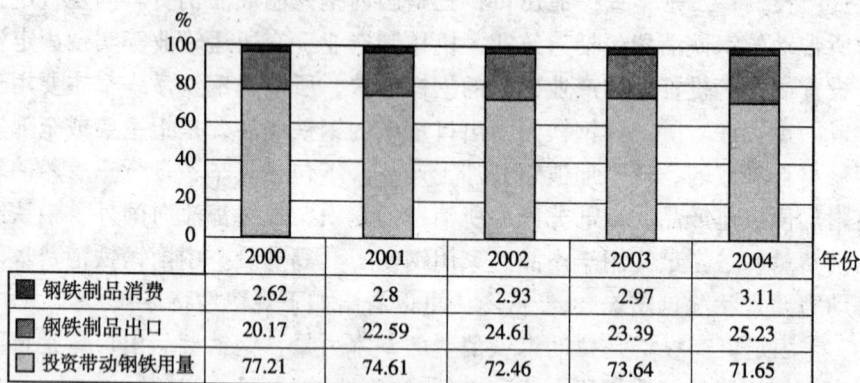

	2000	2001	2002	2003	2004
■ 钢铁制品消费	2.62	2.8	2.93	2.97	3.11
▨ 钢铁制品出口	20.17	22.59	24.61	23.39	25.23
▨ 投资带动钢铁用量	77.21	74.61	72.46	73.64	71.65

图 5.19　投资带动钢铁用量、钢铁制品出口和钢铁制品消费各占钢铁消费量的比例

②2001~2004 年期间，拉动钢铁消费的三个要素中，钢铁制品出口增长最快，其次是钢铁制品消费，投资带动钢铁用量增长最慢。钢铁制品属于劳动密集型低附加值工业加工产品，中国钢铁制品在国际市场上具有较强的竞争力，出口增势迅猛，自 2001 年以来，钢铁制品出口量年均增长 25.25%，但由于受国内需求旺盛的影响，增速逐年减慢，由 2001 年的 32.51% 下降到 2004 年的 17.26%。

中国正处于汽车消费的启动期，进入居民生活领域的钢铁制品也呈高速增长态势，2001~2004 年年均增长 23.68%。2001~2004 年，投资带动钢铁用量年均增长 16.25%，增长速度逐年加快，虽然增长率最低，但由于所占比例大，年均增量仍然是最大的。

③在 1993~2004 年期间，固定资产投资增速经历了"高—低—高"波动周期。固定资产投资是拉动钢铁消费的基本力量，自 1993~2004 年，固定资产投资持续增长，由 13072.3 亿元增长到 70477.4 亿元，年均增长 19.78%，其中在 1993~1998 年年均增长 23.31%，在 1999~2004 年期间年均增长 16.35%，在 2001~2004 年期间年均增长 20.96%。

（2）投资带动钢铁用量与固定资产投资的相关性。投资带动钢铁用量与固定资产投资的相关性系数，其波动趋势主要取决于单位投资额的钢铁采购量的变化趋势，具体取决于五个因素。

一是投资项目结构：耗钢类建设项目在全部固定资产投资项目结构中所占的比例。

二是投资项目的材料结构：由于钢铁材料与其替代材料（玻璃钢、化学材料等）之间的比价关系的变化而呈现为不同的替代趋势，同样，投资项目的钢材使用量也随着钢铁材料与替代材料之间替代关系的变化而变化。

三是技术进步、产品结构及钢材性能改进：该因素使钢材的适用性明显改进，实现一定功用所需要的钢材量明显下降。

四是全部投资品整体的技术含量以及由此所决定的投资品整体的附加价值：由于全部投资中用于采购高新技术的金额所占比例逐渐升高，使得单位投资额的钢材采购量相应下降。

五是固定资产价格指数：① 固定资产投资价格上涨，导致单位投资金额的购买力下降。

以上因素的变化，决定了固定资产投资增长所带动钢铁消费量增长的增长特性，决定了投资带动钢铁用量与固定资产投资的相关性系数的波动趋势。自 1999 年以来，国家实行积极的财政政策，依靠基础设施建设来拉动国民经济增长，基础设施建设进程加快，同时消费结构升级，住房需求及房地产开发投资高速增长，两因素叠加作用，使重工业产能显现不足，继而自 2001 年开始了阶段性的重工业产能补足，自 2001~2004 年期间，钢铁、水泥、电解铝产业投资成倍增加，该期间耗钢类建设项目所占比例大幅度提高，用于兴建重工业厂房、设施（多为金属结构）以及购置

①根据国家统计局统计 1993 年以来各年固定资产投资价格指数（以上年为 100）计算出 1993~2004 年固定资产投资年均价格指数为 104.56，其中 1993~1998 年固定资产投资年均价格指数为 107.72，1999~2004 年为 101.5，2001~2004 年为 102.08。

设备的投资金额所占比例大幅上升，致使单位固定资产投资额的钢铁用量增加，使固定资产投资增长所带动的钢铁消费量增长呈现加幅增长，投资带动钢铁用量的年均增长指数，是固定资产投资年均增长指数的1.1331倍，这是该期间钢铁消费量持续以20%左右增幅高速增长的主要原因。

总体看来，2000年以来，投资带动钢铁用量与固定资产投资的相关性系数呈减小趋势，减小的原因主要有四个：一是该期间社会自主投资逐步启动，技术含量较高的工业投资所占比例逐渐提高，投资品整体的附加价值随之提高，尽管许多重工业生产投资项目也是耗钢量较高的项目，但技术含量因素的影响更大一些，使全部投资额中钢铁采购金额所占比例以及单位投资额的钢铁采购量都明显降低；二是由于钢铁价格上涨，而玻璃钢、铝合金和化学材料等替代材料价格相对平稳甚或下滑，使得玻璃钢和其他化学材料等替代材料对钢材的替代进程加快；三是钢材性能改进，一定程度上节约了钢材；四是从长远发展趋势看，由于投资品技术含量上升和钢材性能改进等因素影响，投资带动钢材用量与固定资产投资的相关性系数也将呈减小趋势。

5.2.4　钢铁生产的煤炭单耗指标[①] 及其影响因素

自1993~2004年期间，钢铁生产的煤炭综合单耗指标即吨铁耗煤量逐年下降，主要有三个原因：一是主要工序工艺技术进步，管理改进，使得各工序消耗煤炭的单耗指标不断下降；二是在全行业范围内优化工艺结构，调整产业结构，加强节能降耗管理，使得整个钢铁产业的能源利用效率明显提高；三是煤炭供求关系变化，影响焦炭质量，进而影响煤炭单耗指标。

（1）吨铁耗煤量的动态特征：吨铁耗煤量持续下降（见表5.12）。自1993~2004年，吨铁耗煤量逐年下降，从1.4577吨下降到1.1186吨，年均下降0.0283吨，年均下降率2.34%。其中在1993~1998年年均下降量

---

① 钢铁生产消耗煤炭的单耗指标，分为综合单耗指标和工艺单耗指标两种，综合单耗指标是单位钢铁产品产量所消耗的煤炭数量，是反映钢铁产业规模与煤炭消费量二者关系的数量指标，综合单耗指标提高或降低，决定了钢铁产量增长所带动的煤炭消费量增长是加幅增长还是减幅增长。工艺单耗指标则是各个生产工序单位产品产量的煤炭消费量，是该工序煤炭消费量除以该工序产品产量所得的比值。

表 5.12　钢铁生产煤炭单耗指标各期平均下降情况

期　　间		1993~2004年平均	1993~1998年平均	1999~2004年平均	2001~2004年平均
下降量（吨煤/吨铁）	全部煤炭	0.0283	0.0275	0.0336	0.0368
	炼焦煤	0.0140	0.0206	0.0107	0.0077
	燃料煤	0.0143	0.0068	0.0230	0.0291
增长指数（以上年为100）	全部煤炭	97.66	98.06	97.27	96.95
	炼焦煤	98.36	97.92	98.81	99.12
	燃料煤	95.76	98.38	93.20	91.22

0.0275 吨，年均下降率 1.94%；在 1999~2004 年年均下降量 0.0336 吨，年均下降率 2.73%；在 2001~2004 年年均下降量 0.0368 吨，年均下降率 3.05%。

自 1993~2004 年，吨铁耗炼焦煤量逐年下降，从 1.0241 吨下降到 0.8564 吨，年均下降量 0.0140 吨，年均下降率 1.64%。其中在 1993~1998 年年均下降量 0.0206 吨，年均下降率 2.08%；在 1999~2004 年年均下降量 0.0107 吨，年均下降率 1.19%；但在 2001~2004 年受焦炭质量下降的影响，吨铁耗炼焦煤量下降率减小，年均下降量 0.0077 吨，年均下降率 0.88%。

自 1993~2004 年，吨铁耗燃料煤量逐年下降，从 0.4336 吨下降到 0.2622 吨，年均下降量 0.0143 吨，年均下降率 4.24%。其中在 1993~1998 年年均下降量 0.0068 吨，年均下降率 1.62%；在 1999~2004 年年均下降量 0.0230 吨，年均下降率 6.8%；在 2001~2004 年年均下降量 0.0291 吨，年均下降率 8.78%。

（2）各工序单耗指标状况及其与综合单耗指标和煤炭消费结构的相关性分析。由于钢铁工业主要工序的工艺技术取得明显进步，节能降耗管理日益加强，使主要工序的煤炭单耗指标明显优化，这是煤炭综合单耗指标不断下降和钢铁工业煤炭消费结构变化的基本原因。

重点企业焦化工艺不断改进，结焦率和冶金焦产率都有提高，吨焦耗洗精煤指标不断降低（见图 5.20）；铁前系统整体技术水平不断提高，高炉炼铁工艺指标明显优化，高炉利用系数、烧结机利用系数、烧结矿品位、高炉入炉矿品位和喷煤比都有不同程度的提高，入炉焦比、综合焦比和全行业平均焦铁比明显下降；炼钢技术明显进步，转炉利用系数和电炉

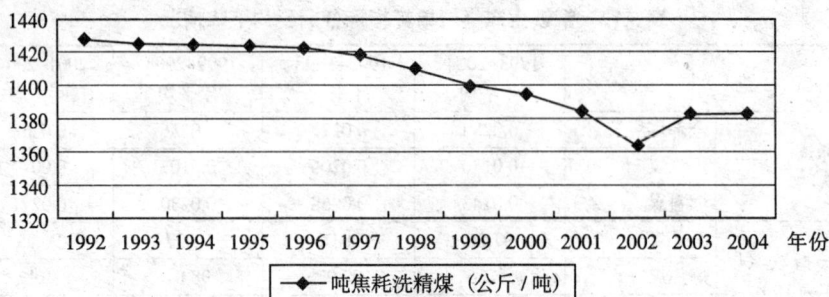

图 5.20　吨焦耗洗精煤变化曲线

利用系数提高；氧气顶吹转炉以废钢替代部分炼钢生铁，节约了生产生铁所需要投入的煤炭；轧钢系统大力推广连铸技术，连铸比和轧钢成材率提高，节约了轧钢工序的能源消耗；近几年来重点钢铁企业增加了一大批大型节能设备，包括高炉顶压发电、干熄焦、转炉煤气回收等，这些设备均属二次能源回收设备，具有很大的回收潜力，大部分回收能源都可用来替代动力煤或电力。以上技术指标的优化，说明由于技术进步使钢铁生产能源利用效率明显提高，虽然有些环节并非直接节约煤炭，但由于节约了对其他动力和电力的消耗，等于间接地节约了动力用煤，这是钢铁生产消耗煤炭的单耗指标不断下降的基本原因。

在 1993~1998 年主要工序的煤炭单耗指标和其他相关工艺指标优化幅度比 1999~2004 年要大，这主要是因为在 2001 年到 2004 年期间工艺单耗指标优化幅度较小，详情见表 5.13。这与综合单耗指标的动态特性十分相似，可见综合单耗指标的动态特性是由各工序单耗指标的动态特性决定的。

表 5.13　钢铁生产主要工序的工艺单耗指标在不同期间的优化幅度

单位：%

指　标	1993~2004 年均下降率	1993~1998 年均下降率	1999~2004 年均下降率	2001~2004 年均下降率	前期与后期优化幅度的差额
综合焦比	8.500	11.038	5.962	1.250	5.08
喷煤比	−5.083	−6.830	−3.337	0.750	4.59
入炉焦化	12.333	14.030	10.637	−0.750	−9.89
吨焦耗洗精煤	−0.02	0.06	−0.09	−0.09	−0.66
烧结机利用系数	−0.121	−0.235	−0.008	0.008	−0.08
高炉利用系数	−0.209	−0.337	−0.081	−0.069	0.09

吨焦耗洗精煤技术指标、入炉焦比和喷煤比等技术指标的变化，与钢铁工业煤炭消费结构具有很强的相关性。

1993年吨焦耗洗精煤和入炉焦比下降，喷煤比下降幅度较小，使燃料煤消费量增长大于炼焦煤消费量。1994年吨焦耗洗精煤与上年持平，入炉焦比正常下降，喷煤比提高幅度较大，使炼焦煤消费量下降，燃料煤消费量增长。1995年吨焦耗洗精煤正常下降，入炉焦比下降幅度加大，喷煤比回落幅度较大，使炼焦煤消费量增长大于燃料煤消费量。1996~2001年间，入炉焦比和吨焦耗洗精煤持续较大幅度下降，喷煤比持续较大幅度提高，使炼焦煤消费量较大幅度增加，燃料煤消费量持续小幅增加。2002年，吨焦耗洗精煤大幅度下降，但入炉焦比下降幅度仍然很小，喷煤比基本稳定，使炼焦煤消费较大幅度增长，燃料煤也大幅度增长。2003年，吨焦耗洗精煤和入炉焦比大幅度回升，喷煤比较大幅度回落，使炼焦煤消费较大幅度增长，燃料煤小幅增长。2004年，吨焦耗洗精煤和入炉焦比与2003年基本持平，喷煤比下降幅度减小，使得炼焦煤和燃料煤消费量小幅增长。

（3）影响煤炭单耗指标的行业管理因素和煤质因素。自1992~2004年期间，钢铁工业逐步淘汰高耗能落后工艺，采用先进节能工艺，调整工艺结构，加强节能管理，取得了一系列成果，但近两年由于焦炭质量下降，对单耗指标产生了一定程度的不良影响。

①淘汰平炉炼钢，兴建大型转炉和电炉。平炉炼钢是以煤炭及其转化形式为主要热源，煤炭消耗量大。转炉炼钢的热源，主要来自于用氧气氧化铁水中杂质所发出的热量，相对于平炉炼钢，节约大量煤炭和其他能源，而且炼钢过程中还产生大量的转炉煤气，这部分煤气可以用作动力。先进的大型转炉可以实现负能炼钢。电炉炼钢用废钢作原料，减少炼钢生铁消耗，进而减少炼铁系统对煤炭的消耗。中国炼钢工艺结构不断变化（见图5.21、图5.22），1992~2002年，平炉炼钢产量所占比例由17.29%到被基本淘汰；转炉炼钢从60.74%提高到83.26%；电炉炼钢产量年均增长率达到5.63%。由于中国正处在工业化阶段，国内废钢积蓄量低，电炉炼钢产量所占比例由1992年的21.78%下降到2000年的11.34%，随后又开始回升，2002年回升到16.74%。

②设备大型化。钢铁冶炼设备向大型化方向发展，大型设备生产能力在钢铁生产总能力中所占比例明显提高，自1995~2002年，容积大于

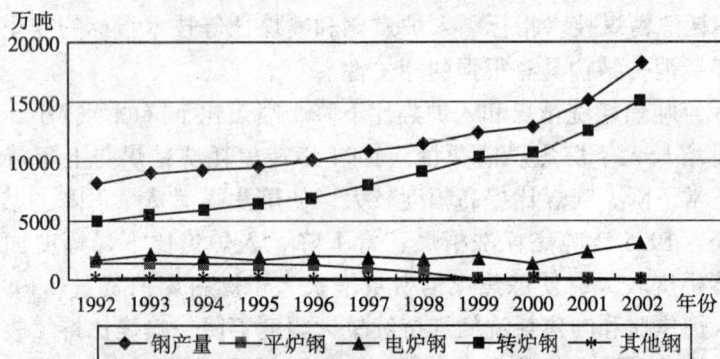

图5.21 全国（规模以上）钢产量结构

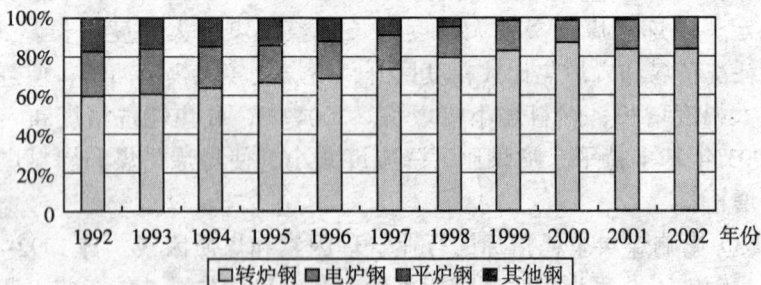

图5.22 中国钢产量工艺结构比例图

1000 立方米的大型高炉由 44 座增加到 50 座，其中三座是大于 4000 立方米的特大型高炉；大于 130 平方米的烧结机由 22 座增加到 38 座；100 吨以上转炉由 17 座增加到 32 座。

③调整企业规模结构。20 世纪 90 年代初期，中国只有鞍山钢铁公司超过 500 万吨，年钢产量超过 100 万吨的企业也只有 15 个。随着新建大型生产装置的投产，企业生产规模在不断扩大，截止到 2003 年底，中国共有 13 家企业年钢产量超过 500 万吨，其中超过 1000 万吨的有宝钢和鞍钢两家。52 家百万吨级及以上钢铁（焦）联合企业的钢产量占全国钢产量的 84.16%。

"小铁厂"煤耗指标明显高于重点企业，为提高钢铁产业集中度，中国从 1998 年开始，就加大了关闭"小铁厂"的力度；2000 年 2 月国办 10 号文件转发了《关于清理整顿小钢铁厂的意见》，明确规定了小钢铁厂的关停范围、时间和措施，又一次加大了对"小铁厂"的关停力度。

④调整企业工艺组合结构。按企业工艺组合的性质划分，目前有钢铁

（焦）联合企业、独立普钢企业、特钢企业、以铁为主企业。以上四种企业中，钢铁（焦）联合企业煤炭单耗指标最低，其他三种类型企业的煤炭单耗指标都比较高。1995~2002年，钢铁企业进一步完善了各自的生产流程，以产铁为主的企业纷纷建设炼钢车间，增加了钢产量，没有焦化厂的产铁企业也纷纷建设了配套焦化厂；以产钢为主的企业建设了炼铁高炉，钢铁（焦）联合企业的钢产量占全国钢产量的比重明显提高。

⑤加强了节能管理。在"九五"初期，冶金部颁发了"钢铁企业能耗指标体系中引入价值量的建议"，具体工作是在能源统计工作中增加了三个财务指标，即产品实际总成本、能源总费用、利税总额，并结合钢铁企业能源平衡表中的各项能耗数据，进行多方面的经济效益分析。自1995年以来，邯钢率先强化能源管理力度，将节能任务分布到各个生产环节，从原料、燃料的采购抓起，保证了入炉原料和燃料的质量，同时抓好工序间的优化配置，加快节能技术进步的步伐，加强节能技术改造，大大降低了产品成本和提高了能源效率。邯钢经验对于大中型钢铁企业在市场机制下如何抓好节能工作起到了很好的示范作用，有效地带动了企业加强各项基础管理和专业管理，学邯钢促进了企业科技进步，对降低能耗、节约煤炭产生了重要作用。

⑥焦炭质量下降使炼焦煤单耗指标有所回升。2004年炼焦煤单耗指标回升了0.0272吨，造成这种状况的原因，是炼焦煤尤其是黏结煤供给不足，焦炭质量下降，使入炉焦比下降幅度和喷煤比提高幅度减小，在消费结构中，焦炭所占比例提高，喷吹煤所占比例下降。

5.3 建材行业煤炭消费子系统

5.3.1 建材行业煤炭消费状况及其直接影响因素

建筑材料工业包括建筑材料及制品、非金属矿物材料和无机非金属新材料三大部分，其中主要产品包括水泥、墙体材料、石灰、平板玻璃、建筑卫生陶瓷以及各种新型建筑材料和装修装饰材料等百余类，近2000多种产品。建材行业的主要耗能产品包括水泥、墙体材料、石灰、平板玻璃、建筑卫生陶瓷五类，其中以煤为主要能源的产品有水泥、墙体材料和石灰，该三个产品的煤炭消费量取决于其产品产量及单位产品的煤炭消费量；玻璃和建筑陶瓷也是能耗较高的产品，消耗的能源品种主要有油、气、煤炭和电力，燃料结构随着燃油与煤炭比价关系的变化而调整；其他建材产品，包括水泥制品和石棉水泥制品、非金属矿及制品、石材等，其消耗的能源品种主要是电力，煤炭消费量极低，不是本书的研究重点。

（1）建材行业煤炭消费量的总体状况及行业结构。自1993年以来，建材行业煤炭消费量经历了"先升—再平—再升"的发展过程（见图5.23和表5.14），1993~1995年呈较快增长态势，1996年到2000年基本平稳，2001~2004年又恢复较快增长。建材行业煤炭消费主要集中在水泥、墙体材料和石灰三个子行业，玻璃、建筑陶瓷等其他建材子行业也消耗少量煤炭，各子行业消费量所占比例（见图5.24），水泥行业所占比例持续上升，从1992年的33.15%上升到2004年的48.73%，墙体材料和石灰两个子行业所占比例分别从1992年的38.12%和15.4%下降到2004年的26.41%和6.86%，其他子行业所占比例从1992年的13.33%上升到2004年的15.72%。总体趋势是，水泥行业和其他子行业所占比例有较大幅度上升，墙体材料和石灰两个子行业所占比例有较大幅度下降。

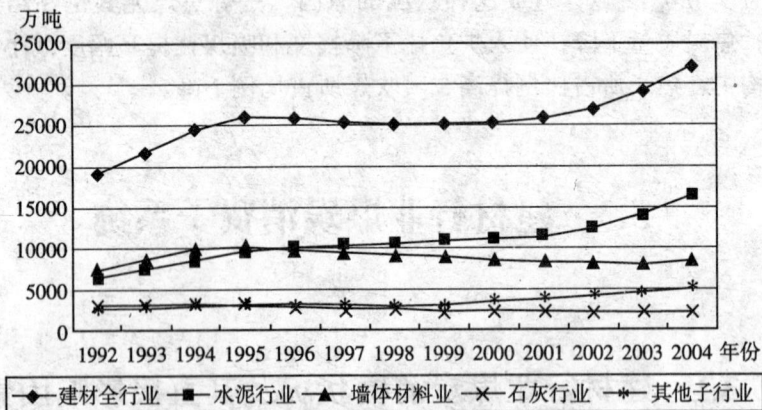

图5.23 建材行业煤炭消费量

（2）影响水泥、墙体材料和石灰三个子行业煤炭消费量的直接因素。水泥、墙体材料和石灰三个子行业煤炭消费量，各自等于其产品产量乘以

表 5.14　建材行业煤炭实物消费量增长指数（以上年为 100）

行业	1993~2004 年平均	1993~1998 年平均	1995~2000 年平均	1999~2004 年平均	2001~2004 年平均	2004 年
建材	104.44	104.66	99.48	104.21	106.11	110.73
水泥	108.26	108.84	102.86	107.68	110.37	115.90
墙体材料	101.29	103.95	96.68	98.70	99.65	104.76
石灰	97.63	97.64	94.52	97.62	98.40	105.02
其他	105.88	101.89	101.37	110.04	110.88	108.00

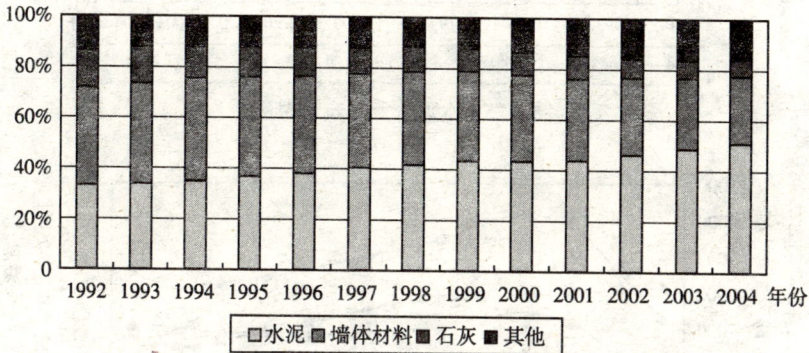

图 5.24　建材各子行业煤炭消费量占建材行业消费量比例

单位产品的耗煤量，其煤炭消费量增长指数也等于产量增长指数与单耗指标增长指数的乘积。水泥、墙体材料和石灰产量、本行业消耗煤炭的单耗指标及煤炭消费量分别见图 5.25、图 5.26 和图 5.27。图中数据表明，在上个经济周期即 1993 年到 2004 年期间，水泥产量年均增长 10.03%，吨水泥耗煤量年均下降 1.61%，产量与单耗指标二者综合作用的结果，使水泥行业煤炭消费量基本稳定年均增长 8.26%。其中在 1993 年到 1998 年期间，水泥产量年均增长 9.66%，吨水泥耗煤量年均下降 0.75%，产量与单耗指标二者综合作用的结果，使水泥行业煤炭消费量基本稳定年均增长 8.84%。1999~2004 年期间，水泥产量年均增长率 10.39%；吨水泥耗煤量年均下降率 2.46%，二者综合作用的结果，使水泥行业煤炭消费量年均增长 7.68%。墙体材料和石灰两行业煤炭消费量变化具有同样的规律性特征。因此，影响水泥、墙体材料和石灰三个子行业煤炭消费量的直接因素，都可分为两个方面：一方面是产品产量；另一方面是单位产品产量的煤炭消耗量，即煤炭单耗指标。因此，可从生产规模和消耗煤炭的单耗指标两个方面，分别分析建材行业煤炭消费量的影响因素及其之间的相关性规律。

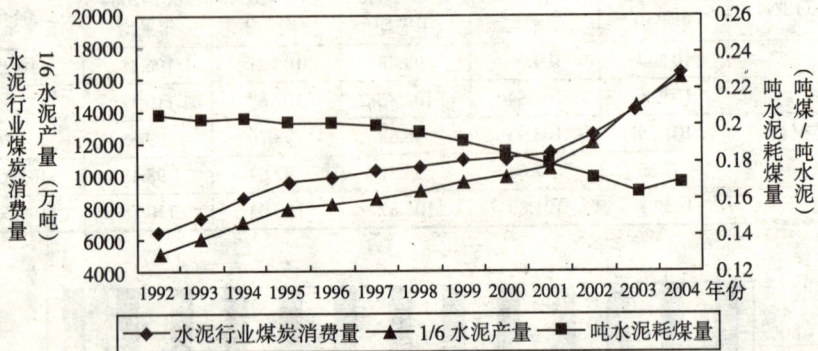

图 5.25　水泥行业煤炭消费量

图 5.26　墙体材料行业煤炭消费量

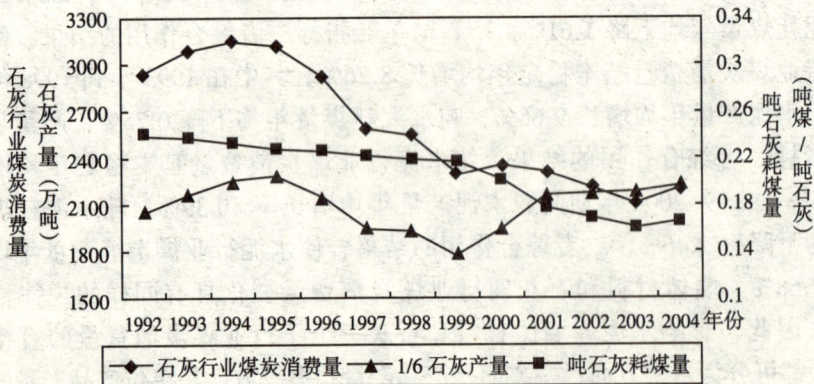

图 5.27　石灰行业煤炭消费量

5.3.2 水泥、墙体材料和石灰产量影响因素及其相关性规律

影响水泥、墙体材料和石灰产量的基本因素是固定资产投资尤其是建筑安装工程，投资总规模、投资项目结构、投资品技术含量以及现代建筑内部结构等因素决定着水泥、墙体材料和石灰产量与建筑安装工程投资的相关性系数的波动趋势。

（1）建筑安装工程投资是决定水泥、墙体材料和石灰产量的基本因素，投资增长所带动的水泥、墙体材料和石灰产量增长是减幅增长。1993年以来，中国水泥出口量极少，所产水泥、墙体材料和石灰主要用于各种工程建设，因此，水泥产量主要受固定资产投资拉动，尤其与建筑安装工程投资规模具有极强的相关性。从图5.28可以看出，水泥产量增幅的波动与建筑安装工程投资增幅基本同步波动。经计算，水泥产量年均增长指数是建筑安装工程投资年均增长指数（可比价格）的0.9757倍，其中在1993~1998年为0.9692倍，在1999~2004年为0.9822倍。水泥产量与建筑安装工程投资的相关性系数小于1，说明单位投资额的水泥采购量下降，投资增长所带动的水泥产量增长是减幅增长。同样，投资增长所带动的墙体材料和石灰产量增长也是减幅增长（见表5.15）。

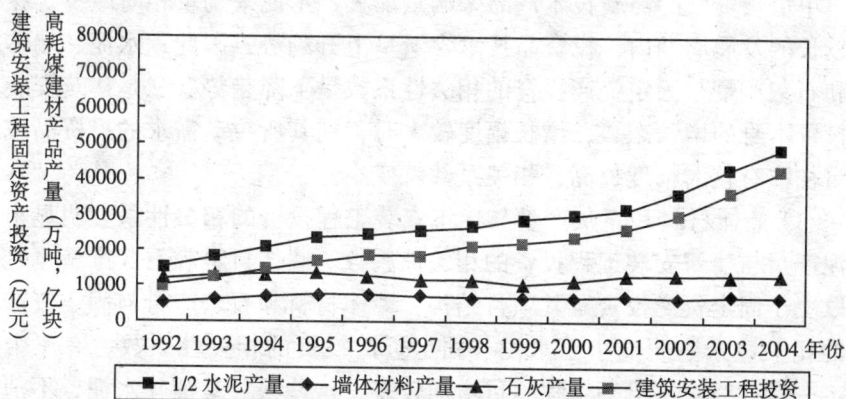

图 5.28　固定资产投资与高耗煤建材产品产量

（2）投资结构、投资品技术含量和投资规模是影响水泥、墙体材料和石灰产量与建筑安装工程投资相关性系数的主要因素。影响水泥、墙体材

表 5.15　建材产品产量和建筑安装工程投资增长指数（以上年为 100）
及其相关性系数（产量/投资）

指　　标	行　　业	1993~2004 年平均	1993~1998 年平均	1999~2004 年平均	2001~2004 年平均	2004 年
建筑安装工程投资增长指数（可比价格）		l12.77	113.15	112.39	115.85	118.27
产量增长指数	墙体材料	102.64	104.81	100.52	100.97	101.71
	水泥	110.03	109.66	110.39	112.90	112.53
	石灰	100.70	99.04	102.39	103.45	101.95
与建筑安装工程投资的相关性系数	墙体材料	0.9102	0.9263	0.8944	0.8715	0.8600
	水泥	0.9757	0.9692	0.9822	0.9745	0.9514
	石灰	0.8930	0.8753	0.9111	0.8930	0.8620

料和石灰产量与投资的相关性系数之波动趋势的主要因素有三个方面：一是投资项目结构变化，或者说水泥产量与投资的相关性系数的大小，取决于投资增长在多大程度上是由消耗水泥的项目拉动的。如果高新技术工程、生态治理和环境保护工程、城市绿化工程等项目所占比例提高，消耗建材产品的房屋建设工程项目所占比例下降，水泥产量与建筑安装工程投资的相关性系数则下降；如果采用金属结构的工业厂房所占比例升高，砖混结构房屋所占比例下降，水泥产量与建筑安装工程投资的相关性系数也会下降。二是投资品技术含量，如果高附加值投资品采购量增长相对较快，单位投资额的高新技术产品采购量加大，水泥采购量相对减少。在一个较长的发展周期内，投资品技术含量呈上升趋势，因此，水泥、墙体材料和石灰产量与固定资产投资的相关性系数呈下降趋势。三是建筑安装工程投资本身的增长态势，增长幅度较大时，则其所拉动需求的投资品技术含量往往有较大幅度提高，相关系数就变小。

（3）墙体材料和石灰产量与建筑安装工程投资的相关性系数明显小于水泥产量与建筑安装工程投资的相关性系数。墙体材料和石灰产量也是主要取决于固定资产投资及其项目结构，墙体材料和石灰产量与固定资产投资的相关性系数明显小于水泥与固定资产投资的相关性系数，有三个原因：一是道路、桥梁等工程项目增加较多，这些项目只消耗水泥，不消耗墙体材料和石灰；二是现代建筑的采光面积加大，内部各单间面积也有加大，砖混结构房屋的墙体面积减小；三是大力推广新型墙体材料，自 20世纪 80 年代以来，中国大力推广新型墙体材料，除了空心砖以外，木制板材和化学材料板材也大量用作墙体材料，使传统的砖块墙体材料需用量大幅度降低，建筑材料中墙体材料和石灰所占比例的下降幅度大于水泥的下降幅度。

（4）建筑安装工程投资占全部投资比例总体上呈下降趋势，下降幅度大小取决于工业投资占全部投资的比例。全部固定资产投资按构成可分为建筑安装工程投资、设备器具投资费用和其他费用，其中设备器具属于投资构成中技术含量较高的部分，除在国家对工业投资采取急刹车时可能出现建筑安装工程投资所占比例上升以外，一般情况下，由于投资额中用于采购高新技术产品的金额所占比例上升，使建筑安装工程投资所占比例呈下降趋势。政府主导的基础设施建设项目中，技术含量相对较低，工业投资中技术含量相对较高，因此，工业投资在全部投资额中所占比例，对建筑安装工程投资在全部投资额中所占比例影响极大，而从事工业投资的多是社会自主投资，与市场主体的投资热情有很大关系。

自 1993~2004 年，建筑安装工程投资所占比例自 73.33% 下降到 60.73%，年均下降 1.05 个百分点。其中在 1993 年仍处于经济高峰期，工业投资热情较高，建筑安装工程投资所占比例下降幅度较大。1994 年和 1995 年两年，由于治理通货膨胀而对工业投资采取了急刹车式的宏观调控，以致建筑安装工程投资所占比例有所上升。1996 年和 1997 年工业投资略有反弹，建筑安装工程投资所占比例再次明显下降。但 1997 年发生了亚洲金融危机，1998 年又发生特大洪涝灾害，受此影响，自 1998 年开始市场主体对工业的投资热情回落，以致 1998 年和 1999 年两年建筑安装工程投资所占比例基本平稳，略有下降。此后国家采取积极财政措施拉动国内需求，所实施建设项目多是基础设施建设项目，在政府主导和积极财政政策引导下，社会自主投资的市场信心逐步恢复，同时，在交通运输、输电、供水、供气等建设项目中设备器具费用和其他费用也占有相当高的比例，因此，自 2000 年开始建筑安装工程投资所占比例的下降幅度保持在中等水平，但到 2003 年，因社会自主投资已经全面启动，工业生产建设再次进入新高潮，建筑安装工程投资所占比例下降幅度也随之明显加大。2004 年国家对部分过热行业采取了"点刹车"式的宏观调控，工业投资所占比例略有回落，该年建筑安装工程投资所占比例的下降幅度随之明显减小（见图 5.29）。

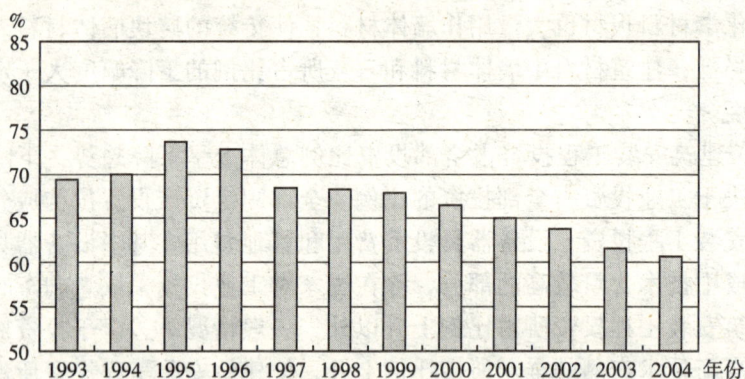

图 5.29　建筑安装工程投资占固定资产投资的比例

5.3.3　水泥、墙体材料、石灰生产煤炭单耗指标影响因素

　　水泥、墙体材料、石灰行业消耗煤炭的单耗指标，主要受工艺技术进步、工艺结构调整和煤炭供求关系等因素的影响较大。

　　（1）影响吨水泥耗煤量的主要因素有工艺结构调整、工艺技术进步和节能管理。生产水泥的窑型有很多种类，各种窑型的能源消耗水平不同，各窑型产量占全部水泥产量的比例也在不断变化，总体看来，先进窑型产量所占比例在升高，落后窑型产量所占比例在降低，这是水泥单耗指标持续下降的基本原因。同时，各水泥生产主要工序的工艺技术不断取得新的进步，节能管理有所加强，也是水泥行业煤炭单耗指标下降的重要原因。

　　（2）影响单位墙体材料耗煤量的基本因素是新型材料推广和工艺结构调整。墙体材料煤炭单耗指标下降有两个方面的基本原因：一是墙体材料行业由于大力推广空心砖（有孔率有的可达40%以上）、内燃砖及工业废渣制砖，煤耗较高的实心黏土砖所占比例大幅度下降。二是不断改善墙体材料生产的工艺结构，能耗高、工艺简单的土砖窑已经逐步淘汰，数量急剧减少，能耗较低的轮窑、隧道窑发展很快，逐步成为砖瓦生产的主力窑型。

　　（3）影响吨石灰耗煤量的基本因素是工艺结构和燃料结构调整。吨石灰耗煤量持续下降也有两个基本原因：一是工艺结构调整，能耗水平较高的土窑所占比例有所下降，能耗较低的半机械化窑和机械化窑所占比例有所上升。二是燃料结构调整，传统的石灰烧制方法，其燃料以煤炭为主，但冶金行业为节能降耗，越来越多地将焦炉煤气、高炉煤气等回收可燃气体用于烧制石灰，节约了煤炭；尤其在 1999 年之后，钢铁工业节能降耗力度加大，同时钢铁产量快速增长，全部石灰产量中钢铁行业利用回收可燃气体所烧制的石灰产量所占比例明显提高，这是石灰生产煤炭单耗指标在 1999~2001 年期间快速下降的主要原因。

（4）供求关系对煤炭单耗指标也有一定影响。产品供求关系和煤炭供求关系都会对煤炭单耗指标产生一定的影响。产品供给相对宽松或煤炭及相关能源品种供给趋紧时，促使产业结构、工艺结构调整和加强节能管理的市场动力就比较强劲，这时会有较多的高能耗工艺及企业退出市场，全行业煤炭单耗指标的下降幅度就比较大，反之则比较小。但在煤炭供给过度紧张时，煤炭品种的适用性相对较差，煤炭质量也不能保证，这会造成煤炭实物单耗指标上升。水泥、墙体材料和石灰三个子行业都比较零散，多年来一直处于生产能力相对过剩的状态，2002 年以来煤炭供给逐渐趋向紧张，煤炭价格逐步回升、上涨，但煤炭供应并未进入紧缺状态，这是近两年该三个子行业煤炭单耗指标下降幅度加大的主要原因。

5.3.4 建材其他子行业煤炭消费影响因素

建材行业消耗煤炭的其他子行业，主要是指建筑陶瓷、卫生陶瓷和玻璃三个行业，这三个行业的生产工艺中，用于提供热源的燃料大多采用油或气；也可以用煤气发生炉将无烟块煤或焦炭转换成煤气用作燃料，该种方式是间接地采用煤炭作燃料；部分工艺直接燃烧煤炭提供热源或蒸汽动力。工艺技术的发展趋势是气体燃料或液体燃料所占比例提高，但气体燃料可用煤气发生炉提供，到底是直接采用油、气燃料还是用煤炭转换成气体燃料或者直接燃用煤炭，主要取决于煤炭与油气之间的比价关系。[115]

图 5.30 和表 5.16 中数据表明，1993~1995 年，石油产品价格的上涨幅度大于煤炭价格上涨幅度（价格上涨指数的比价系数小于 1），固定基期的"石油/煤炭"价格比率系数呈升高趋势，因此，该三年陶瓷、玻璃等行业的煤炭消费量增长幅度也呈加大趋势。

1996~1998 年，固定基期的"石油/煤炭"价格比率系数呈下降趋势，因此，该三年陶瓷、玻璃等行业的煤炭消费量增幅回落直至下降。

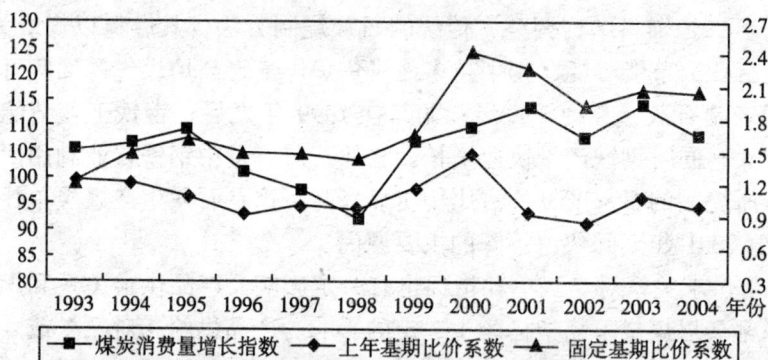

图 5.30　石油与煤炭比价关系与建材行业其他子行业煤炭消费增长幅度的相关性分析

　　1999~2000 年，固定基期的"石油/煤炭"价格比率系数呈升高趋势，2001 年虽然略有回落，但仍然处于较高水平。因此，该三年内陶瓷、玻璃等行业进行了较大规模的工艺改造，调整了燃料结构，煤炭消费量扭转了下降趋势，而且呈加快增长趋势。

　　2002~2004 年三年，固定基期的"石油/煤炭"价格比率系数出现波动，但总体上仍然保持在相对较高水平，因此，陶瓷、玻璃等行业的煤炭消费量继续增长，但增幅也随"石油/煤炭"价格比率系数波动。

表 5.16　煤炭产品价格与石油产品价格的比价系数及其与
建材行业其他子行业煤炭消费量的关系①

年　份		1993	1994	1995	1996	1997	1998	1999
消费量增长指数和价格指数	建材其他子行业煤炭消费量	105.34	106.68	109.25	101.3	97.7	92.08	106.83
	煤炭产品	139.7	122.2	111.3	113.7	108	96.6	94.8
	石油产品	171.3	148.7	121.2	104.6	107.4	93	109.6
上年基期比价系数（石油/煤炭）		1.2262	1.2169	1.0889	0.9200	0.9944	0.9627	1.1561
价格指数（以1992 年为100）	煤炭产品	139.70	170.71	190.00	216.03	233.32	225.38	213.66
	石油产品	171.30	254.72	308.72	322.93	346.82	322.54	353.51
1992 年基期比价系数（石油/煤炭）		1.2262	1.4921	1.6248	1.4948	1.4865	1.4311	1.6545

①煤炭产品价格指数和石油产品价格指数数据来源于国家统计局网站www.stats.gov.cn。

续表

年　份		2000	2001	2002	2003	2004
消费量增长指数和价格指数	建材其他子行业煤炭消费量	109.94	113.73	107.74	114.19	108
	煤炭产品	98.10	106.50	111.60	107.00	115.90
	石油产品	144.30	99.10	95.20	115.60	114.20
上年基期比价系数（石油/煤炭）		1.4709	0.9305	0.8530	1.0804	0.9853
价格指数（以1992年为100）	煤炭产品	209.60	223.23	249.12	266.56	308.95
	石油产品	510.11	505.52	481.26	556.33	635.33
1992年基期比价系数（石油/煤炭）		2.4337	2.2646	1.9318	2.0871	2.0565

5.4　化工行业煤炭需求子系统

5.4.1　化工行业煤炭消费状况及其直接影响因素

化学工业是国民经济基础产业之一。根据国家统计局的资料，中国化学工业主要包括化学矿采选业、基本化学原料制造业、化学肥料制造业、化学农药制造业、有机化学产品制造业、合成材料制造业、专用化学产品制造业、橡胶制品业八大行业。改革开放以来，中国化学工业不仅在总量上迅速发展，而且在产品结构、技术结构、投资结构、组织结构以及产品进出口等方面得到了进一步调整和优化。特别是近年来，随着汽车、电子、房地产、轻纺、农业生产等相关行业的稳定快速发展，化工产品的市场需求增加，化工行业的发展更加迅速。

（1）化工行业煤炭消费总体状况及其内部行业结构。化学工业是耗煤大户，1992年化工行业煤炭消费量为6152万吨，之后不断增长，1997年明显下降，1998年又略有下降，由于前几年的煤炭消费量增长幅度较大，使得1992~1998年仍年均增长4.94%。随后开始缓慢提高，1999年煤炭消费量为8364万吨，2004年为11266万吨，6年间年均增长5.40%。

对化学工业来说，煤炭既作为原料使用，也作为燃料、动力使用，其中原料煤多是无烟块煤，另有 1/4 是焦炭。在化工行业中，消耗煤炭最多的行业是化学肥料制造业和基本化学原料制造业，两个行业的煤炭消费量占化学工业煤炭消费总量的 70% 以上。在这两个行业有 5 种高耗煤产品，即氮肥（合成氨）、烧碱、纯碱、电石、黄磷，这 5 种产品的煤炭消费量占化学工业煤炭消费总量的 80% 左右，目前，氮肥（合成氨）的煤炭消费量占化学工业煤炭消费总量的 60% 左右，其消费量取决于其产品产量及单位产品的煤炭消费量，这是本书研究的重点。

化工行业的煤炭消费主要集中在化肥制造业和基本化学原料业，其他化工行业也消耗小部分煤炭（见图 5.31），各子行业煤炭消费量所占比例见图 5.32，化肥制造业所占的比例从 1992 年的 61.53% 上升到 2004 年的 62.15%，基本化学原料业所占的比例从 1992 年的 19.04% 上升到 2004 年的 20.17%，其他化工行业从 1992 年的 19.43% 下降到 2003 年的 17.68%，虽然其间比例有所波动，但波动的幅度不大，总的来看，化肥制造业和基本化学原料业所占的比例略有上升，其他行业所占的比例略有下降。

图 5.31 化工行业煤炭消费

（2）影响化肥制造业煤炭消费量的直接因素。在化肥制造业中，合成氨的能源消费量占化肥制造业全部能源消费量的 90% 以上，化肥制造业煤炭消费量大都集中于合成氨生产过程中，煤头合成氨消耗煤炭占化肥制造业煤炭消费量的 95% 左右，因此，可近似地将化肥制造业煤炭消费量视为煤头合成氨产量与煤头合成氨消耗煤炭之单耗指标的乘积，据此，影响化肥制造业煤炭消费量的因素可以分为两方面：一方面是煤头合成氨产量；另一方面是单位产品产量的煤炭消费量，即产品单耗指标。煤头合成氨产

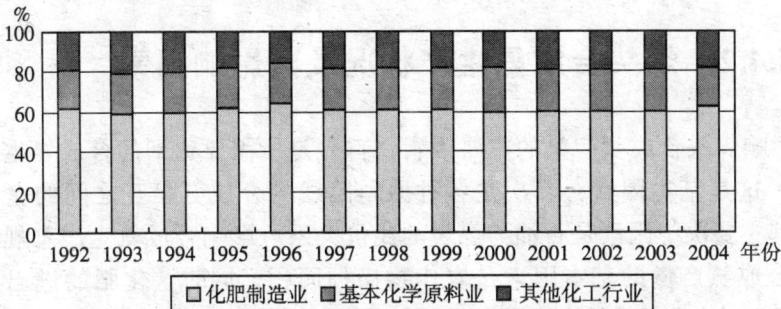

图 5.32 化工各子行业煤炭消费量占化工行业消费量比例

品产量、单耗指标如图 5.33 所示，各期间的增长指数如表 5.17 所示。1993~1998 年，煤头合成氨产量年均增长 4.82%，但吨氨耗煤量年均下降 0.11%，二者综合作用的结果，使得 1993~1998 年的煤炭消费量年均增长了 4.71%。1999~2004 年，煤头合成氨产量年均增长 7.14%，吨氨耗煤量年均下降 1.24%，二者综合作用的结果，使得煤炭消费量年均增长了 5.81%。

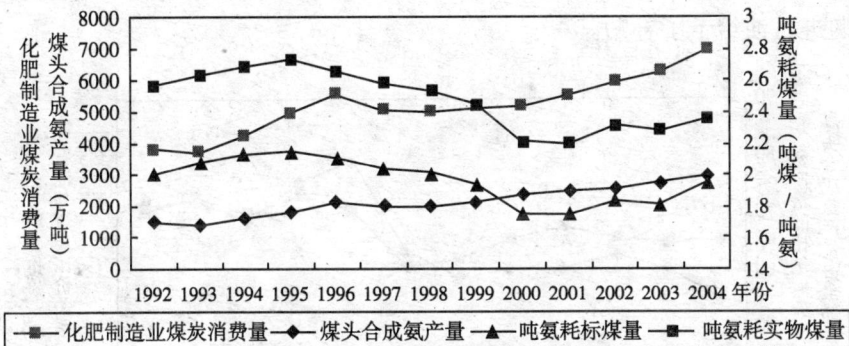

图 5.33 化肥制造业煤炭消费量

表 5.17 合成氨产量、单耗指标和煤炭消费量增长指数（以上年为 100）

增长指数	1993~2004 年平均	1993~1998 年平均	1999~2004 年平均	2004 年
煤头合成氨产量	105.97	104.82	107.14	105.83
消耗煤炭的单耗指标	99.33	99.89	98.76	101.77
煤炭消费量	105.26	104.71	105.81	111.32

5.4.2 煤头合成氨生产状况及其影响因素

影响煤头合成氨产量的主要因素，首先是所需要达到的合成氨生产总规模，这是基本因素；其次是各种原料路线的合成氨相互之间的竞争关系，其主要决定因素是石油与煤炭的比价关系。影响合成氨生产总规模即全部合成氨产量的基本因素是农作物播种面积，同时，化肥的进出口情况、国家对农业的扶植力度和工业生产对合成氨需求量等也有一定的影响。

（1）煤头合成氨占全部合成氨产量的比例波动较大，主要决定因素是石油与煤炭的比价关系，煤头合成氨产量占全部合成氨产量的比例，主要取决于石油与煤炭的比价关系，其相关性如图 5.34 所示。有时石油与煤炭比价关系对煤头合成氨所占比例的影响会有一定的时间差，见图 5.34 中 1993~1996 年的波动情况。煤头合成氨产量占全部合成氨产量的比例同时还受产业政策的影响，比如，1997~1999 年煤头合成氨所占比例呈下降趋势，主要就是该期间合成氨产业政策鼓励实施"油代煤"原料路线改造；2004 年煤头合成氨所占比例明显下降，主要是国家对油头合成氨企业购进石油给予了补贴。

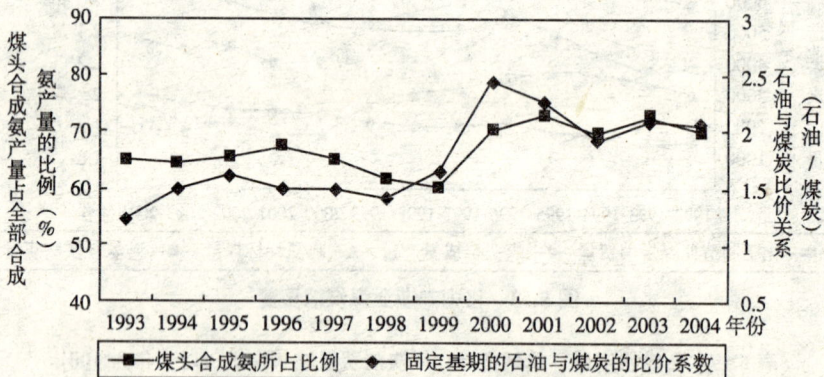

图 5.34 煤头合成氨所占比例与石油/煤炭比价
系数的相关性分析（以 1992 年价格为 100）

（2）决定合成氨产量的主要因素中，农作物播种面积是基本因素。根据对统计数据的分析，摒除气候因素影响，就连续多年平均水平而言，当农业种植面积增长时，合成氨产量也保持增长且增长比较快，当农业种植面积平稳或下降时，合成氨产量也会保持增长，但增长速度明显减慢，见表 5.18。在 1993~1998 年期间，农作物种植面积年均增长 0.74%，该期间合成氨产量年均增长 5.61%；合成氨产量年均增长指数是农作物种植面积年均增长指数的 1.0484 倍。在 1999~2004 年，农作物种植面积年均下降 10.23%，该期间合成氨产量增速也稍有放慢，年均增长 4.79%，合成氨产量年均增长指数是农作物种植面积年均增长指数的 1.0504 倍。在整个经济周期，即从 1993~2004 年，合成氨产量增长指数是农作物播种面积增长指数的 1.0494 倍。合成氨产量与农业种植面积的相关性系数大于 1，说明农作物播种面积所带动的合成氨产量增长是加幅增长。加幅的主要原因有两个方面：一是农业现代化加快发展，农业生产对化肥的依赖程度在逐渐提高，单位农业种植面积的施肥量在加大。二是合成氨除大部分用于化肥制造外，另有一小部分用于工业，工业生产对合成氨的需求量也在加大。总之，合成氨产需规模主要取决于农业种植面积及农业的现代化进程。

表 5.18 产量增长指数（以上年为 100）、农作物播种面积增长指数及其相关性系数（产量/播种面积）

指　标	1993~2004 年平均	1993~1998 年平均	1999~2004 年平均	2004 年
农作物播种面积增长指数	100.25	100.74	99.77	100.75
合成氨产量增长指数	105.20	105.61	104.79	111.31
与农作物播种面积的相关性系数	1.0494	1.0484	1.0504	1.1049

（3）在一个较长的发展周期内，合成氨产量与农作物播种面积的相关性系数应该略有加大。合成氨产量与农作物播种面积的相关性系数在 1993 年到 1998 年期间较小，1999~2004 年较大，但总体看基本平稳。其原因，主要是 1993~1998 年单位农作物播种面积的氮肥施用量呈现为逐年增加趋势，而从 2000 年开始，由于粮食价格相对偏低，农业生产成本压力加大，农民投入农业生产的热情比较低落，以致单位农业种植面积的施肥量逐年减小。但单位农业种植面积施肥量的增减幅度不大，而且其他对相关性系数影响较大的因素也未发生明显变动，因此相关性系数总体平稳。从一个较长的经济周期来看，农业的现代化进程还将加快发展，农业生产对化肥的依赖程度还要进一步提高；同时工业增长加快，合成氨用于工业的量也会增加；并且中国氮肥出口还将有所增加；多方面因素共同作

用，合成氨产量与农作物播种面积的相关性系数应该呈现略有加大的趋势。

（4）1999~2004年农作物播种面积变动的原因。1993~1998年，农作物播种面积缓慢上升，但从1999年开始到2003年，农作物播种面积呈现出逐年下降趋势，2004年，农作物播种面积则略有增长（见图5.35）。1999~2003年农作物播种面积增长的原因主要有以下几方面：一是从1999年开始，政府大力倡导农业生产结构调整，"退耕还林"，"退耕还草"，导致粮食种植面积减少；二是由于近几年农产品产量总体供大于求，导致农产品价格长期低迷，农民从事农业生产的积极性不高；三是由于沙漠化、污染等原因，中国可耕地面积呈减小趋势，同时以各种形式（甚至非法）侵占农业用地的情形普遍存在，比如，近几年房地产业和工业生产建设迅猛发展，占用了大批农业用地。

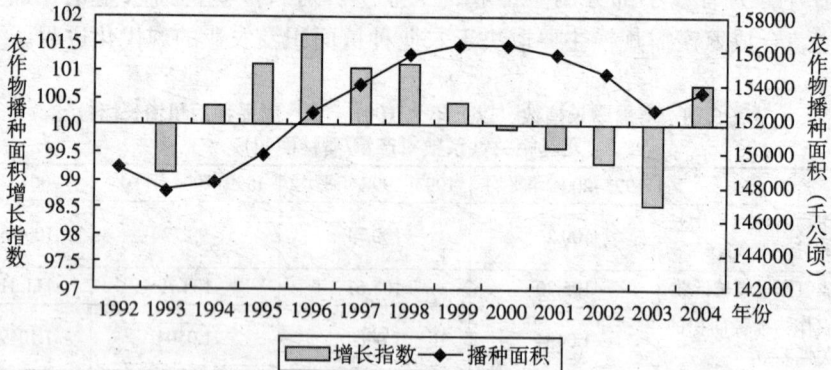

图5.35　农作物播种面积增长指数

2004年，农作物播种面积增长的主要原因是受惠农政策和国家宏观调控影响，农民从事农业生产的积极性提高。

①国家加大对农业的扶植力度，粮食价格有所上涨，这是促使农作物播种面积增长的首要因素。2004年，国家下大力解决"三农"问题，颁布了一系列有利于农业发展的政策和法规。同年2月，中共中央、国务院联合发布了《关于促进农民增加收入若干政策的建议》（即中央1号文件），把保护耕地面积，扩大粮食生产，增加农民收入提高到前所未有的高度。为调度农民的生产积极性，国务院加大了粮食主产区的农业税减免力度。黑龙江、吉林实行免征农业税试点，河北、安徽等11个省市降低农业税税率3%，其他地区降低1%。同时，加大良种补贴范围和规模，种粮农

民领到了每亩 10~15 元的种粮补贴。正是由于这些惠农政策，提高了农业生产收益率，提高了农民从事农业生产的积极性，促使农作物播种面积有了较大增长。

②国家对房地产业加大宏观调控力度，使得房地产开发面积出现下降，减少了对农作物播种面积的占用。2004 年，为控制房地产行业过热，中央实施了以"管严土地，看紧信贷"为主的宏观调控措施，房地产开发的两大命脉——土地和资金均被纳入宏观调控范围。同时，由于土地市场清理整顿、暂停半年建设用地审批，房地产土地开发面积首次出现下降，1997~2003 年，全国房地产土地开发面积平均每年增加 2400 多万平方米，而 2004 年则比上年减少了 2400 多万平方米。房地产土地购置面积增量也呈现减缓势头，1997~2003 年房地产土地购置面积平均每年增加 4842 万平方米，而 2004 年增量为 4288 万平方米，减少了 554 万平方米。正是由于国家对房地产的大力调控，阻止了房地产业的过快发展，在一定程度上也减少了对农作物播种面积的占用，使农作物播种面积趋于增长。

5.4.3 煤头合成氨煤炭单耗指标影响因素

影响合成氨生产煤炭单耗指标的主要因素，主要是工艺结构调整、工艺技术进步和节能管理等。

(1) 工艺结构调整。中国合成氨生产的原料以煤炭占主导地位，这与世界其他国家形成鲜明对比。煤头合成氨按生产规模划分可分为大、中、小三种规模，大合成氨是指从国外引进的年产 30 万吨合成氨的工艺及装置，中型合成氨是指国内建设的年生产量在 4 万吨以上的工艺和装置，小合成氨是指国内自行设计建设的年产 4 万吨以下的装置规模。三种规模合成氨生产工艺的能源消耗情况，大型合成氨耗能较低，小型合成氨能源较高。在上个经济周期内，中国大型合成氨工艺所占比例总体上呈上升趋势，这是合成煤耗指标总体呈下降趋势的基本原因。但在 1993 年到 1995 年间小型合成氨产量增长相对较快，1995 年小型合成氨产量占煤头合成氨产量的比例为 87%，比 1990 年升高了 9 个百分点，这是该期间煤头合成氨耗煤单耗上升的主要原因。

按使用原料可分为三种类型：一是以无烟块煤为原料；二是以焦炭为原料；三是以粉煤为原料。三种原料的单耗比较，尽管粉煤气化技术总能源明显低于以无烟块煤和焦炭为原料的生产工艺的能源消耗水平，但煤耗水平却很高，其节能效果主要体现在节电方面。2004 年以粉煤为原料的氮肥企业合成氨吨氨耗原料煤平均 1413 公斤标准煤，耗燃料煤 702 公斤标准煤；而以无烟块煤、焦炭为原料的采用固定床气化技术的氮肥企业吨氨耗无烟煤 1180 公斤标准煤，耗燃料煤 186 公斤标准煤。为降低生产成本，近几年来各化肥生产企业积极采用粉煤气化技术对现有以无烟块煤为原料的企业进行技术改造，在继续搞好引进的粉煤气化技术消化吸收国产化的同时，重点抓适合中国中小氮肥改造的国产化技术如恩德粉煤气化、灰融聚流化床气化等技术的应用。粉煤气化技术得以快速推广，煤头合成氨原料结构中粉煤所占比例快速提升，这是 2001 年以来煤头合成氨耗煤单耗上升的主要原因。

（2）工艺技术进步。合成氨生产工艺技术的进步有助于降低产品煤耗。近年来合成氨生产企业大力推广、采用节能型脱碳工艺、变换工艺、合成塔、氢回收工艺，以及尿素节能工艺技术，对中小氮肥合成氨、尿素装置进行技术提升，降低了能耗，提高了产量。小型合成氨加快原料路线以及产品结构调整，积极推广采用型煤制气等先进可靠技术，节能降耗，降低生产成本，并推进小型合成氨企业向二次加工方向转变。以上这些工艺技术的改进都将有助于促使吨氨耗能量降低。

（3）节能管理。合成氨是化学工业的第一耗能大户，也是中国第三大单一产品能源消耗者，目前中国合成氨能耗与国外先进水平相比还有相当大的差距。造成能耗高的原因主要有三方面：一是中国合成氨生产以煤、焦为主，这是造成能耗高的重要原因；二是企业生产规模小；三是单机效率低，工艺技术落后。近几年来，中国合成氨生产企业在逐步改造工艺结构、全面提升工艺技术水平的同时，还加强了节能管理，促使合成氨耗煤量下降。

5.4.4 基本化学原料业及化工其他子行业煤炭消费影响因素

基本化学原料业煤炭消费量主要取决于其产品生产规模和单耗指标，而其他化工行业煤炭消费量则受轻工业生产规模影响较大。

（1）影响基本化学原料业煤炭消费量的主要因素是生产规模和单耗指

标，其中，产品产量主要取决于工业生产规模。基本化学原料业的煤炭消费量也主要取决于生产规模和单耗指标两个方面。在基本化学原料业中，消耗煤炭的主要是烧碱和纯碱，其中烧碱主要用于造纸、纺织、化工、电力、冶金、建材等行业，纯碱主要用于玻璃、化工、冶金、造纸、印染、合成洗涤剂、石油化工等工业。因此以纯碱和烧碱为代表的基本化学原料产量主要取决于工业生产规模。

自 1993 以来，基本化学原料产量大约年均增长 9.06%左右；其中在 1993~1998 年年均增长 7.44%左右；在 1999~2004 年增速有所加快，年均增长 10.71%左右。而在此期间，工业生产总值也保持相同的增长趋势，在 1996~1999 年增长稍慢，而在 2000~2003 年增长略有加快。

从单耗指标来看，基本化学原料制造业煤炭单耗指标呈下降趋势，粗略测算，1993~2004 年各产品单耗指标平均年均下降 3.1%左右，其中在 1993~1998 年下降幅度较小，年均下降 0.72%，2000~2003 年下降幅度较大，年均下降 5.43%。基本化学原料业单耗指标下降主要是受工艺技术进步和节能管理的影响。

（2）其他行业煤炭消费量受轻工业生产规模影响较大。在其他化工行业中，消耗煤炭的主要是橡胶、轮胎以及合成材料等。这些材料主要用于轻工业制造，因此轻工业产值对其他化工行业的煤炭消费量有较大影响。

自 1993~2004 年，其他化工行业煤炭消费量年均增长 4.35%；其中在 1993~1998 年增速稍慢，年均增长 3.92%，此时，轻工业产值增速也稍有放慢；而 1999~2004 年增速略有加快，年均增长 4.78%，在此期间，轻工业产值增长则略有加快。

5.4.5 影响化工行业煤炭消费的其他宏观因素

除了以上的主要影响因素外，化工行业的煤炭消费量还受到国民经济发展、经济全球化趋势、能源消费结构等其他宏观因素的影响。

（1）国民经济平稳发展，为各行业发展创造了良好的经济环境，促使工业生产规模不断加大。国民经济持续平稳较快发展，为各行业的发展创造了良好的经济环境，尤其是中国经济正处于重工业时代的初期阶段，纺织、造纸、化工、建材等工业以及合成材料、橡胶制品业等持续较快发展，工业生产规模不断扩大，对作为工业生产基本原料的纯碱、烧碱等产品的需求不断加大。

合成材料和橡胶制品业的发展，对其他化工行业中的高耗煤产品——橡胶、轮胎等的需求也不断上升，对基本化学原料业以及其他化工行业产业规模起到一定促进作用。

（2）经济全球化趋势对化工行业煤炭需求的影响。在经济全球化趋势中，中国与国际经济的接轨越来越紧密，这对中国化工行业的煤炭需求将产生一定的影响，主要体现在以下几方面：一是石油价格对中国经济尤其是对合成氨原料路线的影响程度加大。在国际原油价格高涨的情况下，中国的合成氨工艺生产也纷纷进行油改煤和油改气。二是影响化肥及化学基本原料、其他化学原料等化工产品的进出口。在较早时期，中国化肥一直依赖进口，经历 20 世纪 90 年代的大发展后，中国氮肥产量跃居世界第一位，已从世界上最大的进口国发展成为出口不断增加的国家，从近几年的统计数据可以看出，中国化肥进口不断减少。另外，近几年纯碱和合成材料等的进出口也发生了较大变化。三是由于国外粮食品质要优于国内，且价格较低，近年来，中国对小麦、大米的进口量不断增加，出口却大幅减少，这对中国农产品生产和种植将产生不利影响，影响中国农产品产需规模并进而影响合成氨产需规模。

（3）能源消费结构及技术水平和节能环保政策的影响。对化学工业来说，以煤为主的能源消费结构一直是化工行业能源效率低下的主要原因。在国家要求不断提高节能环保意识的背景下，合成氨、纯碱、烧碱等的生产工艺和技术不断改进，先进工艺和技术将不断更新和改造落后技术，特别是新增生产能力均以目前国际先进水平和标准进行设计，使得工业部门的技术水平和能源利用效率水平有较大程度的提升。这都将促使合成氨、纯碱和烧碱生产的煤炭单耗指标不断降低，进而影响到化工行业的煤炭消费量。

5.5 国内其他用煤及煤炭出口影响因素分析

5.5.1 国内其他用煤影响因素分析

国内其他用煤包括其他产业用煤和生活用煤，影响因素主要是能源利用效率、能源替代、产业发展和能源比价等因素。

（1）国内其他用煤总体状况。国内其他用煤，包括其他产业用煤和生活用煤两部分。在上个经济周期，国内其他用煤持续下降，1992 年国内其他用煤共 41207 万吨，其中其他产业用煤 26426 万吨，生产用煤 14781 万吨，2004 年其他用煤下降到 20941 万吨，年均下降 5.5%；其中其他产业用煤下降到 12848 万吨，年均下降 5.85%；生活用煤下降到 8093 万吨，年均下降 4.9%。在整个经济周期中间的低谷期，其他用煤下降幅度较大，在经济周期两端的高峰期下降幅度较小，详情见表 5.19 和图 5.36。

表 5.19 国内其他用煤各时期增长指数（以上年为 100）

指 标	1993~2004 年平均	1993~1998 年平均	1999~2004 年平均	2001~2004 年平均
国内其他用煤	94.52	97.20	92.59	94.97
生活用煤	95.10	95.88	93.88	96.07
其他产业用煤	94.17	97.92	91.88	94.30

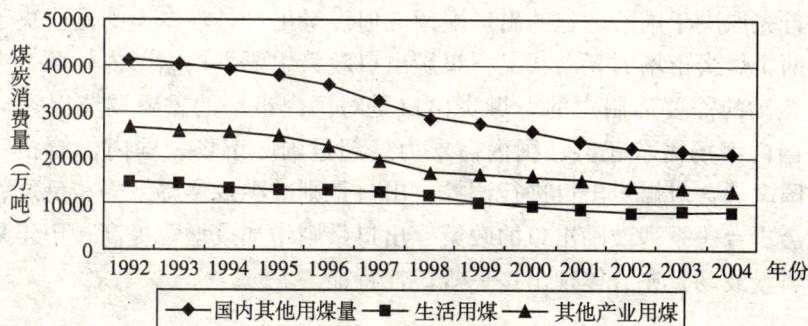

图 5.36 国内其他用煤量

（2）国内其他用煤的影响因素。影响国内其他产业用煤的因素主要有三个方面：一是能源替代，比如，铁路运输逐步实现电气化，机车能源由燃煤改为用电；许多产业部门的能源结构，原来以燃煤为主，后来逐步改为燃油、燃气或用电等。另外，因为石油价格持续高涨，部分地区电力供应紧张，供电不正常，致使一些原来以油气作燃料的生产单位改为燃烧煤炭，就波动过程来看，1993~1995年石油与煤炭的比价关系是石油涨价幅度相对较大，所以该期间其他用煤下降幅度较小；1997~1999年石油价格上涨幅度相对较小，所以该期间其他产业用煤下降幅度较大。就整个能源结构的发展趋势来看，中国能源结构正处在以电代煤的快速发展过程中，发电耗煤所占比例持续上升，其他产业用煤所占比例持续下降。二是整个国民经济的增长水平，就其他用煤同比增幅的波动过程来看，经济增长较快时期，其他产业用煤下降幅度较小，经济增长处于低谷期时，下降幅度较大。三是工艺技术不断进步，节能管理不断加强，使煤炭单耗指标逐年下降，能源利用效率明显提高，这是在产值快速增长时煤炭消耗增幅较小、产值低速增长时煤炭消耗呈下降趋势的主要原因所在。

影响生活用煤的主要因素有两个方面：一是能源替代，城市生活用煤由分户直接燃煤改为燃气、用电，由热电厂供热或城市集中供热。二是气候情况，该因素决定生活耗能的总需求量。

5.5.2 煤炭出口影响因素分析

煤炭出口量首先取决于国家的煤炭出口政策，但根本因素则取决于国内外两个市场的互动状况。中国对煤炭出口实行配额控制，因此，煤炭出口量首先取决于国家确定的出口配额。但煤炭出口量根本上则是取决于国内外两个煤炭市场的互动状况，煤炭出口政策主要是根据国内外两个市场良性互动的需要而制定的，煤炭出口是对国内市场的重要调节因素。[113]如果国内市场需求旺盛，国内需求力度超过国际市场，国内供给相对趋紧，国家就会对煤炭出口进行调控，出口量则减少或增幅下降；反之，国家就会出台一系列鼓励出口的政策，出口量则增加或增幅提高。历年来煤炭出口量波动，充分体现出这一规律性特征。

5.6　本章小结

通过对煤炭需求系统各子系统的结构分析，揭示了系统上下层因素之间的相关性规律，分析关键指标的变化过程及发展趋势，主要结论如下：

（1）发电耗煤量等于火力发电量与发电耗煤单耗指标的乘积；热电厂供热耗煤量等于热电厂供热量与供热耗煤单耗指标的乘积；决定火力发电量的主要因素包括：全部发电量，全部发电设备装机容量、平均设备容量以及其中火电、水电装机各自所占比例，水电丰缺量等；发电量与用电量本是从不同角度对同一事物进行统计的不同指标，二者本应完全等同，但实际上发电量始终大于用电量，但发电量除以用电量的比率呈减小趋势；各产业产值增长带动用电量增长的增长特性，第一产业总体上为减幅增长，第三产业为加幅增长，第二产业在先期为减幅增长，近期转变为加幅增长。影响各产业用电量与其产值的相关性系数的因素，集中体现为单位产值用电量，具体包括经济结构、产业结构、电气化发展进程等；热电厂供热量持续较快增长，影响因素主要包括中国城镇化发展进程、工业增长状况和城市环保力度等；发电、供热耗煤的单耗指标出现波动，总体呈下降趋势，影响因素主要包括电力产业结构、工艺结构、技术进步、节能管理、石油与煤炭的比价关系、煤炭供求关系等。

（2）生铁产量与钢产量的相关性指标"铁钢比"呈下降趋势，主要影响因素包括铸造铁产量、生铁净出口量、炼钢工艺原料单耗指标和废钢利用量；钢产量与钢材产量的相关性指标"钢/钢材"呈下降趋势，主要影响因素包括粗钢进出口情况和轧钢原料消耗指标（综合成材率）；1993年到2004年期间钢材进出口平衡量一直是净进口，净进口量波动较大，总体增加，主要影响因素：一是钢材生产能力，中国高档品种钢材生产能力相对不足，低档品种生产能力相对过剩。二是中国钢铁产品相对于国外产品的竞争力；"投资带动钢材消费量与固定资产投资的相关性系数"的区间范围、发展趋势及其影响因素：小于1，投资增长所带动的钢材消费增长是减幅增长。该相关性系数波动较大，长远趋势为减小趋势。影响因素包括投资项目结构、投资项目的材料结构、投资品技术含量、钢材替代品与钢材的比价关系等，投资带动钢材用量与当年投资额的相关性系数还受投资品价格涨跌的影响；吨铁耗煤量持续下降，下降率先期较小，后期较大。自 1993~2004 年年均下降率为 2.34%，影响因素主要包括钢铁产业结构、工艺结构、技术进步、节能管理和煤炭供求关系等。

（3）建材行业煤炭消费主要集中在水泥、墙体材料和石灰三个子行业，玻璃、建筑陶瓷等其他建材子行业也消耗少量煤炭，水泥和其他子行业所占比例呈上升趋势，墙体材料和石灰两个子行业所占比例呈下降趋势；决定水泥、墙体材料和石灰三个子行业生产规模的基本因素是建筑安装工程投资，投资增长所带动的建材产品产量增长是减幅增长，投资结构、投资规模、投资品技术含量、现代建筑内部结构等因素，是决定建材产品产量与投资的相关性系数波动趋势的主要因素；建筑安装工程投资占全部投资的比例持续下降，决定该比例下降幅度的主要因素是工业投资所占比重，工业投资主体都是社会自主投资，因此，建筑安装工程投资所占比例与市场主体的投资热情有很大关系；决定水泥、墙体材料和石灰三个子行业耗煤单耗指标的因素有产业结构、工艺结构、技术进步、煤炭供求关系等；除水泥、墙体材料和石灰三个子行业以外的其他建材子行业，其煤炭消费量取决于其能源结构中煤炭所占比例，进而取决于石油与煤炭的比价关系。

（4）化工行业煤炭消费主要集中在化肥制造业，基本化学原料业和其他化工行业的煤炭消耗量也占有一定比例，其中，化肥制造业和基本化学原料业所占比例呈上升趋势，其他化工行业所占比例呈下降趋势。化肥制造业煤炭消费量近似等于煤头合成氨产量与吨氨耗煤量的乘积。决定煤头合成氨生产规模的基本因素：一是合成氨生产总规模，二是石油与煤炭的比例关系。决定合成氨生产总规模的基本因素是农作物播种面积，在上个经济周期农作物种植面积所带动的合成氨产量增长总体上是加幅增长。影响合成氨产量与农作物种植面积相关性系数的主要因素，有农业现代化进程、工业增长以及氮肥出口等。影响农作物种植面积的主要因素：一是农民从事农业生产的积极性，根本上取决于农业生产经济效益及受国家的惠农政策；二是国家对房地产开发投资的宏观调控。煤头合成氨耗煤单耗总体下降，但也出现较大波动；决定煤头合成氨耗煤单耗指标的因素有工艺结构调整、工艺技术进步和节能管理等。影响基本化学原料业煤炭消费量的主要因素是其产品生产规模和单耗指标，其中，产品产量主要取决于工业生产规模，单耗指标主要受工艺技术进步和节能管理影响。其他化工行业煤炭消费量受轻工业生产规模影响较大。

（5）国内其他用煤持续下降，影响其下降幅度的因素：一是能源替代情况；二是国民经济增长水平；三是节能技术进步、节能管理等。中国对煤炭出口实行配额控制，但政府确定配额的基本依据则是国内外两个市场的互动情况，决定中国煤炭出口的基本因素是国内市场与国际市场的相对关系状况。

6 中国煤炭需求系统动力学模型

能源需求预测是制定能源发展战略规划的基础和前提。迄今为止，人们开发了许多能源需求及煤炭需求预测模型，这些模型各具特色。由于能源需求受社会经济、人口、科学技术发展、政治体制改革、产业结构调整、投资以及众多因素影响，从而形成了一个非常复杂的系统，煤炭需求系统也是如此。SD 比较适合对这类系统进行定性与定量相结合的研究，它可以作为实际系统的"实验室"，其模型特别适合中长期社会经济分析和预测。但由于社会经济系统的复杂性，单独的理论与方法往往难以令人满意地认识和解决现实中的各种难题。因此，为了更有效地分析和研究煤炭需求复杂系统，必须先对 SD 仿真模型的有关参数，特别是不可控参数的变化趋势、发展规律进行预测，确定有关指标与某些因子的定量关系，以 SD 仿真模型为主体框架，综合运用多种理论与方法，才能满足 SD 仿真的需要。为此，本章分别对全社会用电量、供热量、钢铁需求量等指标构建相关模型，作为煤炭需求复杂系统 SD 仿真的辅助预测模型。最后，建立煤炭需求的系统动力学模型并进行仿真。

6.1 系统建模的整体思路

根据第四章煤炭需求系统结构分析，电力、钢铁、建材、化工行业用煤、国内其他用煤及煤炭出口有其各自的特点和发展趋势，而这六者的总和就构成了全社会用煤量，因此，将四大行业用煤和国内其他用煤以及煤炭出口分别进行预测，再将预测结果相加，就得到全社会的煤炭需求量。

从煤炭消费的历史情况分析可知，四大行业用煤、国内其他用煤以及煤炭出口受到社会经济、政策等方面的影响。从整个社会大系统来看，它们是相互联系的。但是，我们目前要解决的问题是煤炭需求的预测，而不是社会的经济、政策分析，因此，根据系统动力学建模是面向问题，而不是面向系统的原则，预测模型中电力行业煤炭需求预测子块、钢铁行业煤炭需求预测子块、建材行业煤炭需求预测子块、化工行业煤炭需求预测子块、国内其他煤炭需求预测子块以及煤炭出口预测子块相互之间是独立的。有关经济、政策方面对各个子块的影响以专家预测的形式输入。

由此可以得到预测模型总体框图，如图 6.1 所示。

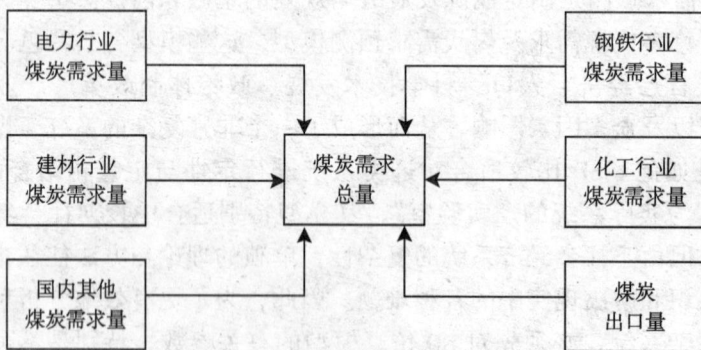

图 6.1 预测模型总体框图

6.2 煤炭需求预测的宏观依据

6.2.1 经济增长速度发展目标的设定

根据"十六大"提出的全面建设小康社会的目标，我国到 2010 年的 GDP 将比 2000 年翻一番，即达到 1 万亿元（人民币 2000 年可比价），人均 GDP 接近 1600 美元（2000 年汇率），力争到 2020 年的 GDP 将比 2000 年翻两番，即达到 35 万亿元左右，人均 GDP 接近 3000 美元。根据世界工业化国家的经验，人均 GDP 在 1000~3000 美元，说明这个国家处于工业化阶段的重工业化时期，能源需求很大。到 2050 年，我国人均 GDP 要达到中上等发达国家水平，基本实现现代化。

李京文[138]等将我国未来的经济发展分为三个阶段：第一阶段是1996~2010年。在此期间，经济增长保持在8.5%以上的高速度，这既是我国经济增长的黄金时期，又是我国经济发展进行量的积累的完成期。第二阶段是2010~2030年。这一阶段GDP增长保持在平均6%的水平，此阶段最为重要的特点是经济的质的调整，大量采用高新技术，提高经济发展的质量是本阶段的主要目标。第三阶段是2030~2050年。GDP增长维持在4%~5%的水平，此阶段经济发展在继承前两个阶段量和质的积累的基础上，脚踏实地地前进，使我国经济规模和实力迈入世界前列。

假定从1996~2050年的55年中，国际环境和国内社会、政治保持稳定，不发生前所未有的技术革命，在此前提下，根据经济模型的预测结果，中国国内生产总值平均增长率可达到6.1%，增长率的基本趋势是逐渐缓慢下降。其中，2001~2010年为8.1%，2011~2020年为6.4%，2021~2030年为5.4%，2031~2040年为4.9%，2041~2050年为4.3%。

陈锡康、丁静之[139]预测2000~2050年中国经济年平均增长速度为：2000~2010年平均为8.5%，2011~2020年为7.5%，2021~2030年为6.8%，2031~2050年为5.8%。

贺菊煌[140]等根据影响经济增长速度的因素，建立经济增长预测模型，进行动态模拟，预测出2001~2050年中国经济增长年平均增长速度为：2001~2010年为7.4%，2011~2020年为5.2%，2021~2030年为3.8%，2031~2040年为3%，2041~2050年为2.3%。

综上所述，关于中国未来各时期的经济增长速度，国内学者的共同观点为：2001~2010年将高速增长，2011~2030年将以次高速或中速增长，2031~2050年将以中低速增长。综合以上学者的观点，本书对未来中国经济增长速度提出两种设定，方案一：2007年~2010年为8%，2011~2020年为7%，2021~2030年为6%；方案二：在方案一各期的数值基础上增加0.5个百分点。

6.2.2 经济结构调整的判断和设定

（1）中国经济的重工业化特征依然明显，动力结构偏重于投资、产业结构偏重于第二产业及其重工业的基本格局不会改变。"十一五"期间以及其后相当长的时间里，由于社会需求终端的投资需求依然旺盛，中国经济的重工业化特征依然明显，经济增长的动力结构偏重于投资、产业结构偏重于第二产业及其重工业的基本格局不会改变。社会需求终端的投资需求依然旺盛，主要表现在以下三个方面：

首先，城镇化是拉动投资及重工业增长的最重要的基本因素。中国农村社会与城市社会的二元化结构尚未全面改观，国家将继续大力促进农村社会向工业化和城镇化方向发展，也将从政策上加大对农业和农村基础设施的投资力度。城镇化过程也是大规模的建设过程，是拉动投资及重工业增长的最重要的基本因素。

其次，城市建设任务还很繁重。从消费结构升级情况来看，"十一五"期间仍处于住房、汽车消费的高增长期。住房消费本身属于投资类消费，不仅可直接拉动重工业生产，同时还将带动汽车消费及城市建设，房地产业对国民经济尤其是高耗能产业的拉动力度最为强劲。汽车消费本身要拉动钢材和能源消费，但更重要的是，为实现汽车功用，需要修路、架桥、建设停车场所等配套设施，居民小区建设布局、房屋建筑结构等都需要升级换代，因此，在汽车消费的高增长期，城市建设、基础设施建设和住房建设都将随之进入一个建设新高潮。同时，奥运工程、世博会工程以及其他重大会展工程都将对城市建设发挥极强的推动作用，城市基础设施建设规模还将快速扩张。

再次，基础设施建设规模还将迅速扩大。各经济区域之间和城际之间交通、运输、通信、引水、供气、输电、输油等基础设施的建设规模，也将随整个经济规模较快扩张而迅速扩大。

总体看来，中国经济仍然处于快速成长期，同时，中国农村社会与城市社会的二元化结构以及东、西部之间的区域差别都还没有根本转变，为实现 13 亿人民奔小康，由城镇化、工业化和消费结构升级所决定，投资建设仍将是经济发展的主旋律，中国经济发展绕不过重工业化时代这道坎，经济增长的动力结构仍将偏重于投资，产业结构仍将偏重于第二产业及其重工业，用数量指标反映这一结论，则是固定资产投资与 GDP 的相关性系数、重工业产值与 GDP 的相关性系数都将大于 1，并带动第二产业产值与 GDP 的相关性系数也将大于 1。

（2）经济增长对投资的依赖程度将减轻，产业结构重型化趋势将减缓。尽管经济增长的动力结构仍将偏重于投资，产业结构仍将偏重于第二产业及其重工业，但中国的资源条件难以支撑投资过度增长，中国的环境容量容不得重工业过快发展。针对中国经济发展所处的现实困境和长远隐忧，中共十六届五中全会做出全面部署，根据十六届五中全会精神，中国经济对投资的依赖程度将减轻，产业结构重型化趋势将减弱，理由如下：

首先，工农阶层经济收入的增长速度将加快，社会消费对国民经济的拉动力度将增强。在一个相对独立的经济体系中，拉动经济增长的主动力应该是最终消费，投资和出口只是配套或补充性质的辅助动力。近几年来，中国经济的根本问题是动力结构不均衡、不协调，社会消费疲软，投资因素过度活跃，外贸依存度上升过快，经济增长建立在主动力低迷、疲软、非主力因素相对活跃的动力结构之上，持续、协调发展的基础不够稳固。根据十六届五中全会精神，作为中国社会人口基本面的工农阶层的经济收入增长速度有望加快，该群体收入的快速增加将带动整个社会的消费能力快速增强，经济增长对投资的依赖程度减轻，而保障投资平稳、快速增长的社会消费能力增强，投资高速增长所形成的生产能力有望通过提高工农阶层的生活水平和生活质量来得以释放，这将形成投资、消费和出口同时较快增长的均衡格局，中国经济有望由此进入可持续、平稳、较快发展的良性循环。

其次，国家政策将大力促进经济增长方式根本转变，促使单位产值的资源消耗量不断降低。《建议》强调必须加快转变经济增长方式，把节约资源作为基本国策，切实走新型工业化道路，发展循环经济，坚持节约发展、清洁发展、安全发展，实现可持续发展。强调必须提高自主创新能力，依靠科技进步实现长期持续发展，并对促进城镇化健康发展、加快发展先进制造业等做出部署。国家"十一五"规划还根据转变经济增长方式的要求做出了具体部署，争取实现"十一五"期末单位产值能源消耗量比"十五"期末下降20%以上。国家还陆续出台了一系列具体的政策措施，促使经济增长方式根本转变，降低对重工业产品及资源的消耗强度。

再次，转变经济增长方式、降低重工业产品及资源消耗的市场动力比较强健，中间环节投资需求增势将呈减弱趋势。

2000年以来投资需求膨胀发展，主要是在房地产开发、基础设施建设等终端环节的投资需求十分旺盛的情况下，同时也进行了阶段性的重工业产能补足，中间环节与终端环节的投资需求形成叠加效应。目前，国民经济各主要产业的生产供给能力都比较充足，相对于煤电油运全面紧张时期的供求状况，多数重工业产业的生产能力都已经过剩或显现过剩苗头，产品供求关系发生根本变化，市场价格呈回落趋势，这必将影响市场主体继续加大生产经营性投资的积极性，投资规模过快扩张势头将明显减弱。同时，为增强在经济全球化背景下的竞争力，中国多数产业都需要通过结构调整来实现产业升级。因此，"十一五"期间产业补强还将持续下去，但与"十五"期间的产业补强不同，"十一五"期间、尤其在"十一五"初期，产业补强的内容和形式都将发生重大转变，由原来的产能补足向产业升级转变，由总量扩张向存量调整转变，由数量扩大向质量提高转变。这决定了投资建设所需要的高新技术产品数量将增加，为保持一定建设规模所耗费的重工业产品数量将下降。经济增长对投资的依赖程度将减轻，产业结构重型化趋势将减弱，为达到一定的建设规模所耗费的重工业产品数量将下降，用数量指标来反映这些结论，则是"十一五"期间固定资产与GDP 的相关性系数、重工业产值与 GDP 的相关性系数以及重工业产品产量与固定资产投资的相关性系数，都将呈回落趋势，"十一五"之后此趋势还会进一步加强。

6.3 煤炭需求辅助预测模型

6.3.1 全社会用电量、电厂供热量预测模型

电力耗煤在这个煤炭需求系统中占有最大的比例，而在电力行业煤炭需求子系统中，全社会用电量、电厂供热量与电力行业耗煤量之间具有密切的联系，是电力行业煤炭需求预测的重要指标，本节分别对中国电力需求、电厂供热情况进行预测。

从图 5.8 所示的全社会用电量情况和表 5.4 所示的全社会用电量原始数据可以看出，电力消费的原始数据分布呈近似指数规律，再通过分别计算一阶差比率，可以发现其一阶差比率大致相等，符合指数曲线模型的数字特征。因此采用指数趋势外推法，建立模型 $y=ae^{bt}$，对模型两边取以 e 为底的对数，即

$$\ln y = \ln a + bt \tag{6-1}$$

令 ln y = y′，ln a = a′，则式（6-1）可以写成 y′=a′+bt，由一元回归模型的求解过程，可以求出参数 a、b 的大小。

同理，采用指数趋势外推法对热电厂供热量进行预测。有关计算过程如表 6.1、表 6.2 所示。

$b = \sum (t-\bar{t})(y'-\bar{y'})/\sum(t-\bar{t})^2 = 0.0863$，由公式 $\bar{y'}=\bar{a'}+bt$，求出 $a' = 8.8880$，则 $a = e^{8.888} = 7244.5156$，由此得出全社会电力需求预测模型：

$$\hat{y}(t) = 7244.5156e^{0.0863t} \tag{6-2}$$

表 6.1 用电量预测计算过程表

年份	t	用电量	y′= lny	t-t̄	y′−ȳ′	(t-t̄)²	(t-t̄)(y′−ȳ′)
1993	1	8201	9.012011377	−6	−0.480088623	36	2.880531738
1994	2	9046	9.11007795	−5	−0.38202205	25	1.91011025
1995	3	9886	9.198874894	−4	−0.293225106	16	1.172900425
1996	4	10570	9.265775079	−3	−0.226324921	9	0.678974763
1997	5	11039	9.309189736	−2	−0.182910264	4	0.365820528
1998	6	11347	9.336708671	−1	−0.155391329	1	0.155391329
1999	7	12092	9.400299356	0	−0.091800644	0	0
2000	8	13466	9.507923269	1	0.015823269	1	0.015823269
2001	9	14683	9.594445641	2	0.102345641	4	0.204691282
2002	10	16386	9.704182591	3	0.212082591	9	0.636247772
2003	11	18894	9.84659969	4	0.35449969	16	1.417998761
2004	12	21761	9.987874656	5	0.495774656	25	2.478873279
2005	13	24940	10.12422822	6	0.632128219	36	3.792769315

表 6.2 供热量预测计算过程表

年份	t	供热量	y′= lny	t-t̄	y′−ȳ′	(t-t̄)²	(t-t̄)(y′−ȳ′)
1993	1	81952	11.31388899	−5.5	−0.358665161	30.25	1.972658386
1994	2	80979	11.30194514	−4.5	−0.370609009	20.25	1.667740541
1995	3	86422	11.36699755	−3.5	−0.305556598	12.25	1.069448093
1996	4	94759	11.45909211	−2.5	−0.213462045	6.25	0.533655112
1997	5	95068	11.4623477	−1.5	−0.210206446	2.25	0.315309669
1998	6	103599	11.54828296	−0.5	−0.124271194	0.25	0.062135597
1999	7	108907	11.59824959	0.5	−0.074304564	0.25	−0.037152282
2000	8	120434	11.69885716	1.5	0.026303014	2.25	0.039454521

年份	t	供热量	$y'=\ln y$	$t-\bar{t}$	$y'-\bar{y'}$	$(t-\bar{t})^2$	$(t-\bar{t})(y'-\bar{y'})$
2001	9	128744	11.76558122	2.5	0.093027065	6.25	0.232567664
2002	10	139150	11.84330777	3.5	0.170753617	12.25	0.597637659
2003	11	148421	11.90780811	4.5	0.235253959	20.25	1.058642816
2004	12	165737	12.01815747	5.5	0.345603324	30.25	1.90081828

$b=\sum (t-\bar{t})(y'-\bar{y'})/\sum (t-\bar{t})^2=0.065$，由公式 $\bar{y'}=a'+b\bar{t}$，求出 $a'=$ 11.179，则 $a=e^{11.179}=71610.7$，由此得出电厂供热量预测模型：

$$\hat{y}(t)=71610.7e^{0.065t} \tag{6-3}$$

模型拟合情况见图6.2、图6.3。

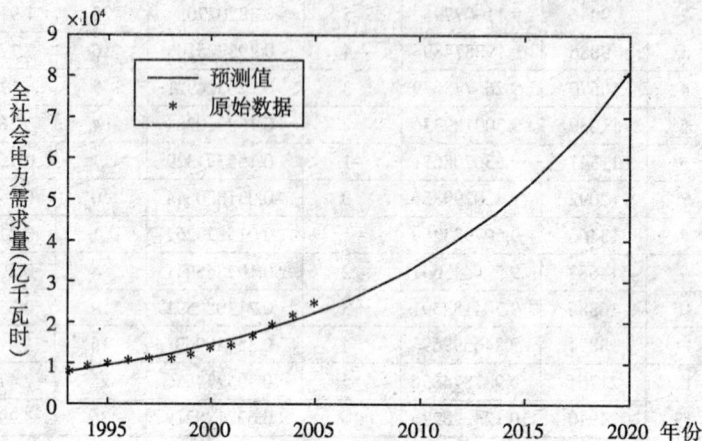

图6.2　全社会用电量拟合图

6.3.2　钢材需求量预测模型

在《对未来我国钢材需求的预测》一文中，郑瑞芳、郭秀君、田明华综合分析了影响我国钢材需求的各种因素，找出了主要影响因素并构造了计量经济模型，该模型很好地解释了20多年来我国钢材消费量变动的历史，并对2020年前钢材需求进行了合理预测，[129] 本节采用了他们的部分研究成果。

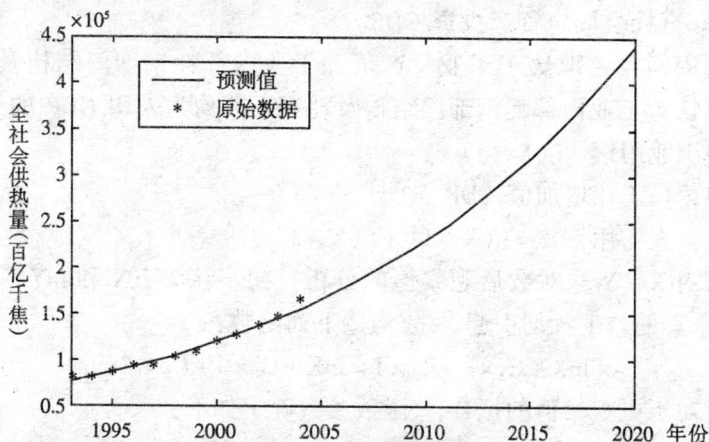

图6.3　电厂供热量拟合图

（1）影响我国钢材消费的因素。影响我国钢材表观消费量的因素很多，如国内生产总值（GDP）、人均国内生产总值、各次产业结构、就业结构、城镇人口与农村人口结构（城市化进程）、各次产业产值、人均钢材消费量、社会钢材积蓄量、固定资产投资总规模和各次产业固定资产投资规模等，这些因素相互之间也存在内在的复杂关系。在建立预测模型时，需要挖掘出主要影响因素。

通过对历史数据的回顾和分析认为，宏观经济政策是钢材表观消费量的短期主要影响因素：政府宏观调控直接影响固定资产投资率，固定资产投资率的变化将直接导致人均钢材表观消费量的变化。而人均GDP是人均钢材表观消费量的长期主要影响因素，这是因为房地产开发规模、基本建设规模、城市化水平因素等均和人均GDP息息相关，人均GDP的大小决定了对主要耗钢工业部门产品的需求，从而决定了钢材的消耗。

（2）模型构造：钢材消费（S）=建筑用钢+工业用钢。房屋用钢是建筑用钢的主要部分，房屋用钢主要决定于投资额，钢混、钢结构等各类建筑比率，各类建筑的耗钢系数。各类建筑的耗钢系数一般和抗震设计、结构类型相关，且基本稳定。因此建筑用钢主要取决于全社会固定资产投资额及各类建筑比率这两个因素，考虑人均数，可认为人均建筑用钢是人均GDP和固定资产投资率的函数。

人均建筑用钢 = $f_1(X, I)$

其中，X为人均GDP；I为固定资产投资率，其计算公式为：固定资产投资率=全社会固定资产投资/GDP。

工业用钢主要取决于工业总产值和工业内部耗钢部门结构及耗钢系数，可以认为工业内部耗钢部门结构及耗钢系数均为人均 GDP 的函数。

人均工业用钢 = $f_2(X, J)$

其中，J=工业增加值/GDP

因此：人均用钢 $Y = f_1(X, I) + f_2(X, J)$

根据对 X，Y 取对数后观察值的分析，初步认为 lnX 和 lnY 基本呈线性关系，其偏差由扰动引起，故构造下列函数：

$$lnY = C_0 + C_1 \times lnX + C_2 \times I + C_3 \times I \times lnX + C_4 \times J + C_5 \times J \times lnX$$

通过对历史观察值的拟合，函数参数确定如下：

$$lnY = 14.79843982 - 1.531412663 \times lnX + 0.5361045515 \times I \times lnX - 29.89804057 \times J + 3.818425079 \times J \times lnX$$

该函数各项变量系数的估计值均通过了检验，模型修正判定系数 $R_\alpha^2 = 0.983471$，方程拟合效果很好；绝对百分误差 MAPE 为 1.291908，小于 10，说明对历史数据的预测效果非常好。人均钢材用量对人均 GDP 的增长弹性受到固定资产投资率和产业结构这两个主要指标的影响，比较合理地解释了人均钢材表观消费量变化的历史现象，对历史数据的拟合优于其他模型。

（3）模型参数。用本模型实现对未来的预测需要有下列三个变量的预测值：X 为人均 GDP；I=全社会固定资产投资/GDP；J=工业增加值/GDP。

①对人均 GDP 的预测。人均 GDP 可以通过 GDP 和人口预测数得到，对于 GDP 总量的预测，假定 GDP 以 8.5%的速度增长；人口预测采用中国人口信息研究中心对中国人口发展的预测，得到人均 GDP 预测结果（见表6.3）。

②对固定资产投资率的预测。固定资产投资率是综合反映宏观调控力度和我国经济特征的指标。在制定"八五"计划的时候，认为 30%左右的投资率可能是合适的。而进入 21 世纪之后，固定资产投资占 GDP 的比率已经达到了将近 40%的水平。在实施扩张性的财政政策之前，固定资产投资占 GDP 的比率已经处于逐步攀升的状态，而实施扩张性的财政政策之后，这种比率上升的趋势明显加强。国家计委在《国民经济和社会发展"九五"计划和 2010 年远景目标纲要 400 题解答》中将"九五"固定资产投资率按 30%来控制，实际则达到 35.8%。2002 年固定资产投资的增长是自 1997 年亚洲金融危机爆发后，全社会固定资产投资名义增长速

度最高的一年，达到了 42.2%，占 GDP 的比率首次超过 40%。估计 2010
年后，该指标会略有下降，按表 6.3 取值。

表 6.3 我国人口、GDP 和固定资产投资率的预测

年份	人口（亿人）	GDP（亿元）	人均 GDP（元）	固定资产投资率(I)	工业增加值比例(J)
2006	13.32	197818.3	14851.22	0.48	0.46
2007	13.43	214632.8	15981.6	0.48	0.46
2008	13.54	232876.6	17199.16	0.48	0.46
2009	13.65	252671.1	18510.71	0.48	0.46
2010	13.77	274148.2	19909.09	0.47	0.46
2011	13.88	297450.8	21430.17	0.46	0.46
2012	13.98	322734.1	23085.42	0.45	0.46
2013	14.09	350166.5	24852.13	0.44	0.46
2014	14.19	379930.7	26774.54	0.42	0.46
2015	14.3	412224.8	28826.91	0.43	0.46
2016	14.38	447263.9	31103.19	0.42	0.46
2017	14.47	485281.3	33537.06	0.42	0.46
2018	14.55	526530.2	36187.64	0.41	0.46
2019	14.64	571285.3	39022.22	0.4	0.46
2020	14.72	619844.5	4210.01	0.4	0.46

（4）2007~2020 年我国钢材消费总量的预测。根据前面的预测模型及
人均 GDP 和固定资产投资率的预测，可以得到表 6.4 的预测结果。

表 6.4 2006~2020 年我国人均钢材消费量及钢材消费总量的预测结果

年份	人口（亿人）	人均钢材消费量（千克/人）	钢材消费总量（亿吨）
2006	13.32	292.69	3.90
2007	13.43	303.24	4.07
2008	13.54	314.17	4.25
2009	13.65	325.51	4.44
2010	13.77	319.72	4.40
2011	13.88	313.91	4.36
2012	13.98	308.07	4.38
2013	14.09	302.01	4.46
2014	14.19	295.94	4.39
2015	14.3	306.07	4.38

年份	人口（亿人）	人均钢材消费量（千克/人）	钢材消费总量（亿吨）
2016	14.38	299.76	4.45
2017	14.47	310.11	4.49
2018	14.55	303.34	4.47
2019	14.64	296.41	4.54
2020	14.72	306.49	4.51

从表 6.4 可以看出，随着我国经济的进一步增长和工业化的逐步深入，2006~2020 年我国钢材需求量将继续保持上升的态势，预计 2010 年我国钢材表观消费量将达到 4.4 亿吨，此后进入调整期。

6.4 煤炭需求系统 SD 建模

6.4.1 电力行业煤炭需求子系统 SD 建模

根据前面对系统结构的分析，考虑建模的目的，分析收集到的信息，从各种要素中抽象出能描述系统概貌的、具有代表性的变量，建立电力行业煤炭需求子系统的变量集：

电煤单耗（DMDH）、电煤单耗上升（DMDHSS）、电煤单耗上升系数（MDHSSXS）、标准电煤单耗上升系数（BZMDSSXS）、电煤单耗下降（DMDHXJ）、电煤单耗下降系数（MDXJXS）、标准电煤单耗下降系数（BZMDXJXS）、燃料结构调整对电煤单耗的影响（RLJGYX）、大容量火电机组比例变化率对电煤单耗的影响（DRLJZMYX）、标准煤燃料所占比例（BZMRLBL）、标准火电出力贡献率（BZHDGXL）、标准火力发电量比例降低系数（BZHDJDXS）、标准火力发电量比例上升系数（BZHDSSXS）、标准煤燃料所占比例（BZMRLBL）、大容量火电机组比例上升率（DRLJZSSL）、大容量火电机组比例变化率对电煤单耗的影响（JZYX）、电力供求系数（DLGQXS）、节能技术改造对电煤单耗的影响（JNYX）、发电量与用电量之比（FDYDB）、火电出力贡献率（HDGXL）、火电机组节能改造标准强度系数（BZQDXS）、火电机组节能技术改造强度系数（QDXS）、火力发电耗煤量（HDHM）、火力发电量（HLFD）、火力发电量比例（HDBL）、火力发电量比例初始值（CSHDLBL）、火力发电量比例降低（HDBLJD）、火力发电量比例降低系数（HDBLJDXS）、标准火力发电量比例降低系数（BZHDJDXS）、火力发电量比例上升（HDBLSS）、火力发电量比例上升系数（HDBLSSXS）、标准火力发电量比例上升系数（BZHDSSXS）、火力装机容量比例变化率对火力发电量比例的影响（ZJDHDYX）、火力装机容量比例降低率（HLZJJDL）、节能政策因子（JNYZ）、煤燃料所占比例（MRL-BL）、标准煤燃料所占比例（BZMRLBL）、煤炭供求系数（MTGQXS）、全部发电量（QBFDL）、用电量与发电量之比（YDYFB）、全部设备平均利用小时（QPJLYXS）、全社会电力需求量（QDLXQ）、水电出力贡献系数（SDGXXS）、水电出力贡献系数对火电出力贡献率的影响（SDHDCLYX）、水电设备平均利用小时（SPJLYXS）、燃料结构调整对电煤单耗的影响（RLDMDHYX）、标准火电出力贡献率（BZHDGXL）、能源替代效率（NYT-DXL）、能源替代对火力发电量比例的影响（NYTDDHDYX）、供热单耗（GRDH）、供热单耗初始值（CSGRDH）、供热单耗降低（GRDHJD）、供热单耗上升（GRDHSS）、供热单耗下降系数（RDHXJXS）、供热单耗上升系数（RDHSSXS）、标准供热单耗上升系数（BZRDHSSXS）、标准供热单耗下降系数（BZRDHXJXS）、供热量（GRL）、供热耗煤量（GRHM）、节能技术改造对供热单耗变化量的影响（JNDRDHYX）、燃料结构调整对供热单耗的影响（RLDRDHYX）、大容量火电机组比例变化率对电煤单耗的影响（DRLJZYX）、电力行业煤炭需求量（DLMTXQL）等。

　　根据 SD 的建模原理，在 Vensim 的主界面上绘制系统结构图（见图6.4）。根据系统结构图，采用 SD 的专用语言 DYNAMO，编写电力行业煤炭需求子系统的 SD 主要方程如下：

NOTE
NOTE　DMDH　　电煤单耗
NOTE
L　　DMDH.K=DMDH.J+DT*（DMDHSS.JK−DMDHXJ.JK）
R　　DMDHSS.KL=DMDH.K*MDHSSXS.KL
R　　DMDHXJ.KL=DMDH.K*MDXJXS.KL
A　　MDSSXS.K=BZMDSSXS*RLJGYX.K

A   MDXJXS.K=BZMDXJXS+BZMDXJXS*DRLJZMYX.K*JNYX.K

NOTE

NOTE   HDBL   火力发电量比例

NOTE

L   HDBL.K= HDBL.J+DT* （HDBLSS.JK– HDBLJD.JK)

R   HDBLSS.KL= HDBL.K*HDBLSSXS.KL

R   HDBLJD.KL= HDBL.K*HDBLJDXS.KL

A   HDBLSSXS.K= BZHDSSXS*HDCLGXL.K

A   HDBLJDXS.K= BZHDJDXS*ZJDHDYX.K*NYTDDHDYX.K

NOTE

NOTE   HDHM   火力发电耗煤量

NOTE

A   HLFD.K=QBFDL.K*HDBL.K

A   HDHM.K=DMDH.K*HLFD.K

NOTE

NOTE   GRDH   供热单耗

NOTE

L   GRDH.K=GRDH.J+DT* （GRDHSS.JK–GRDHXJ.JK)

R   GRDHSS.KL=GRDH.K*RDHSSXS.KL

R   GRDHXJ.KL=GRDH.K*RDHXJS.KL

A   RDHSSXS.K=BZRDHSSXS*RLDRDHYX.K

A

RDHXJXS.K=BZRDHXJXS+BZRDHXJXS*DRLJZYX.K*JNDRDHYX.K

NOTE

NOTE   GRHM   供热耗煤量

NOTE

A   GRHM.K=GRDH.K*GRL.K

NOTE

NOTE   DLMTXQL   电力行业煤炭需求量

NOTE

A   DLMTXQL.K=HDHM.K+GRHM.K

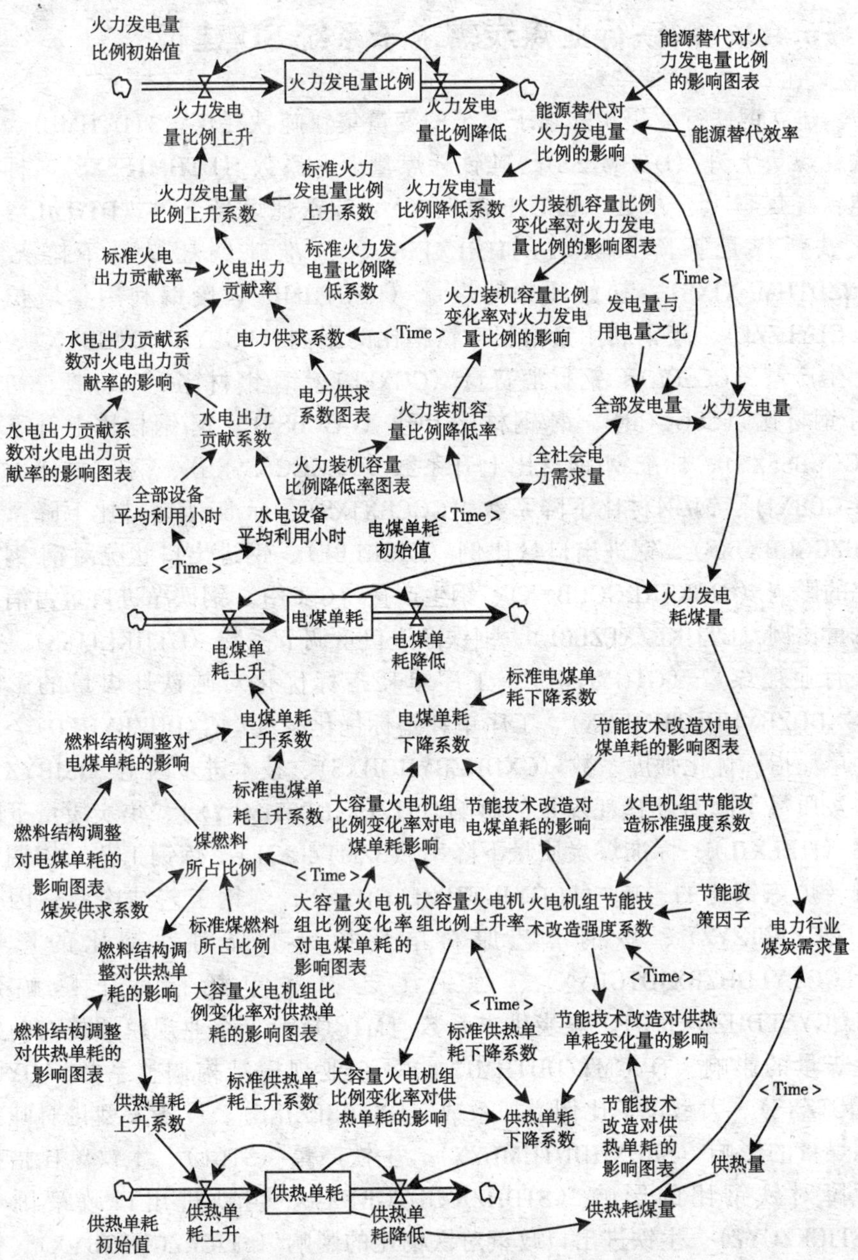

图6.4 电力行业耗煤子系统仿真模型结构图

6.4.2　钢铁行业煤炭需求子系统 SD 建模

建立钢铁行业煤炭需求子系统的变量集：吨铁耗煤量（DTHML）、吨铁耗煤量上升（DTHMLSS）、吨铁耗煤量上升系数（DTHMLSSXS）、标准吨铁耗煤量上升系数（BZDTHMLSSXS）、吨铁耗煤量下降（DTHMLXJ）、吨铁耗煤量下降系数（DTHMLXJXS）、标准吨铁耗煤量下降系数（BZDTHMLXJXS）、初始吨铁耗煤量（CSDTHML）、废钢利用量增长率（FGLYLZZL）、废钢利用量增长对铁钢比的影响（FGLYLZZDTGBYX）、钢材生产量（GCSCL）、钢材消费量（GCXFL）、钢/钢材比（GGCB）、初始钢/钢材比（CSGGCB）、钢/钢材比上升（GGCBSS）、钢/钢材比上升系数（GGCBSSXS）、标准钢/钢材比上升系数（BZGGCBSSXS）、钢/钢材比下降（GGCBXJ）、钢/钢材比下降系数（GGCBXJXS）、标准钢/钢材比下降系数（BZGGCBXJXS）、钢进出口量比例（GJCKLBL）、钢进出口状况对钢/钢材比的影响（GJCKZKDGGCBYX）、钢生产量（GSCL）、钢铁净进口量占消费总量比例（GTJJKLZXFZLBL）、钢铁净进口量调节系数（GTJJKLTJXS）、钢铁行业耗煤量（GTHYHML）、工序单耗指标优化对吨铁耗煤量的影响（GXDHZBYHDDTHMLYX）、工序单耗指标优化幅度（GXDHZBYHFD）、工序单耗指标优化强度系数（GXDHZBYHQDXS）、技术进步因子（JSJBYZ）、焦炭质量下降对吨铁耗煤量的影响（JTZLXJDDTHMLYX）、焦炭质量下降率（JTZLXJL）、标准煤炭质量下降率（BZMTZLXJL）、炼钢工艺结构调整对转炉炼钢比的影响（LGGYJGTZDZLLGBYX）、炼钢工艺结构调整因子（LGGYJGTZYZ）、炼钢工艺原料单耗指标下降对铁钢比的影响（LGGYYLDHZBXJDTGBYX）、炼钢工艺原料单耗指标下降幅度（LGGYYLDHZBXJFD）、煤炭供求系数（MTGQXS）、企业规模调整对吨铁耗煤量的影响（QYGMTZDDTHMLYX）、企业规模结构调整系数（QYG-MJGTZXS）、大型设备比例增加系数（DXSBBLZJXS）、设备大型化对吨铁耗煤量的影响（SBDXHDDTHMLYX）、生铁产量（STCL）、生铁单耗指标下降对铁钢比的影响（STDHZBXJDTGBYX）、生铁进出口政策因子（STJCKZCYZ）、生铁进出口政策对铁钢比的影响（STJCKZCDTGBYX）、铁钢比（TGB）、初始铁钢比（CSTGB）、铁钢比上升（TGBSS）、铁钢比下降（TGBXJ）、铁钢比上升系数（TGBSSXS）、铁钢比下降系数（TGBXJXS）、转炉炼钢比（ZLLGB）、标准转炉炼钢比（BZZLLGB）、转炉炼钢比增加对吨铁耗煤量的影响（ZLLGBZJDDTHMLYX）、铸造铁产量波动对铁钢比的影响（ZZTCLBDDTGBYX）、铸造铁产量增长指数（ZZTCLZZZS）、轧钢工艺技术进步对钢/钢材比的影响（ZGGYJSJBDGGCBYX）、轧钢工艺技术进步因子（ZGGYJSJBYZ）钢铁行业煤炭需求量（GTMTXQL）等。

在 Vensim 的主界面上绘制系统结构图（见图 6.5）。根据系统结构图，编写钢铁行业煤炭需求子系统的 SD 主要方程如下：

```
NOTE
NOTE  DTHML    吨铁耗煤量
NOTE
L    DTHML.K= DTHML.J+DT* （DTHMLSS.JK– DTHMLXJ.JK）
R    DTHMLSS.KL= DTHML.K* DTHMLSSXS.KL
R    DTHMLXJ.KL= DTHML.K* DTHMLXJXS.KL
A    DTHMLSSXS.K=BZDTHMLSSXS*JTZLXJDDTHMLYX.K
A    DTHMLXJXS.K=BZDTHMLXJXS*GXDHZBYHDDTHMLYX.K*QYGM-
TZDDTHMLYX.K*SBDXHDDTHMLYX.K*ZLLGBZJDDTHMLYX.K*
QYGMTZDDTHMLYXTJXS.K

NOTE
NOTE  TGB    铁钢比
NOTE
L    TGB.K= TGB.J+DT* （TGBSS.JK– TGBXJ.JK）
R    TGBSS.KL= TGB.K* TGBSSXS.KL
R    TGBXJ.KL= TGB.K* TGBXJXS.KL
A    TGBSSXS.K=BZTGBSSXS*FGLYLZZDTGBYX.K
A
TGBXJXS.K =BZTGBXJXS*LGGYYLDHZBXJDTGBYX.K* STJCKZCDTG –
BYX.K*ZZTCLBDDTGBYX.K* ZZTCLBDDTGBYXTJXS.K

NOTE
NOTE  GGCB    钢/钢材比
NOTE
L    GGCB.K= GGCB.J+DT* （GGCBSS.JK–GGCBXJ.JK）
R    GGCBSS.KL= GGCB.K* GGCBSSXS.KL
```

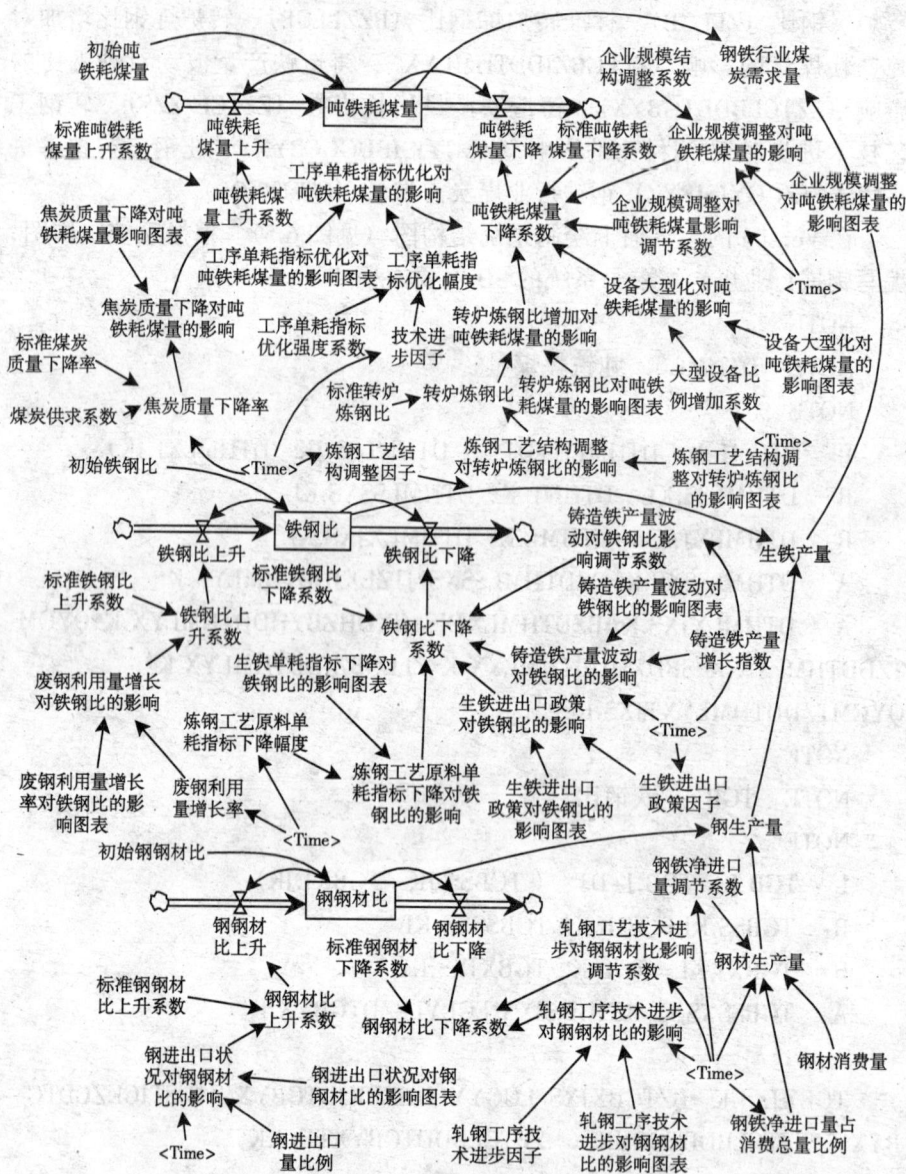

图 6.5　钢铁行业耗煤子系统仿真模型结构图

R　GGCBXJ.KL= TGB.K* GGCBXJXS.KL

A　GGCBSSXS.K=BZGGCBSSXS*GJCKZKDGGCBYX.K

A　GGCBXJXS.K =BZGGCBXJXS*ZGGYJSJBDGGCBYX.K*ZGGYJSJB −

DGGCBYXTJXS.K

NOTE

NOTE　STCL　　生铁产量

NOTE

A　STCL.K=GCSCL.K*GGCB.K*TGB.K

NOTE

NOTE　GTMTXQL　　钢铁行业煤炭需求量

NOTE

A　GTMTXQL.K=DTHML.K*STCL.K

6.4.3　建材行业煤炭需求子系统 SD 建模

建立建材行业煤炭需求子系统的变量集：建材行业煤炭需求量 (JCMTXQL)、建筑安装工程投资增长指数（JZTZZS）、全社会固定资产投资增长指数（GDZCTZZS）、水泥行业耗煤量（SNHML）、水泥产量 (SNCL)、水泥产量变化量（SNBH）、水泥产量变化系数（SNBHXS）、标准水泥产量与建筑安装工程投资相关性系数（BZXGXS）、水泥产量与建筑安装工程投资相关性系数 C1（XGXSC1）、标准吨水泥耗煤量下降率 (BZSNMDH)、水泥行业节能管理强度系数（JNGLQDXS）、水泥生产工艺进步因子（SNGYJBYZ）、标准单位墙体材料耗煤量下降率（BZQMD－HXJL）、标准吨石灰耗煤量下降率（BZSMDHXJL）、墙体材料行业耗煤量 (QTCLHML)、墙体材料产量（QTCL）、墙体材料产量变化量（QTCLBH）、墙体材料产量变化系数（QTCLBHXS）、墙体材料产量与建筑安装工程投资相关性系数 C3（XGXSC3）、标准墙体材料产量与建筑安装工程投资相关性系数（BZXGXS3）、初始单位墙体材料耗煤量（CSQTMDH）、初始吨水泥耗煤量（CSSNMDH）、初始吨石灰耗煤量（CSSHMDH）、初始建材其他子行业煤炭需求量（CSQTHML）、初始墙体材料产量（CSQTCL）、初始水泥产量（CSSN）、初始石灰产量（CSSH）、单位墙体材料耗煤量变化量 (QTMDHBH)、单位墙体材料耗煤量（QTMDH）、单位墙体材料耗煤量变化率（QTMDHBHL）、道路桥梁工程项目增长率（GCXMZZL）、道路桥梁工程项目增长率对 C1 的影响（GCZZLYX1）、吨水泥耗煤量（SNMDH）、吨水泥耗煤量变化量（SNMDHBH）、吨水泥耗煤量变化率（SNMDHBHL）、吨石灰耗煤量（SHMDH）、吨石灰耗煤量变化量（SHMDHBH）、吨石灰耗煤量变化率（SHMDHBHL）、石灰产量（SHCL）、石灰产量变化量（SHCLBH）、石灰产量变化系数（SHCLBHXS）、石灰产量与建筑安装工程投资相关性系数 C2（XGXSC2）、标准石灰产量与建筑安装工程投资相关性系数（BZXGXS2）、机械化窑比例上升指数（JXHYSSZS）、石灰行业耗煤量（SHHML）、建材其他子行业煤炭需求量（QTHML）、建材其他子行业煤炭需求变化量（QTHMBH）、建材其他子行业煤炭需求变化率（QTHMBHL）、建材其他子行业煤炭需求标准变化率（BZQTHMBHL）、初始建材其他子行业煤炭需求量（CSQTHML）、燃料结构调整因子（RLTZYZ）、投资品技术含量增长率（JSZZL）、投资品技术含量增长率对 C1 的影响（JSZZLYX1）、投资品技术含量增长率对 C2 的影响（JSZZLYX2）、投资品技术含量增长率对 C3 的影响（JSZZLYX3）、先进制砖窑比例上升指数（XJYSSZS）、现代建筑内部结构变化对 C2 的影响（JZJGBYX2）、现代建筑内部结构变化对 C3 的影响（JZJGBYX3）、现代建筑内部结构改变因子（JZJGYZ）、砖瓦生产工艺进步因子（ZWGYYZ）、油煤 1992 年基期比价系数（YMBJXS）、油煤上年基期比价系数（YMSNBJXS）等。

在 Vensim 的主界面上绘制系统结构图（见图 6.6）。根据系统结构图，编写建材行业煤炭需求子系统的 SD 主要方程如下：

NOTE

NOTE   SNMDH   吨水泥耗煤量

NOTE

L   SNMDH.K= SNMDH.J+DT*SNMDHBH.JK

R   SNMDHBH.KL= SNMDH.K*SNMDHBHL.KL

A   SNMDHBHL.K = BZSNMDHBHL*JNGLQDXS.K*SNGYJBYZ.K*XJYS-SZS.K

NOTE

NOTE   SNCL   水泥产量

NOTE

L   SNCL.K= SNCL.J+DT* SNBH.JK

R   SNBH.KL= SNCL.K* SNBHXS.KL

A   SNBHXSL.K=（JZTZZS.K*XGXSC1.K−100）/100

A   XGXSC1=BZXGXS1*GCZZLYX1.K*JSZZLYX1.K

NOTE

NOTE　SNHML　　水泥行业耗煤量

NOTE

A　SNHML.K=SNMDH.K*SNCL.K

NOTE

NOTE　SHMDH　　吨石灰耗煤量

NOTE

L　SHMDH.K= SHMDH.J+DT*SHMDHBH.JK

R　SHMDHBH.KL=SHMDH.K*SHMDHBHL.KL

A　SHMDHBHL.K= BZSHMDHBHL*RLTZYZ.K*JXHYSSZS.K

NOTE

NOTE　SHCL　　石灰产量

NOTE

L　SHCL.K= SHCL.J+DT*SHCLBH.JK

R　SHCLBH.KL=SHCL.K*SHCLBHXS.KL

A　SHCLBHXS.K=（JZTZZS.K*XGXSC2.K−100）/100

A　XGXSC2.K=BZXGXS2*JSZZLYX2.K*JZJGBYX2.K

NOTE

NOTE　SHHML　　石灰行业耗煤量

NOTE

A　SHHML.K=SHMDH.K*SHCL.K

NOTE

NOTE　QTMDH　　单位墙体材料耗煤量

NOTE

L　QTMDH.K= QTMDH.J+DT*QTMDHBH.JK

R　QTMDHBH.KL=QTMDH.K*QTMDHBHL.KL

A　QTMDHBHL.K=BZQTMDHBHL*ZWGYYZ.K*XJYSSZS.K

NOTE

NOTE　QTCL　　墙体材料产量

NOTE

L　QTCL.K= QTCL.J+DT*QTCLBH.JK

R　QTCLBH.KL= QTCL.K* QTCLBHXS.KL

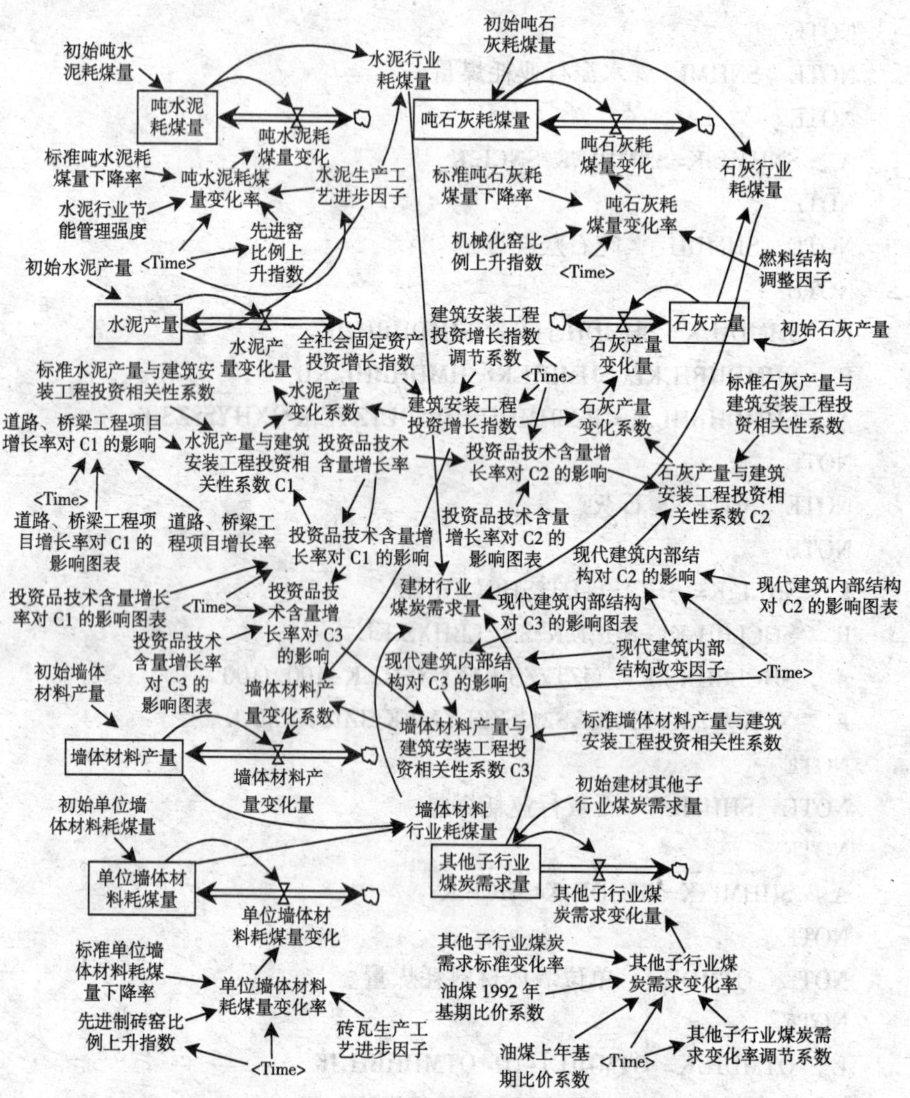

图 6.6　建材行业耗煤子系统仿真模型结构图

A　QTCLBHXS.K=（JZTZZS.K*XGXSC3.K−100）/100

A　XGXSC3.K=BZXGXS3*JZJGBYX3.K*JSZZLYX3.K

NOTE

NOTE　QTCLHML　墙体材料行业耗煤量

NOTE

A   QTCLHML.K=QTCLMDH.K*QTCL.K

NOTE

NOTE   QTHML   建材其他子行业煤炭需求量

NOTE

L   QTHML.K=QTHML.J+DT*QTHMLBH.JK

R   QTHMLBH.KL=QTHML.K*QTHMBHL.KL

NOTE

NOTE   JCMTXQL   建材行业煤炭需求量

NOTE

A   JCMTXQL.K=SNHML.K+SHHML.K+QTCLHML.K+QTHML.K

6.4.4   化工行业煤炭需求子系统 SD 建模

建立化工行业煤炭需求子系统的变量集：标准吨氨耗煤量下降率（BAMDHXJL）、标准化工其他子行业煤炭需求增长率（BQTHMZZL）、标准基本化学原料业煤炭需求增长率（BYLMHZZL）、标准农作物面积增长指数（BNMJZS）、标准煤头合成氨比例上升率（BMASSL）、产业政策对煤头合成氨比例的影响（ZCDMAYX）、产业政策因子（CYZCYZ）、初始吨氨耗煤量（AMDH）、初始合成氨产量（CSACL）、初始化工其他行业煤炭需求量（CSQTMH）、初始基本化学原料业煤炭需求量（CSYLMH）、初始煤头合成氨比例（CSMAB）、大型合成氨工艺比例上升对吨氨耗煤量的影响（DXGYYX）、大型合成氨工艺比例上升因子（DXGYSSYZ）、吨氨耗煤量（AMDH）、吨氨耗煤变化量（AMDHBH）、吨氨耗煤下降率（AMDHXJL）、粉煤气化技术改造对吨氨耗煤量的影响（QHYX）、粉煤气化技术改造系数（QHXS）、工业生产总值增长率（GYZZL）、工业生产总值增长率对基本化学原料业煤炭需求的影响（GYZZLYX）、工艺技术进步对化工其他子行业煤炭需求的影响（JSQTYX）、工艺技术进步对基本化学原料业煤炭需求的影响（JSYLYX）、工艺技术进步因子（JSJBYZ）、固定基期石油与煤炭的比价系数（YMBJXS）、国家政策对农作物种植面积的影响（ZCN-MYX）、合成氨产量（ACL）、合成氨产量变化量（ACLBH）、合成氨产量变化率（ACLBHL）、合成氨增长指数与农作物面积增长指数的相关性系数

（XGXS4）、化肥制造业煤炭需求（HFMH）、化工其他子行业煤炭需求量（QTMH）、化工其他子行业煤炭需求变化量（QTMHBH）、化工其他子行业煤炭需求增长率（QTMHBHL）、化工行业煤炭需求量（HGMTXQL）、环境污染对农作物种植面积的影响（WRNMYX）、环境污染因子（WRYZ）、基本化学原料业煤炭需求变化量（YLMHBH）、基本化学原料业煤炭需求量（YLMH）、基本化学原料业煤炭需求增长率（YLMHZZL）、节能对化工其他子行业煤炭需求的影响（JNQTYX）、节能对基本化学原料业煤炭需求的影响（JNYLYX）、节能管理对吨氨耗煤量的影响（JNAMYX）、节能管理因子（JNYZ）、节能强度系数（JNXS）、农业政策因子（ZCYZ）、农作物种植面积增长指数（NMZS）、煤头合成氨比例上升率（MASSL）、煤头合成氨产量（MACL）、煤头合成氨比例（MAB）、煤头合成氨比例变化（MABBH）、轻工业产值对化工其他行业煤炭需求的影响（QGYX）、油煤价格比对煤头合成氨比例的影响（JBMAYX）等。

在 Vensim 的主界面上绘制系统结构图（见图 6.7）。根据系统结构图，编写化工行业煤炭需求子系统的 SD 主要方程如下：

```
NOTE
NOTE    AMDH    吨氨耗煤量
NOTE
L    AMDH.K=AMDH.J+DT* AMDHBH.JK
R    AMDHBH.KL=AMDH.K*AMDHXJL.KL
A    AMDHXJL.K= BAMDHXJL+DXGYYX.K+QHYX.K+ JNAMYX.K
NOTE
NOTE    ACL    合成氨产量
NOTE
L    ACL.K= ACL.J+DT*ACLBH.JK
R    ACLBH.KL= ACL.K*ACLBHL.KL
A    ACLBHL.K=（ NMZS.K−100）*XGXS4.K/100
NOTE
NOTE    MAB    煤头合成氨比例
NOTE
L    MAB.K= MAB.J+DT*MABBH.JK
R    MABBH.KL=MAB.K*MASSL.KL
```

固定基期的石油与　　　产业政策对煤　　　产业政策对煤
煤炭的比价系数　　　头合成氨比例　　　头合成氨比例
　　　　　　　　　　的影响　　　　　　的影响图表

<Time>

油煤价格比对　　　　　　　　　　　　产业政策因子
初始煤　煤头合成氨比　　煤头合成氨
头合成　例的影响　　　比例上升率　　　　　　　　初始吨氨
氨比例　　　　　　　　　　　　　　　标准煤头合成　　耗煤量
　　　　　　　　　　　　　　　　　　氨比例上升率

煤头合成氨产量　　煤头合成氨　　　　　　　　　　　　　　　吨氨耗
　　　　　　　　　所占比例　　　煤头合成氨所　化肥制造业　　　煤量　　吨氨耗煤
初始合成氨　　　　　　　　　　占比例的变化　煤炭需求　　　　　　　变化量
产量　　　　合成氨　　　　　　　　　　　　　　标准吨氨耗　　吨氨耗煤　　　　节能管理
标准农作物　　产量　　　合成氨产　　　　　　　煤量下降率　　下降率　　　　因子
面积增长指数　　　　　　量变化量　　　　　　　大型合成氨工艺
　　　　　　　　　　　　　　<Time>　　　比例上升对吨　　　　　粉煤气化技术　节能管理对吨氨
　　　　　　农作物种植　合成氨产　　　　　　　氨耗量的影响　　　改造对吨氨耗　耗煤量的影响
国家政策对　面积增长指数　量变化率　　大型合成氨工　　　　　　　煤量的影响
农作物种植　环境污染对　　　　　　　艺比例上升对　大型合成氨工　　　　　　　　节能管理对
面积的影响　农作物种植　　　　　　　吨氨耗煤量的　艺比例上升趋　　　<Time>　　吨氨耗煤量
　　　　　　面积的影响　合成氨增长指数　影响图表　　势因子　　　　　　　　　　的影响图表
国家政策对农　　　　　　　与农作物面积增长指　　　　　　　　粉煤气化技术改　　　初始基本化学
作物种植面积　<Time>　环境　数的相关性系数　　　　　　造对吨氨耗煤量　　　原料业煤炭
的影响图表　　农业政策　污染因子　　　　　化工行业　　　的影响图表　　粉煤气化技术　需求量
　　　　　　　因子　　　　环境污染对农　煤炭需求量　　　　　　　　改造系数
　　　　　　　　　　　　作物种植面积　初始化工其　　　　　　　　　基本化学
　　　　　　　　　　　　的影响图表　　他行业煤炭　　　　　　　　　原料业煤
　　　　　　　　　　　　　　　　　　需求量　　　　　　　　　炭需求量
　　　　　　　　　　　　　　　化工其他　<Time>　　　　　　　　　基本化学原料业
标准化工其　　　化工其他子　　　子行业煤炭　　　　　节能对基本化　　煤炭需求变化量
他子行业煤炭　行业煤炭需　　需求量　　　　学原料业煤炭　　　　　　　标准基本化学
需求增长率　　求变化量　　　节能对化工其　　需求的影响　　基本化学原　　原料业煤炭需
　　　　　　　　　　　　　他子行业煤炭　　　　　　　料业煤炭需　　求增长率
　　　　　　化工其他子　　需求的影响　节能强度　　　求增长率
　　　　　　行业煤炭需　　　　　　　系数
轻工业产值对化　求增长率　　　　　　　　　　　工艺技术进步对
工其他行业煤炭　　　　　　节能对化工其　　　　　基本化学原料业　　工业生产总值
需求的影响　　　工艺技术进步对　子行业煤炭需求　节能对基本化　煤炭需求的影响　增长率对基本　工业生产总
　　　　　　　化工其他子行业　的影响图表　　学原料业煤炭　　　　　　　化学原料业煤　值增长率
　　　　　　　煤炭需求的影响　　　　　　　需求的影响　　工艺技术进步　炭需求的影响
　　　　　　　　　　　　　　　　　　　　　　　　　对基本化学原
　　　　　<Time>　　　　　　　工艺技术　　料业煤炭需求　　　　<Time>　工业生产总值增
　　　　　　　工艺技术进步　　　进步因子　　的影响图表　　　　　　　　长率对基本化学
　　　　　　　对化工其他子　　　　　　　　　　　　　　　　　　　　　原料业煤炭需求
　　　　　　　行业煤炭需求　　　　　　　　　　　　　　　　　　　　　的影响图表
　　　　　　　的影响图表

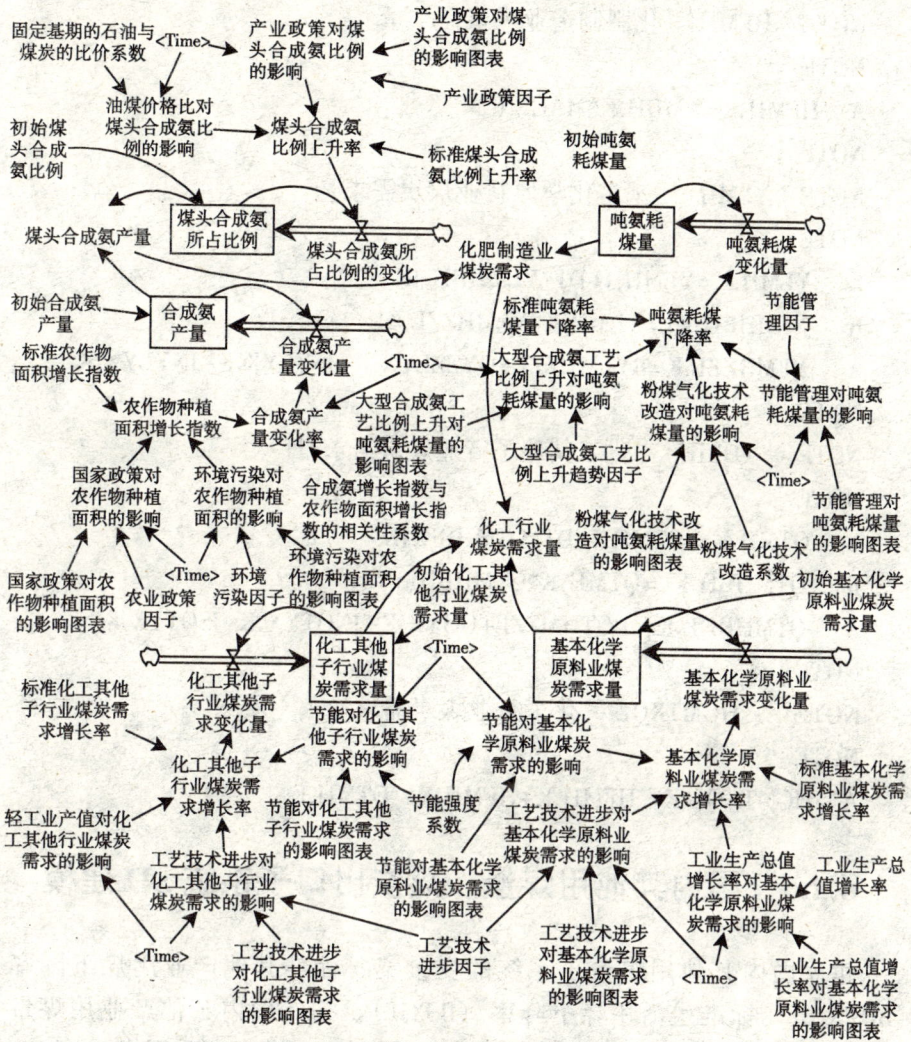

图6.7　化工行业耗煤子系统仿真模型结构图

A　　　MASSL.K= BMASSL*ZCDMAYX.K*JBMAYX.K

NOTE

NOTE　　MACL　　煤头合成氨产量

NOTE

A　　　MACL.K=ACL.K*MAB.K

NOTE

NOTE   HFMH   化肥制造业煤炭需求量

NOTE

A   HFMH.K=AMDH.K*MACL.K

NOTE

NOTE   YLMH   基本化学原料业煤炭需求量

NOTE

L   YLMH.K=YLMH.J+DT*YLMHBH.JK

R   YLMHBH.KL=YLMH.K*YLMHZZL.KL

A   YLMHZZL.K=BYLMHZZL+GYZZLYX.K-JSYLYX.K-JNYLYX.K

NOTE

NOTE   QTMH   化工其他子行业煤炭需求量

NOTE

L   QTMH.K= QTMH.J+DT*QTMHBH.JK

R   QTMHBH.KL=QTMH.K*QTMHBHL.KL

A   QTMHBHL.K= BQTHMZZL+QGYX.K-JNQTYX.K-JSQTYX.K

NOTE

NOTE   HGMTXQL   化工行业煤炭需求量

NOTE

A   HGMTXQL.K= HFMH.K+HFMH.K+ QTMH.K

6.4.5   国内其他用煤量、煤炭出口子系统 SD 建模

建立国内其他用煤量子系统的变量集：标准其他产业用煤下降率
（BQTXJL）、标准生活用煤下降率（BSXJL）、初始国内其他产业用煤量
（CSQTMH）、初始生活用煤量（CSSHMH）、国内其他产业用煤量（QT-
CYMH）、国内其他用煤量（QTMTXQL）、技术进步对其他产业用煤的影响
（JSQTYX）、技术进步对生活用煤的影响（JSSMYX）、其他产业用煤下降
（QTMXJ）、其他产业用煤下降率（QTMXJL）、能源替代对其他产业用煤的
影响（NTQTYX）、能源替代对生活用煤的影响（NTSMYX）、能源替代系
数（TDXS）、生活用煤（SHMH）、生活用煤下降（SHMHXJ）、生活用煤下
降率（SHMHXJL）、GDP 增长率（GDPZZL）、GDP 增长对其他产业用煤的
影响（GDPQTYX）等。

在 Vensim 的主界面上绘制系统结构图（见图 6.8）。根据系统结构图，编写国内其他用煤量子系统的 SD 主要方程如下：

NOTE
NOTE　QTCYMH　国内其他产业用煤
NOTE
L　　QTCYMH.K=QTCYMH.J+DT*（−QTMXJ.JK）
R　　QTMXJ.KL=QTCYMH.K*QTMXJL.KL
A　　QTMXJL.K=BQTMXJL*JSQTYX.K*NTQTYX.K*GDPQTYX.K
NOTE
NOTE　SHMH　　生活用煤
NOTE
L　　SHMH.K=SHMH.J+DT*（−SHMHXJ.JK）
R　　SHMHXJ.KL=SHMH.K*SHMHXJL.KL
A　　SHMHXJL.K=BSHMHXJL*JSSMYX.K*NTSMYX.K
NOTE
NOTE　QTMTXQL　　国内其他用煤
NOTE
A　　QTMTXQL.K= QTCYMH.K+SHMH.K

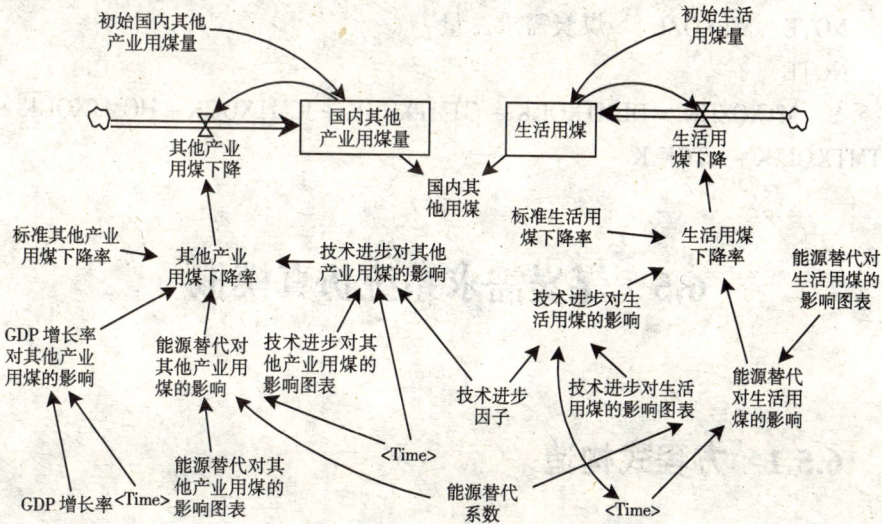

图 6.8　国内其他用煤子系统仿真模型结构图

目前国内市场煤炭需求增速趋缓，煤炭供给紧张状况明显缓解，从国内供需情况看，有能力增加出口。但世界经济也在进入回落期，世界主要产煤国在此前两年煤炭供应紧张形势下新增了大量煤炭生产能力，国际煤炭市场行情也呈快速滑落趋势。另外，2004 年以来，国家采取了停止出口煤炭铁路运输优惠价、取消焦炭、炼焦煤出口退税、降低煤炭出口退税率、降低动力煤进口税等一系列抑制煤炭出口、促进煤炭进口的调节措施。从长远发展趋势看，中国全面建设小康社会将耗用大量能源，中国能源供应虽无近虑，但有远忧，预计国家控制煤炭、焦炭、高耗能产品出口的政策还将长期坚持下去。

中国煤炭出口政策的主要依据是国内煤炭市场供求状况和煤炭资源状况等，出口政策的基本理念是维持国内市场平稳运行，除此之外，还要考虑中国煤炭出口对国际市场及国际政治的影响。国家有关部委官员表示，中国煤炭出口配额政策将保持稳定，中国要做一个"稳定的煤炭供应国"。据此判断，"十一五"期间以及今后相当长的时间里，中国煤炭出口配额不会大幅度调整，煤炭出口量大幅度增长或大幅度减少的可能性都不大，将保持总体平稳、略有波动的运行状态，预计煤炭出口量在 7000 万吨到 9000 万吨之间。

最后编写煤炭总需求量的 SD 方程：
NOTE
NOTE　MTXQZL　　煤炭需求总量
NOTE
A　MTXQZL.K = DLMTXQL.K + GTMTXQL.K + JCMTXQL.K + HGMTXQL.K + QTMTXQL.K + MTCK.K

6.5　煤炭需求系统仿真模拟

6.5.1　方程式构造

下面按照 Vensim 格式列出煤炭需求各子系统 SD 仿真模型的方程式。

（1）电力行业煤炭需求子系统。

①标准电煤单耗上升系数=0.038

Units：1/年

②标准电煤单耗下降系数=0.051

Units：1/年

③标准供热单耗上升系数=0.0365

Units：1/年

④标准供热单耗下降系数=0.042

Units：1/年

⑤标准火电出力贡献率=1.07

Units：Dmnl

⑥标准火力发电量比例降低系数=0.003

Units：1/年

⑦标准火力发电量比例上升系数=0.0024

Units：1/年

⑧标准煤燃料所占比例=0.93

Units：Dmnl

⑨大容量火电机组比例变化率对电煤单耗的影响=大容量火电机组比例变化率对电煤单耗的影响图表（大容量火电机组比例上升率）

Units：Dmnl

⑩大容量火电机组比例变化率对电煤单耗的影响图表

（[（0.01，0）–（0.05，1）]，（0.01，0.112），（0.02，0.204），（0.03，0.411），（0.04，0.704），（0.05，0.921））

Units：Dmnl

⑪大容量火电机组比例变化率对供热单耗的影响=大容量火电机组比例变化率对供热单耗的影响图表（大容量火电机组比例上升率）

Units：Dmnl

⑫大容量火电机组比例变化率对供热单耗影响图表

（[（0.01，0）–（0.05，1）]，（0.01，0.1001），（0.02，0.2023），（0.03，0.4154），（0.04，0.7078），（0.05，0.9002））

Units：Dmnl

⑬大容量火电机组比例上升率=IF THEN ELSE（Time>=1996，0.028，0.015）

Units：Dmnl

⑭电力供求系数=电力供求系数图表（Time）

Units：Dmnl

⑮电力行业煤炭需求量=供热耗煤量+火力发电耗煤量

Units：万吨

⑯电煤单耗= INTEG（+电煤单耗上升−电煤单耗降低，电煤单耗初始值）

Units：克/千瓦时

⑰电煤单耗初始值=528

Units：克/千瓦时

⑱电煤单耗降低=电煤单耗＊电煤单耗下降系数

Units：克/（千瓦时＊年）

⑲电煤单耗上升=电煤单耗＊电煤单耗上升系数

Units：克/（千瓦时＊年）

⑳电煤单耗上升系数=标准电煤单耗上升系数＊燃料结构调整对电煤单耗的影响

Units：1/年

㉑电煤单耗下降系数=标准电煤单耗下降系数+标准电煤单耗下降系数＊大容量火电机组比例变化率对电煤单耗的影响＊节能技术改造对电煤单耗的影响

Units：1/年

㉒发电量与用电量之比

（[[（1993，1）−（2020，1.02）]，（1993，1.02），（1994，1.026），（1995，1.019），（1996，1.021），（1997，1.027），（1998，1.002），（1999，1.002），（2000，1.002），（2001，1.002），（2002，1.004），（2003，1.003），（2004，1.005），（2005，1.005），（2006，1.003），（2007，1.002），（2011，1.001），（2020，1.001））

Units：Dmnl

㉓供热单耗= INTEG（+供热单耗上升−供热单耗降低，供热单耗初始值）

Units：公斤/百万千焦

㉔供热单耗初始值=51.1

Units：公斤/百万千焦

㉕供热单耗降低=供热单耗＊供热单耗下降系数

Units：公斤/（百万千焦 * 年）

㉖供热单耗上升=供热单耗 * 供热单耗上升系数

Units：公斤/（百万千焦 * 年）

㉗供热单耗上升系数=标准供热单耗上升系数 * 燃料结构调整对供热单耗的影响

Units：1/年

㉘供热单耗下降系数=标准供热单耗下降系数+标准供热单耗下降系数 * 大容量火电机组比例变化率对供热单耗的影响 * 节能技术改造对供热单耗变化量的影响

Units：1/年

㉙供热耗煤量=供热单耗 * 供热量/1000

Units：万吨

㉚供热量=71610.7*EXP（0.065*（Time−1992））

Units：百亿千焦

㉛火电出力贡献率=IF THEN ELSE（电力供求系数<0.999，标准火电出力贡献率+标准火电出力贡献率 * 水电出力贡献系数对火电出力贡献率的影响 *（电力供求系数−0.6），标准火电出力贡献率+标准火电出力贡献率 * 水电出力贡献系数对火电出力贡献率的影响 *（电力供求系数+0.6））

Units：Dmnl

㉜火电机组节能改造标准强度系数=0.5

Units：Dmnl

㉝火电机组节能技术改造强度系数=火电机组节能改造标准强度系数 * 节能政策因子（Time）

Units：Dmnl

㉞火力发电耗煤量=电煤单耗 * 火力发电量/100

Units：万吨

㉟火力发电量=全部发电量 * 火力发电量比例

Units：千瓦时

㊱火力发电量比例= INTEG（+火力发电量比例上升−火力发电量比例降低，火力发电量比例初始值）

Units：Dmnl

㊲火力发电量比例初始值=0.819

Units：Dmnl

㊳火力发电量比例降低=火力发电量比例 * 火力发电量比例降低系数

Units：Dmnl

㊴火力发电量比例降低系数=标准火力发电量比例降低系数 * 火力装机容量比例变化率对火力发电量比例的影响 * 能源替代对火力发电量比例的影响

Units：1/年

㊵火力发电量比例上升=火力发电量比例 * 火力发电量比例上升系数

Units：Dmnl

㊶火力发电量比例上升系数=标准火力发电量比例上升系数 * 火电出力贡献率

Units：1/年

㊷火力装机容量比例变化率对火力发电量比例的影响=火力装机容量比例变化率对火力发电量比例的影响图表（火力装机容量比例降低率）

Units：Dmnl

㊸火力装机容量比例变化率对火力发电量比例的影响图表

（[[(–0.01, 0) – (0.02, 2)]，(–0.014, 0.97)，(–0.008, 0.975)，(–0.007, 0.98)，(–0.006, 0.985)，(–0.003, 0.99)，(0.0011, 1.02)，(0.0012, 1.08)，(0.0013, 1.11)，(0.0014, 1.14)，(0.0015, 1.18)，(0.0016, 1.21)，(0.0017, 1.23)，(0.0018, 1.27)，(0.00794, 1.35)，(0.008586, 1.37)，(0.00862, 1.39)，(0.0102, 1.41)，(0.0103, 1.45)，(0.0104, 1.48)，(0.01189, 1.501)，(0.0124, 1.5123)）

Units：Dmnl

㊹火力装机容量比例降低率=火力装机容量比例降低率图表（Time）

Units：Dmnl

㊺节能技术改造对电煤单耗的影响=节能技术改造对电煤单耗的影响图表（火电机组节能技术改造强度系数）

Units：Dmnl

㊻节能技术改造对电煤单耗的影响图表

（[(0, 0) – (3, 1)]，(0, 0)，(0.1, 0.1)，(0.2, 0.15)，(0.3, 0.2)，(0.4, 0.24)，(0.5, 0.28)，(0.6, 0.313)，(0.7, 0.417)，(0.8, 0.429)，(0.91, 0.432)，(0.92, 0.445)，(0.93, 0.591)，(0.94,

0.662)，(1，0.683)，(1.7，0.972)，(2.15，0.991))

Units：Dmnl

㊼节能技术改造对供热单耗变化量的影响=节能技术改造对供热单耗的影响图表（火电机组节能技术改造强度系数）

Units：Dmnl

㊽节能技术改造对供热单耗的影响图表

([(0, 0) - (3, 1)], (0, 0), (0.1, 0.1102), (0.2, 0.1506), (0.3, 0.2113), (0.4，0.2421)，(0.5，0.2867)，(0.6，0.3109)，(0.7，0.413)，(0.8，0.4296)，(0.91，0.435)，(0.92，0.4489)，(0.93，0.5903)，(0.94，0.624)，(1，0.6867)，(1.97，0.9609)，(2.17，0.9904))

Units：Dmnl

㊾煤燃料所占比例=标准煤燃料所占比例 *（煤炭供求系数（Time））

Units：Dmnl

㊿能源替代对火力发电量比例的影响=能源替代对火力发电量比例的影响图表（能源替代效率（Time））

Units：Dmnl

(51)能源替代对火力发电量比例的影响图表

([(0.01, 1) - (0.5, 10)], (0.01, 1.05), (0.1, 1.213), (0.12, 1.504), (0.2，3.076)，(0.25，3.097)，(0.5，4.118))

Units：Dmnl

(52)全部发电量=全社会电力需求量 * 发电量与用电量之比（Time）

Units：亿千瓦时

(53)全部设备平均利用小时=0.2517*（Time-1992）+4904.4

Units：小时/年

(54)全社会电力需求量=7244*EXP（0.086*（Time-1992））

Units：亿千瓦时

(55)水电出力贡献系数=水电设备平均利用小时/全部设备平均利用小时

Units：Dmnl

(56)水电出力贡献系数对火电出力贡献率的影响=水电出力贡献系数对火电出力贡献率的影响图表（水电出力贡献系数）

Units：Dmnl

(57)水电出力贡献系数对火电出力贡献率的影响图表

([(0.5, 1)-(1, 5)], (0.6, 4.99), (0.61, 4.98), (0.61, 4.99), (0.62, 4.95), (0.63, 4.675), (0.64, 4.672), (0.65, 4.616), (0.66, 4.521), (0.67, 4.507), (0.68, 4.503), (0.6809, 4.5), (0.6858, 4.47), (0.69, 4.436), (0.6907, 4.258), (0.6956, 4.12), (0.696, 4.04), (0.7, 3.928), (0.71, 3.421), (0.72, 3.412), (0.73, 3.405), (0.74, 3.404), (0.75, 3.401), (0.76, 3.394), (0.77, 3.391), (0.789, 3.39), (0.79, 3.316))

Units: Dmnl

(58)水电设备平均利用小时=IF THEN ELSE (Time<2002, 3968-97.9*(Time-1992), 3437-23.8* (Time-2001))

Units: 小时/年

(59)燃料结构调整对电煤单耗的影响=燃料结构调整对电煤单耗影响图表 (煤燃料所占比例)

Units: Dmnl

(60)燃料结构调整对电煤单耗的影响图表

([(0.8, 0)-(1.2, 5)], (0.8, 0.65), (0.9, 0.66), (0.92, 0.67), (0.9299, 1.2), (1.9302, 1.211), (0.931, 1.22), (0.9313, 1.78), (0.937, 1.79), (0.94, 1.8), (0.95, 1.93), (0.96, 2.19), (0.97, 3.743), (0.98, 3.78), (0.99, 4.83), (1, 4.975))

Units: Dmnl

(61)燃料结构调整对供热单耗的影响=燃料结构调整对供热单耗影响图表 (煤燃料所占比例)

Units: Dmnl

(62)燃料结构调整对供热单耗的影响图表

([(0.8, 0)- (1.2, 6)], (0.8, 0.65), (0.9, 0.66), (0.92, 0.67), (0.9299, 1.2), (1.9302, 1.21), (0.9308, 1.22), (0.9313, 1.21), (0.937, 1.7), (0.94, 1.8), (0.95, 1.93), (0.96, 2.19), (0.97, 3.7), (0.98, 3.78), (0.99, 4.83), (1, 5.51))

Units: Dmnl

(63)FINAL TIME=2020

Units: 年

The final time for the simulation.

(64)INITIAL TIME=1993

Units：年

The initial time for the simulation.

㊺SAVEPER=1

Units：年

The frequency with which output is stored.

㊻TIME STEP=0.125

Units：年

The time step for the simulation.

（2）钢铁行业煤炭需求子系统。

①标准吨铁耗煤量上升系数=0.0062

Units：Dmnl

②标准吨铁耗煤量下降系数=0.026

Units：Dmnl

③标准钢钢材比上升系数=0.0085

Units：Dmnl

④标准钢钢材下降系数=0.01

Units：Dmnl

⑤标准煤炭质量下降率=0.1

Units：Dmnl

⑥标准铁钢比上升系数=0.018

Units：Dmnl

⑦标准铁钢比下降系数=0.039

Units：Dmnl

⑧标准转炉炼钢比=0.6

Units：Dmnl

⑨初始吨铁耗煤量=1.457

Units：吨/吨

⑩初始钢钢材比=1.158

Units：Dmnl

⑪初始铁钢比=0.938

Units：Dmnl

⑫大型设备比例增加系数=IF THEN ELSE（Time<1995，2，5）

Units：Dmnl

⑬吨铁耗煤量= INTEG （+吨铁耗煤量上升–吨铁耗煤量下降，初始吨铁耗煤量）

Units：吨/吨

⑭吨铁耗煤量上升=吨铁耗煤量＊吨铁耗煤量上升系数

Units：吨/（吨＊年）

⑮吨铁耗煤量上升系数=标准吨铁耗煤量上升系数＊焦炭质量下降对吨铁耗煤量的影响

Units：Dmnl

⑯吨铁耗煤量下降=吨铁耗煤量＊吨铁耗煤量下降系数

Units：吨/（吨＊年）

⑰吨铁耗煤量下降系数=标准吨铁耗煤量下降系数＊工序单耗指标优化对吨铁耗煤量的影响＊企业规模调整对吨铁耗煤量的影响＊设备大型化对吨铁耗煤量的影响＊转炉炼钢比增加对吨铁耗煤量的影响＊企业规模调整对吨铁耗煤量影响调节系数

Units：Dmnl

⑱废钢利用量增长对铁钢比的影响=废钢利用量增长率对铁钢比的影响图表（废钢利用量增长率）

Units：Dmnl

⑲废钢利用量增长率=IF THEN ELSE （Time<1996，0.05，0.09）

Units：Dmnl

⑳废钢利用量增长率对铁钢比的影响图表

（[[（0，1） – （0.1，5）]，（0.01，4.99），（0.02，4.72），（0.03，4.56），（0.04，4.42），（0.05，4.39），（0.06，3.78），（0.07，2.98），（0.08，2.43），（0.09，1.79），（0.1，1.57））

Units：Dmnl

㉑钢材生产量=钢材消费量（Time）＊（1–钢铁净进口量占消费总量比例＊钢铁净进口量调节系数）

Units：万吨

㉒钢钢材比= INTEG （+钢钢材比上升–钢钢材比下降，初始钢钢材比）

Units：Dmnl

㉓钢钢材比上升=钢钢材比＊钢钢材比上升系数

Units：吨/（年＊吨）

㉔钢钢材比上升系数=标准钢钢材比上升系数＊钢进出口状况对钢钢材比的影响

Units：Dmnl

㉕钢钢材比下降=钢钢材比＊钢钢材比下降系数

Units：吨/（年＊吨）

㉖钢钢材比下降系数=标准钢钢材下降系数＊轧钢工序技术进步对钢钢材比的影响＊轧钢工艺技术进步对钢钢材比影响调节系数

Units：Dmnl

㉗钢进出口状况对钢钢材比的影响=钢进出口状况对钢钢材比的影响图表（钢进出口量比例（Time））

Units：Dmnl

㉘钢进出口状况对钢钢材比的影响图表

（[（0.6，0）–（1.4，10）]，（0.6，0.12），（0.65，0.24），（0.7，0.321），（0.8，0.34），（0.85，0.357），（0.9，0.398），（1，0.402），（1.1，4.11），（1.2，5.87），（1.3，6.09），（1.4，6.17））

Units：Dmnl

㉙钢生产量=钢材生产量＊钢钢材比

Units：万吨

㉚钢铁净进口量调节系数=IF THEN ELSE （Time<2007，1.001，0.001）

Units：Dmnl

㉛钢铁净进口量占消费总量比例=IF THEN ELSE （Time<1995，0.25，0.12）

Units：Dmnl

㉜钢铁行业煤炭需求量=吨铁耗煤量＊生铁产量

Units：万吨

㉝工序单耗指标优化对吨铁耗煤量的影响=工序单耗指标优化对吨铁耗煤量的影响图表（工序单耗指标优化幅度）

Units：Dmnl

㉞工序单耗指标优化对吨铁耗煤量的影响图表

（[（1，1）–（5，2）]，（1，1），（1.5，1.0119），（2，1.0234），（2.5，1.04156），（3，1.0681），（3.5，1.0712），（4，1.081），（4.5，1.0824），（5，1.1965））

Units：Dmnl

㉟工序单耗指标优化幅度=工序单耗指标优化强度系数＊技术进步因子

Units：Dmnl

㊱工序单耗指标优化强度系数=0.8

Units：Dmnl

㊲技术进步因子=IF THEN ELSE（Time<2001，2，3）

Units：Dmnl

㊳焦炭质量下降对吨铁耗煤量的影响=焦炭质量下降对吨铁耗煤量的影响图表（焦炭质量下降率）

Units：Dmnl

㊴焦炭质量下降对吨铁耗煤量的影响图表

（[[(0, 0) – (0.2, 1.1)]，(0.0977, 0.6)，(0.0988, 0.61)，(0.0991, 0.63)，(0.0992, 0.631)，(0.0993, 0.632)，(0.0994, 0.643)，(0.0995, 0.644)，(0.0997, 0.645)，(0.0998, 0.65)，(0.0999, 0.7)，(0.10009, 1.01)，(0.10014, 1.04)，(0.101463, 1.05)，(0.1017, 1.1)，(0.101818, 1.042)，(0.1027, 1.05)，(0.1512, 1.06)，(0.15263, 1.07)，(0.15404, 1.062)，(0.1545, 1.08)）)

Units：Dmnl

㊵焦炭质量下降率=标准煤炭质量下降率＊煤炭供求系数（Time）

Units：Dmnl

㊶炼钢工艺结构调整对转炉炼钢比的影响=炼钢工艺结构调整对转炉炼钢比的影响图表（炼钢工艺结构调整因子）

Units：Dmnl

㊷炼钢工艺结构调整对转炉炼钢比的影响图表

（[[(1, 1) – (2, 2)]，(1, 1.001)，(1.1, 1.114)，(1.2, 1.226)，(1.3, 1.319)，(1.4, 1.391)，(1.5, 1.508)，(1.6, 1.907)）)

Units：Dmnl

㊸炼钢工艺结构调整因子=IF THEN ELSE（Time<1995，1.1，1.6）

Units：Dmnl

㊹炼钢工艺原料单耗指标下降对铁钢比的影响=生铁单耗指标下降对铁钢比的影响图表（炼钢工艺原料单耗指标下降幅度）

Units：Dmnl

㊺炼钢工艺原料单耗指标下降幅度=IF THEN ELSE（Time<2005，0.05，0.02）

Units：Dmnl

㊻企业规模调整对吨铁耗煤量的影响=企业规模调整对吨铁耗煤量的影响图表（企业规模结构调整系数（Time））

Units：Dmnl

㊼企业规模调整对吨铁耗煤量的影响图表

（[（2，0.5）-（6，1.5）]，（2，0.813），（3，0.826），（4，0.8343），（5，0.8421），（6，0.8505））

Units：Dmnl

㊽企业规模调整对吨铁耗煤量影响调节系数=IF THEN ELSE（Time<2010，1.001，0.893）

Units：Dmnl

㊾设备大型化对吨铁耗煤量的影响=设备大型化对吨铁耗煤量的影响图表（大型设备比例增加系数）

Units：Dmnl

㊿设备大型化对吨铁耗煤量的影响图表

（[（2，0.5）-（5，1.5）]，（2，0.716），（3，0.812），（4，0.8913），（5，1.0167））

Units：Dmnl

51生铁产量=钢生产量＊铁钢比

Units：万吨

52生铁单耗指标下降对铁钢比的影响图表

（[（0，1）-（0.1，2）]，（0.01，1.01），（0.02，1.011），（0.03，1.022），（0.04，1.033），（0.05，1.044））

Units：Dmnl

53生铁进出口政策对铁钢比的影响=生铁进出口政策对铁钢比的影响图表（生铁进出口政策因子）

Units：Dmnl

54生铁进出口政策对铁钢比的影响图表

（[（0，1）-（5，2）]，（1，1.012），（2，1.011），（3，1.0013），（4，0.992），（5，0.821））

Units：Dmnl

55生铁进出口政策因子=IF THEN ELSE（Time<2000，2，5）

Units：Dmnl

⑤⑥FINAL TIME=2020

Units：Year

The final time for the simulation.

⑤⑦INITIAL TIME=1993

Units：Year

The initial time for the simulation.

⑤⑧铁钢比＝INTEG （+铁钢比上升-铁钢比下降，初始铁钢比）

Units：Dmnl

⑤⑨铁钢比上升=铁钢比 * 铁钢比上升系数

Units：吨/（年 * 吨）

⑥⓪铁钢比上升系数=标准铁钢比上升系数 * 废钢利用量增长对铁钢比的影响

Units：Dmnl

⑥①铁钢比下降=铁钢比 * 铁钢比下降系数

Units：吨/（年 * 吨）

⑥②铁钢比下降系数=标准铁钢比下降系数 * 炼钢工艺原料单耗指标下降对铁钢比的影响 * 生铁进出口政策对铁钢比的影响 * 铸造铁产量波动对铁钢比的影响 * 铸造铁产量波动对铁钢比影响调节系数

Units：Dmnl

⑥③转炉炼钢比=标准转炉炼钢比 * 炼钢工艺结构调整对转炉炼钢比的影响

Units：Dmnl

⑥④转炉炼钢比对吨铁耗煤量的影响图表

（[（0，1）-（1.2，1.5）]，（0.5，1.01），（0.6，1.02），（0.66，1.021），（0.7，1.025），（0.8，1.2），（0.9，1.35），（1，1.45），（1.2，1.47））

Units：Dmnl

⑥⑤转炉炼钢比增加对吨铁耗煤量的影响=转炉炼钢比对吨铁耗煤量的影响图表（转炉炼钢比）

Units：Dmnl

⑥⑥铸造铁产量波动对铁钢比的影响=铸造铁产量波动对铁钢比的影响图表（铸造铁产量增长指数（Time））

Units：Dmnl

⑥⑦铸造铁产量波动对铁钢比的影响图表

（[（50，0）－（160，2）]，（55，1.92），（60，1.981），（65，1.923），（80，1.904），（85，1.87），（88.95，1.61），（90，1.75），（95，1.54），（95.41，1.01），（100，1），（105，0.95），（110，0.86），（105，0.78），（110，0.67），（130，0.45），（140，0.41），（155，0.4），（160，0.35））

Units：Dmnl

⑥⑧铸造铁产量波动对铁钢比影响调节系数=IF THEN ELSE（Time＜2006，1.001，0.54）

Units：Dmnl

⑥⑨轧钢工序技术进步对钢钢材比的影响=轧钢工序技术进步对钢钢材比的影响图表（轧钢工序技术进步因子（Time））

Units：Dmnl

⑦⓪轧钢工序技术进步对钢钢材比的影响图表

（[（1，1）－（3，3）]，（1，1），（1.1，1.34），（1.2，1.78），（2，2.95））

Units：Dmnl

⑦①轧钢工序技术进步因子

（（1993，1），（1994，1），（1995，2），（2001，2），（2006，2），（2011，1.2），（2020，1.2））

Units：Dmnl

⑦②轧钢工艺技术进步对钢钢材比影响调节系数= IF THEN ELSE（Time＜2007，1.01，0.25）

Units：Dmnl

⑦③SAVEPER=1

Units：Year

The frequency with which output is stored.

⑦④TIME STEP=0.125

Units：Year the time step for the simulation.

（3）建材行业煤炭需求子系统。

①标准单位墙体材料耗煤量下降率=0.004

Units：Dmnl

②标准吨水泥耗煤量下降率=0.0035

Units：Dmnl

③标准吨石灰耗煤量下降率=0.0038

Units：Dmnl

④标准墙体材料产量与建筑安装工程投资相关性系数=0.905

Units：Dmnl

⑤标准水泥产量与建筑安装工程投资相关性系数=0.96

Units：Dmnl

⑥标准石灰产量与建筑安装工程投资相关性系数=0.905

Units：Dmnl

⑦初始单位墙体材料耗煤量=0.138

Units：吨/十万块

⑧初始吨水泥耗煤量=0.203

Units：吨/吨

⑨初始吨石灰耗煤量=0.238

Units：吨/吨

⑩初始建材其他子行业煤炭需求量=2682

Units：万吨

⑪初始墙体材料产量=6246

Units：亿块

⑫初始水泥产量=36240

Units：万吨

⑬初始石灰产量=12942

Units：万吨

⑭单位墙体材料耗煤量= INTEG （–单位墙体材料耗煤量变化，初始单位墙体材料耗煤量）

Units：吨/十万块

⑮单位墙体材料耗煤量变化=单位墙体材料耗煤量 * 单位墙体材料耗煤量变化率

Units：吨/（十万块 * 年）

⑯单位墙体材料耗煤量变化率=标准单位墙体材料耗煤量下降率 * 砖瓦生产工艺进步因子（Time）* 先进制砖窑比例上升指数

Units：Dmnl

⑰道路、桥梁工程项目增长率对 C1 的影响=道路、桥梁工程项目增长率对 C1 的影响图表（道路、桥梁工程项目增长率（Time））

Units：Dmnl

⑱道路、桥梁工程项目增长率对 C1 的影响图表

（[（0，1）－（0.1，1.1）]，（0.03，0.96），（0.035，0.961），（0.04，0.968），（0.045，1.003），（0.05，1.02），（0.06，1.055），（0.065，1.06），（0.07，1.075），（0.08，1.078），（0.09，1.08））

Units：Dmnl

⑲吨水泥耗煤量＝ INTEG （−吨水泥耗煤量变化，初始吨水泥耗煤量）

Units：吨/吨

⑳吨水泥耗煤量变化=吨水泥耗煤量＊吨水泥耗煤量变化率

Units：吨/（吨＊年）

㉑吨水泥耗煤量变化率=标准吨水泥耗煤量下降率＊水泥行业节能管理强度（Time）＊水泥生产工艺进步因子＊先进窑比例上升指数

Units：Dmnl

㉒吨石灰耗煤量＝ INTEG （−吨石灰耗煤量变化，初始吨石灰耗煤量）

Units：吨/吨

㉓吨石灰耗煤量变化=吨石灰耗煤量＊吨石灰耗煤量变化率

Units：吨/（吨＊年）

㉔吨石灰耗煤量变化率=标准吨石灰耗煤量下降率＊燃料结构调整因子（Time）＊机械化窑比例上升指数（Time）

Units：Dmnl

㉕机械化窑比例上升指数

（[（1993，1）−（2020，2）]，（1993，1.1），（1998，1.2），（2000，1.5），（2005，1.3），（2010，1.3），（2020，1.5））

Units：Dmnl

㉖建材行业煤炭需求量=水泥行业耗煤量+石灰行业耗煤量+墙体材料行业耗煤量+其他子行业煤炭需求量

Units：万吨

㉗建筑安装工程投资增长指数=全社会固定资产投资增长指数（Time）＊建筑安装工程投资增长指数调节系数

Units：Dmnl

㉘建筑安装工程投资增长指数调节系数=IF THEN ELSE（Time＜1997，1.001，0.999）

Units：Dmnl

㉙其他子行业煤炭需求变化量=其他子行业煤炭需求量 * 其他子行业煤炭需求变化率

Units：万吨/年

㉚其他子行业煤炭需求变化率=IF THEN ELSE（油煤上年基期比价系数（Time）>1，其他子行业煤炭需求标准变化率 * 其他子行业煤炭需求变化率调节系数 *1.15，IF THEN ELSE（油煤1992年基期比价系数（Time）>1.5，其他子行业煤炭需求标准变化率 * 其他子行业煤炭需求变化率调节系数 *2.9，其他子行业煤炭需求标准变化率 *（-0.3）））

Units：Dmnl

㉛其他子行业煤炭需求变化率调节系数=IF THEN ELSE（Time＜2005，0.98，0.3）

Units：Dmnl

㉜其他子行业煤炭需求标准变化率=0.05

Units：Dmnl

㉝其他子行业煤炭需求量= INTEG（+其他子行业煤炭需求变化量，初始建材其他子行业煤炭需求量）

Units：万吨

㉞墙体材料产量= INTEG（+墙体材料产量变化量，初始墙体材料产量）

Units：亿块

㉟墙体材料产量变化量=墙体材料产量 * 墙体材料产量变化系数

Units：亿块/年

㊱墙体材料产量变化系数=（建筑安装工程投资增长指数 * 墙体材料产量与建筑安装工程投资相关性系数 C3-100）/100

Units：Dmnl

㊲墙体材料产量与建筑安装工程投资相关性系数 C3= 标准墙体材料产量与建筑安装工程投资相关性系数 * 现代建筑内部结构对 C3 的影响 * 投资品技术含量增长率对 C3 的影响

Units：Dmnl

㊳墙体材料行业耗煤量=单位墙体材料耗煤量 * 墙体材料产量 *10

Units：万吨

㊴水泥产量= INTEG （+水泥产量变化量，初始水泥产量）

Units：万吨

㊵水泥产量变化量=水泥产量＊水泥产量变化系数

Units：万吨/年

㊶水泥产量变化系数=（建筑安装工程投资增长指数＊水泥产量与建筑安装工程投资相关性系数 C1-100）/100

Units：Dmnl

㊷水泥产量与建筑安装工程投资相关性系数 C1= 标准水泥产量与建筑安装工程投资相关性系数＊道路、桥梁工程项目增长率对 C1 的影响＊投资品技术含量增长率对 C1 的影响

Units：Dmnl

㊸水泥行业耗煤量=吨水泥耗煤量＊水泥产量

Units：万吨

㊹水泥行业节能管理强度

（[[（1993，1）-（2020，2）]，（1993，1.1），（1998，3.1），（2000，3.5），（2005，3），（2010，3），（2020，2.5））

Units：Dmnl

㊺水泥生产工艺进步因子=IF THEN ELSE （Time<1999，1.05，1.5）

Units：Dmnl

㊻石灰产量= INTEG （+石灰产量变化量，初始石灰产量）

Units：万吨

㊼石灰产量变化量=石灰产量＊石灰产量变化系数

Units：万吨/年

㊽石灰产量变化系数=（建筑安装工程投资增长指数＊石灰产量与建筑安装工程投资相关性系数 C2-100）/100

Units：Dmnl

㊾石灰产量与建筑安装工程投资相关性系数 C2=标准石灰产量与建筑安装工程投资相关性系数＊投资品技术含量增长率对 C2 的影响＊现代建筑内部结构对 C2 的影响

Units：Dmnl

㊿石灰行业耗煤量=吨石灰耗煤量＊石灰产量

Units：万吨

⑤燃料结构调整因子

([[(1993, 1)- (2020, 2)], (1993, 4.1), (1998, 10.8), (2002, 5.5), (2005, 6.5), (2010, 3.3), (2020, 3.2))

Units：Dmnl

⑤FINAL TIME=2020

Units：Year

The final time for the simulation.

⑤投资品技术含量增长率

([[(1993, 0)- (2020, 1)], (1993, 0.1), (1995, 0.25), (1999, 0.2), (2000, 0.25), (2002, 0.25), (2010, 0.2), (2020, 0.2))

Units：Dmnl

⑤投资品技术含量增长率对 C1 的影响=投资品技术含量增长率对 C1 的影响图表（投资品技术含量增长率（Time））

Units：Dmnl

⑤投资品技术含量增长率对 C1 的影响图表

([[(0, 0) – (0.5, 1)], (0.1, 0.985), (0.15, 0.98), (0.2, 0.979), (0.25, 0.978), (0.3, 0.948))

Units：Dmnl

⑤投资品技术含量增长率对 C2 的影响=投资品技术含量增长率对 C2 的影响图表（投资品技术含量增长率（Time））

Units：Dmnl

⑤投资品技术含量增长率对 C2 的影响图表

([[(0, 0) – (0.5, 2)], (0.1, 1.0002), (0.15, 0.995), (0.2, 0.984), (0.25, 0.964), (0.3, 0.963))

Units：Dmnl

⑤投资品技术含量增长率对 C3 的影响=投资品技术含量增长率对 C3 的影响图表（投资品技术含量增长率（Time））

Units：Dmnl

⑤投资品技术含量增长率对 C3 的影响图表

([[(0, 0)- (0.5, 2)], (0.1, 1.08), (0.15, 0.995), (0.2, 0.984), (0.25, 0.964), (0.3, 0.963))

Units：Dmnl

⑥0先进窑比例上升指数=IF THEN ELSE（Time<2000，1.1，1.6）

Units：Dmnl

⑥1先进制砖窑比例上升指数=IF THEN ELSE（Time<2000，1.1，1.6）

Units：Dmnl

⑥2INITIAL TIME=1993

Units：Year

The initial time for the simulation.

⑥3现代建筑内部结构对 C2 的影响=现代建筑内部结构对 C2 的影响图表（现代建筑内部结构改变因子（Time））

Units：Dmnl

⑥4现代建筑内部结构对 C2 的影响图表

（[[(1，0)－(5，1)]，(1，1.015)，(1，1.009)，(1.015，1.0009)，(1.02，0.999)，(1.03，0.978)，(1.04，0.977)，(1.05，0.958)，(1.6，0.937)，(2，0.926)）

Units：Dmnl

⑥5现代建筑内部结构对 C3 的影响=现代建筑内部结构对 C3 的影响图表（现代建筑内部结构改变因子（Time））

Units：Dmnl

⑥6现代建筑内部结构对 C3 的影响图表

（[[(1，0)－(5，1)]，(1，1.015)，(1，1.009)，(1.015，1.0009)，(1.02，0.999)，(1.03，0.978)，(1.04，0.977)，(1.05，0.958)，(1.6，0.937)，(2，0.926)）

Units：Dmnl

⑥7现代建筑内部结构改变因子

（[[(1993，1)－(2020，5)]，(1993，1)，(1995，1.03)，(1998，1.02)，(1999，1)，(2005，1.05)，(2008，1.04)，(2010，1.03)，(2020，1.03)）

Units：Dmnl

⑥8SAVEPER=1

Units：Year

The frequency with which output is stored.

⑥9TIME STEP=0.125

Units：Year

The time step for the simulation.

（4）化工行业煤炭需求子系统。

①标准吨氨耗煤量下降率=0.026

Units：Dmnl

②标准化工其他子行业煤炭需求增长率=0.03

Units：Dmnl

③标准基本化学原料业煤炭需求增长率=0.06

Units：Dmnl

④标准农作物面积增长指数=100.75

Units：Dmnl

⑤标准煤头合成氨比例上升率=0.008

Units：Dmnl

⑥产业政策对煤头合成氨比例的影响=产业政策对煤头合成氨比例的影响图表（产业政策因子（Time））

Units：Dmnl

⑦产业政策对煤头合成氨比例的影响图表

（[[（1，0）－（5，2）]，（1，1.001），（2，1.0001），（3，0.998），（4，0.95），（5，0.92）)）

Units：Dmnl

⑧产业政策因子

（[[（1993，1）－（2020，5）]，（1993，1），（1997，3），（2000，2），（2004，4），（2006，3），（2010，2），（2020，1）)）

Units：Dmnl

⑨初始吨氨耗煤量=2.633

Units：吨/吨

⑩初始合成氨产量=2194

Units：万吨

⑪初始化工其他行业煤炭需求量=1320

Units：万吨

⑫初始基本化学原料业煤炭需求量=1303

Units：万吨

⑬初始煤头合成氨比例=0.647

Units：Dmnl

⑭大型合成氨工艺比例上升对吨氨耗煤量的影响=大型合成氨工艺比例上升对吨氨耗煤量的影响图表（大型合成氨工艺比例上升趋势因子（Time））

Units：Dmnl

⑮大型合成氨工艺比例上升对吨氨耗煤量的影响图表

（[(-1，0) - (5，1)]，(-1，-0.055)，(0.5，0.001)，(1，0.03)，(2，0.034)，(3，0.036)，(4，0.055)，(5，0.07))

Units：Dmnl

⑯大型合成氨工艺比例上升趋势因子

（[(1993，1)- (2020，5)]，(1993，-1)，(1996，1)，(2003，3)，(2006，1)，(2008，0.5)，(2020，0.5))

Units：Dmnl

⑰吨氨耗煤变化量=吨氨耗煤量 * 吨氨耗煤下降率

Units：吨/(吨 * 年)

⑱吨氨耗煤量= INTEG （-吨氨耗煤变化量，初始吨氨耗煤量)

Units：吨/吨

⑲吨氨耗煤下降率=标准吨氨耗煤量下降率+大型合成氨工艺比例上升对吨氨耗煤量的影响+粉煤气化技术改造对吨氨耗煤量的影响+节能管理对吨氨耗煤量的影响

Units：Dmnl

⑳粉煤气化技术改造对吨氨耗煤量的影响=粉煤气化技术改造对吨氨耗煤量的影响图表（粉煤气化技术改造系数（Time））

Units：Dmnl

㉑粉煤气化技术改造对吨氨耗煤量的影响图表

（[(1，-1)-(5，1)]，(1，-0.006)，(2，-0.038)，(3，-0.09)，(4，-0.101)，(5，-0.1099))

Units：Dmnl

㉒粉煤气化技术改造系数

（[(1993，1)- (2020，5)]，(1993，1)，(1996，1)，(2000，3)，(2004，4)，(2006，2)，(2010，1)，(2020，1))

Units：Dmnl

㉓工业生产总值增长率对基本化学原料业煤炭需求的影响=工业生产

总值增长率对基本化学原料业煤炭需求的影响图表（工业生产总值增长率
(Time)）

Units：Dmnl

㉔工业生产总值增长率对基本化学原料业煤炭需求的影响图表

（[（-0.1，-0.1）-（0.1，0.1）]，（-0.033，-0.001），（-0.015，-0.0009），
（-0.008，-0.0008），（0.006，0.002），（0.0078，0.004），（0.008，0.0045），
（0.016，0.006），（0.026，0.0062），（0.051，0.008））

Units：Dmnl

㉕工艺技术进步对化工其他子行业煤炭需求的影响=工艺技术进步对
化工其他子行业煤炭需求的影响图表（工艺技术进步因子（Time)）

Units：Dmnl

㉖工艺技术进步对化工其他子行业煤炭需求的影响图表

（[（1，0）-（5，1）]，（1，0.001），（2，0.0062），（3，0.0071），（4，0.0078），
（5，0.0083））

Units：Dmnl

㉗工艺技术进步对基本化学原料业煤炭需求的影响=工艺技术进步对
基本化学原料业煤炭需求的影响图表（工艺技术进步因子（Time)）

Units：Dmnl

㉘工艺技术进步对基本化学原料业煤炭需求的影响图表

（[（1，0）-（5，1）]，（1，0.0011），（2，0.0047），（3，0.0073），（4，0.0077），
（5，0.0081））

Units：Dmnl

㉙国家政策对农作物种植面积的影响=国家政策对农作物种植面积的
影响图表（农业政策因子（Time)）

Units：Dmnl

㉚国家政策对农作物种植面积的影响图表

（[（1，0）-（5，2）]，（1，1.02），（2，1.03），（3，1.06），（4，1.075），
（5，1.2））

Units：Dmnl

㉛合成氨产量= INTEG（+合成氨产量变化量，初始合成氨产量）

Units：万吨

㉜合成氨产量变化量=合成氨产量＊合成氨产量变化率

Units：万吨/年

㉝合成氨产量变化率＝（农作物种植面积增长指数–100）/100* 合成氨增长指数与农作物面积增长指数的相关性系数（Time）

Units：Dmnl

㉞化肥制造业煤炭需求＝吨氨耗煤量 * 煤头合成氨产量

Units：万吨

㉟化工其他子行业煤炭需求变化量＝化工其他子行业煤炭需求量 * 化工其他子行业煤炭需求增长率

Units：万吨/年

㊱化工其他子行业煤炭需求量＝ INTEG （+化工其他子行业煤炭需求变化量，初始化工其他行业煤炭需求量）

Units：万吨

㊲化工其他子行业煤炭需求增长率＝标准化工其他子行业煤炭需求增长率–工艺技术进步对化工其他子行业煤炭需求的影响–节能对化工其他子行业煤炭需求的影响+轻工业产值对化工其他行业煤炭需求的影响

Units：Dmnl

㊳化工行业煤炭需求量＝化肥制造业煤炭需求+化工其他子行业煤炭需求量+基本化学原料业煤炭需求量

Units：万吨

㊴环境污染对农作物种植面积的影响＝环境污染对农作物种植面积的影响图表（环境污染因子（Time））

Units：Dmnl

㊵环境污染对农作物种植面积的影响图表

（[（1，0）–（5，2）]，（1，1.04），（2，1.03），（3，1.01），（4，0.97），（5，0.85））

Units：Dmnl

㊶基本化学原料业煤炭需求变化量＝基本化学原料业煤炭需求量 * 基本化学原料业煤炭需求增长率

Units：万吨/年

㊷基本化学原料业煤炭需求量＝ INTEG （+基本化学原料业煤炭需求变化量，初始基本化学原料业煤炭需求量）

Units：万吨

㊸基本化学原料业煤炭需求增长率=标准基本化学原料业煤炭需求增长率+工业生产总值增长率对基本化学原料业煤炭需求的影响−工艺技术进步对基本化学原料业煤炭需求的影响−节能对基本化学原料业煤炭需求的影响

Units：Dmnl

㊹节能对化工其他子行业煤炭需求的影响=节能对化工其他子行业煤炭需求的影响图表（节能强度系数（Time））

Units：Dmnl

㊺节能对化工其他子行业煤炭需求的影响图表

（[(1，0)−（5，1)]，(1，0.002)，(2，0.012)，(3，0.013)，(4，0.018)，(5，0.02))

Units：Dmnl

㊻节能对基本化学原料业煤炭需求的影响=节能对基本化学原料业煤炭需求的影响图表（节能强度系数（Time））

Units：Dmnl

㊼节能对基本化学原料业煤炭需求的影响图表

（[(1，0)−（5，1)]，(1，0.002)，(2，0.009)，(3，0.01)，(4，0.018)，(5，0.02))

Units：Dmnl

㊽节能管理对吨氨耗煤量的影响=节能管理对吨氨耗煤量的影响图表（节能管理因子（Time））

Units： Dmnl

㊾节能管理对吨氨耗煤量的影响图表

（[(1，0)−（5，2)]，(1，0.001)，(2，0.019)，(3，0.0196)，(4，0.0197)，(5，0.02))

Units：Dmnl

㊿农作物种植面积增长指数=标准农作物面积增长指数＊国家政策对农作物种植面积的影响＊环境污染对农作物种植面积的影响

Units：Dmnl

51煤头合成氨比例上升率=标准煤头合成氨比例上升率＊产业政策对煤头合成氨比例的影响＊油煤价格比对煤头合成氨比例的影响

Units：Dmnl

○52煤头合成氨产量=合成氨产量*煤头合成氨所占比例

Units：万吨

○53煤头合成氨所占比例= INTEG （+煤头合成氨所占比例的变化，初始煤头合成氨比例）

Units：Dmnl

○54煤头合成氨所占比例的变化=煤头合成氨所占比例*煤头合成氨比例上升率

Units：Dmnl

○55FINAL TIME=2020

Units：Year

The final time for the simulation.

○56INITIAL TIME=1993

Units：Year

The initial time for the simulation.

○57SAVEPER=1

Units：Year

The frequency with which output is stored.

○58TIME STEP=0.125

Units：Year

The time step for the simulation.

（5）国内其他用煤子系统及煤炭出口子系统。

①标准其他产业用煤下降率=0.042

Units：Dmnl

②标准生活用煤下降率=0.037

Units：Dmnl

③初始国内其他产业用煤量=25877

Units：万吨

④初始生活用煤量=14515

Units：万吨

⑤国内其他产业用煤量= INTEG （-其他产业用煤下降，初始国内其他产业用煤量）

Units：万吨

⑥国内其他用煤=国内其他产业用煤量+生活用煤

Units：万吨

⑦技术进步对其他产业用煤的影响=技术进步对其他产业用煤的影响图表（技术进步因子（Time））

Units：Dmnl

⑧技术进步对其他产业用煤的影响图表

（[(1，1)-（5，2)]，(1，1.028)，(2，1.03)，(3，1.1)，(4，1.15)，(5，1.19)）

Units：Dmnl

⑨技术进步对生活用煤的影响=技术进步对生活用煤的影响图表（技术进步因子（Time））

Units：Dmnl

⑩技术进步对生活用煤的影响图表

（[(1，1)-（5，2)]，(1，1.025)，(2，1.027)，(3，1.03)，(4，1.015)，(5，1.019)）

Units：Dmnl

⑪其他产业用煤下降=国内其他产业用煤量 * 其他产业用煤下降率

Units：万吨/年

⑫其他产业用煤下降率=标准其他产业用煤下降率 * 技术进步对其他产业用煤的影响 * 能源替代对其他产业用煤的影响 *GDP增长率对其他产业用煤的影响

Units：Dmnl

⑬能源替代对其他产业用煤的影响=能源替代对其他产业用煤的影响图表（能源替代系数（Time））

Units：Dmnl

⑭能源替代对其他产业用煤的影响图表

（[(1，1)-（5，2)]，(1，1.2009)，(2，1.2171)，(3，1.2234)，(4，1.8517)，(5，1.912)）

Units：Dmnl

⑮能源替代对生活用煤的影响=能源替代对生活用煤的影响图表（能源替代系数（Time））

Units：Dmnl

⑯能源替代对生活用煤的影响图表

([(1, 1)– (5, 2)], (1, 1.1028), (2, 1.1932), (3, 1.2567), (4, 1.8511), (5, 1.956))

Units：Dmnl

⑰生活用煤= INTEG （–生活用煤下降，初始生活用煤量）

Units：万吨

⑱生活用煤下降=生活用煤 * 生活用煤下降率

Units：万吨/年

⑲生活用煤下降率=标准生活用煤下降率 * 技术进步对生活用煤的影响 * 能源替代对生活用煤的影响

Units：Dmnl

⑳GDP 增长率

([[(1993, 0.07)– (2020, 0.15)], (1993, 0.135), (1994, 0.126), (1995, 0.105), (1996, 0.096), (1997, 0.088), (1998, 0.078), (1999, 0.071), (2000, 0.084), (2001, 0.083), (2002, 0.091), (2003, 0.1), (2004, 0.101), (2005, 0.104), (2008, 0.08), (2011, 0.07), (2020, 0.07))

Units：Dmnl

㉑GDP 增长率对其他产业用煤的影响=IF THEN ELSE （GDP 增长率 (Time) <0.09, 1.02, 1.01)

Units：Dmnl

㉒INITIAL TIME=1993

Units：Year

The initial time for the simulation.

㉓FINAL TIME=2020

Units：Year

The final time for the simulation.

㉔SAVEPER =1

Units：Year

The frequency with which output is stored.

㉕TIME STEP=0.125

Units：Year

The time step for the simulation.

6.5.2 模型的有效性检验

现实中的煤炭需求系统是十分复杂的，模型只是现实系统的抽象和近似。构造的模型能否有效代表现实系统，直接决定了模型仿真和政策分析质量的高低。因此，必须对模型进行有效性检验。

模型的有效性检验一般有两种：即理论检验和历史仿真检验。理论检验主要研究模型边界是否合理，模型变量之间的关系是否有现实意义，参数取值是否有现实意义以及方程量纲是否一致等；历史仿真检验主要是选定过去某一时段，将仿真得到的结果与实际结果相比照，考察两者是否吻合，以验证模型是否能有效代表实际系统。

先对模型进行理论检验。依据 SD 的建模原则、煤炭需求系统的实际情况以及建模的目的可知，所建立模型的系统边界是合理的，模型变量之间的关系以及参数取值都具有现实意义，方程的量纲也是一致的。所以，可以认为该模型通过了理论检验。

下面，以我国 1993~2005 年煤炭需求系统的相关历史数据为依据，对该模型进行历史仿真检验。在检验的过程中，通过反复调整模型结构和模型中的可调参数，使模型的行为更加接近实际系统，最终的检验结果如表6.5、表 6.6、表 6.7、表 6.8、表 6.9、表 6.10 所示。

从以上表中可以看出，模型仿真值和历史值的相对误差均不超过 5%。因此，可以认为该模型基本能够有效地代表我国煤炭需求系统，可以用来进行仿真，并且可以预测该系统未来的发展情况。

表 6.5 历史仿真检验结果 (一)

年 份		1993	1994	1995	1996	1997	1998	1999	2000	2001	2002	2003	2004	2005
电煤单耗	历史值	528	525.9	532.6	535.7	520.1	501.5	479.6	476.6	478.5	485	484.7	494.4	490.5
	仿真值	528	537.034	545.118	538.161	516.915	497.143	477.925	472.378	476.447	479.345	482.312	489.96	496.267
	相对误差 (%)	0	2.0732	2.2963	0.4572	-0.6161	-0.8764	-0.3505	-0.8937	-0.4308	-1.1797	-0.4951	-0.9061	1.162
火力发电比例 (%)	历史值	81.9	80.51	80.18	81.35	81.55	81.09	81.48	80.96	81.17	81.74	82.88	82.5	81.89
	仿真值	81.9	81.9002	81.9444	81.9068	81.9714	82.0241	82.0663	81.9954	81.8749	81.9647	82.0288	82.0374	82.1392
	相对误差 (%)	0	1.6974	2.1531	0.6797	0.5141	1.1388	0.714	1.263	0.861	0.274	-1.038	-0.56	3.03
火力发电量	历史值	6857	7470	8073.5	8786	48123	47089	48187	11079	12045	13522	15789	17604	19823
	仿真值	6599.55	7332.27	8029.11	8765.23	48638.3	49488.6	50536.2	11265.5	12591.7	13764.4	15567.2	17180.1	18959.3
	相对误差 (%)	-2.9010	-1.8784	-0.5528	-0.2369	1.0594	2.8487	2.6485	1.6554	2.3417	1.7611	-1.4247	-2.4673	-2.5555
火电耗煤	历史值	36204	39291	43000	47046	48123	47089	48187	53810	59637	65595	76543	86513	103098
	仿真值	34845.6	39376.8	43768.1	47171.1	48638.3	49488.6	50536.2	56522.3	61898.5	67896.2	75082.3	84175.4	99789
	相对误差 (%)	-2.8983	0.2178	1.7549	0.2652	1.0594	2.8487	2.6485	2.7986	3.6535	3.3892	-1.9454	-2.7771	-3.3159
供热单耗	历史值	51.1	52.19	53.92	54.48	54.9	53.71	52.24	52.99	53.78	55.26	57.61	59.6	59.7
	仿真值	51.1	52.9039	54.2832	54.5768	53.7675	53.0401	52.305	52.9471	54.6369	55.6243	56.9936	59.0651	60.9577
	相对误差 (%)	0	1.3678	0.6735	0.1776	-2.0628	-1.2472	0.1244	-0.0809	1.5933	0.6592	-1.0699	-0.8974	2.1067
供热量	历史值	81952	80979	86422	94759	95068	103599	108907	120434	128744	139150	148421	163737	170121
	仿真值	78420	81552.3	87029.3	92874.1	99111.4	105768	112871	120451	128541	137173	146386	156217	166708
	相对误差 (%)	-3.5039	0.7029	0.6978	-2.0295	4.0796	2.0507	3.5119	0.0141	-0.1579	-1.4412	-1.3901	-4.8138	-2.0472
供热耗煤量	历史值	4188	4226	4660	5162	5220	5564	5689	6382	6924	7690	8995	10516	11212
	仿真值	3905.06	4314.44	4724.23	5068.77	5328.97	5609.93	5903.71	6377.54	7023.06	7630.16	8643.04	9996.96	11072.8
	相对误差 (%)	-7.2454	2.0498	1.3595	-1.8393	2.0448	0.8187	3.6368	-0.0698	1.4306	-0.7781	-3.9128	-4.9357	-1.2415
电力行业耗煤量	历史值	40392	43517	47660	52208	53343	52653	53876	59193	65561	73284	85093	98391	109040.5
	仿真值	38750.7	43691.2	48492.3	52239.8	54967.3	54268.5	55421.9	61899.8	67921.6	75526.4	83425.3	95417.4	107426
	相对误差 (%)	-2.2355	0.3987	1.7163	0.0608	2.955	2.9768	2.9127	2.3728	2.4754	2.969	-1.999	-3.1164	-1.5028

表6.6　历史仿真检验结果（二）

指标	年份	1993	1994	1995	1996	1997	1998	1999	2000	2001	2002	2003	2004	2005
吨铁耗煤量	历史值	1.457	1.424	1.391	1.367	1.345	1.32	1.284	1.265	1.219	1.183	1.085	1.118	1.064
	仿真值	1.457	1.44133	1.42569	1.38381	1.34306	1.30343	1.27834	1.24317	1.20893	1.17815	1.1264	1.11875	1.0901
	相对误差(%)	0	1.2023	2.4332	1.2147	-0.1444	-1.2712	-0.4427	-1.7559	-0.8329	-0.4116	3.6754	0.0671	2.3942
铁钢比	历史值	0.938	0.976	1.052	1.104	1.059	1.057	1.035	1.012	1.02	0.97	0.937	0.961	0.923
	仿真值	0.938	0.99647	1.05316	1.10029	1.06284	1.0543	1.02798	1.01162	0.993086	0.965515	0.939152	0.958467	0.918423
	相对误差(%)	0	2.0542	0.1101	-0.3371	0.3612	-0.2560	-0.6828	-0.0375	-2.7101	-0.4645	0.2291	-0.2642	-0.4983
钢/钢材	历史值	1.158	1.183	1.231	1.174	1.148	1.128	1.097	1.08	1.039	1.043	1.033	1.065	1.078
	仿真值	1.158	1.19274	1.24761	1.21199	1.17749	1.14397	1.11083	1.09412	1.0818	1.05631	1.05061	1.05451	1.0702
	相对误差(%)	0	0.8166	1.3313	3.1345	2.5044	1.3960	1.2450	1.2905	3.9563	1.2600	1.6761	-0.994	-0.7288
生铁产量	历史值	8738	9741	10529	10723	11511	11864	12539	13101	14704	17075	21367	25285	28100
	仿真值	8649.55	9336.91	10760.5	11188.8	11803.7	12201	13045.3	13427.4	14746.2	17824.5	21228.1	24158.2	28770.5
	相对误差(%)	-1.0225	-4.3278	2.1513	4.1630	2.4797	2.7620	3.8810	2.4308	0.2861	4.2048	-0.6543	-4.6642	2.3305
钢材产量	历史值	7735	7827	7747	8620	9483	10158	11300	11896	14597	17472	21517	25620	28157
	仿真值	7963.09	7899.37	8108.75	8851.94	9544.06	10226	11632	12424.8	14005	18059.1	21590.5	24748.4	29197.7
	相对误差(%)	2.9488	0.9246	4.6695	2.6907	0.6438	0.6694	2.9381	4.4451	-4.0556	3.3602	0.3415	-3.4020	3.6960
钢铁行业耗煤	历史值	12738	13874	14649	14658	15486	15665	16111	16586	17932	20214	23187	27172	32157
	仿真值	12602.4	13470.1	14938.8	14931.5	15902.2	15943.7	16531.7	16502.6	17622.8	21038.2	22948.1	26702.8	30980.3
	相对误差(%)	-1.0759	-2.9984	1.9399	1.8316	2.6172	1.7481	2.5448	-0.5053	-1.7545	3.9176	-1.0410	-1.7571	-3.7982

表 6.7 历史仿真检验结果（三）

年份		1993	1994	1995	1996	1997	1998	1999	2000	2001	2002	2003	2004	2005
水泥产量	历史值	36240	42120	47592	49212	51276	53598	59700	63102	72498	86202	97002	109900	57300
	仿真值	36240	41025.1	46331.1	50647.2	53480	54672	59077.4	63180.1	70152.6	84246.3	96139.6	113702	58764.6
	相对误差 (%)	0	-2.6688	-2.7214	2.8337	4.1211	1.9644	-1.0539	0.1236	-3.3432	-2.3214	-0.8970	3.3438	2.4923
吨水泥耗煤量	历史值	0.203	0.203	0.201	0.201	0.2	0.196	0.185	0.179	0.172	0.164	0.169	0.165	0.191
	仿真值	0.203	0.202097	0.200872	0.199329	0.197476	0.19532	0.189197	0.183634	0.17839	0.169445	0.168783	0.164388	0.192873
	相对误差 (%)	0	-0.4468	-0.0637	-0.8383	-1.2781	-0.3481	2.2183	2.5234	3.5820	3.2134	-0.1285	-0.3722	0.9711
水泥行业耗煤量	历史值	7360	8553	9602	9922	10269	10527	11057	11311	12486	14156	16407	17705	10950
	仿真值	7356.72	8259.11	9183.44	9852.93	10197.2	10388.5	11046.9	11547.3	12543.1	13873.1	15720.3	17951.8	11112.3
	相对误差 (%)	-0.0445	-3.5583	-4.5577	-0.7010	-0.70411	-1.3332	-0.0914	2.0463	0.4552	-2.0391	-4.3682	1.3747	1.4605
墙体材料产量	历史值	6246	7227	7491	7321	7053	6903	6850	6900	6850	7000	7120	7320	6880
	仿真值	6246	7020.06	7376.08	7350.99	7378.47	7139.55	6719.75	6693.73	6604.19	6858.54	6974.17	7064.14	7184.93
	相对误差 (%)	0	-2.9478	-1.5580	0.4079	4.4110	3.3132	-1.9383	-3.0815	-3.7220	-2.0625	-2.0910	-3.6219	4.2440
十万块墙体材料耗煤量	历史值	0.138	0.137	0.136	0.135	0.134	0.133	0.125	0.121	0.118	0.115	0.119	0.117	0.129
	仿真值	0.138	0.137332	0.136305	0.134925	0.133204	0.131152	0.126633	0.123797	0.120944	0.11808	0.115209	0.112333	0.128786
	相对误差 (%)	0	0.2417	0.2237	-0.0555	-0.5975	-1.4090	1.2895	2.2593	2.4341	2.6084	-3.2905	-4.5461	-0.1661
墙体材料行业耗煤量	历史值	8655	9944	10199	9944	9450	9188	8613	8367	8208	8109	8495	8370	8894
	仿真值	8619.48	9949.23	10410.1	10094.9	9892.53	9376.34	8601.88	8120.29	7915.08	7884.36	8094.94	8079.33	9272.85
	相对误差 (%)	-0.4120	0.0525	2.0278	1.4948	2.4733	2.0086	-0.1293	-3.3819	-3.0078	-2.4918	-2.921	-2.4769	3.0855

表 6.8 历史仿真检验结果（四）

年份		1993	1994	1995	1996	1997	1998	1999	2000	2001	2002	2003	2004	2005
石灰产量	历史值	12942	13500	13680	12870	11622	11592	11658	13002	13050	13098	13356	13600	10578
	仿真值	12942	13899.3	14323.2	13384.7	12216.1	11510.3	11416.5	12997.1	12792.4	12811	13317.7	13521	11020.6
	相对误差(%)	0	2.8728	4.4906	3.8454	4.8632	-0.7097	-2.154	-0.0377	-2.1369	-2.4026	-0.2875	-0.5842	4.0161
吨石灰耗煤量	历史值	0.238	0.233	0.228	0.226	0.222	0.219	0.201	0.177	0.169	0.16	0.165	0.15	0.217
	仿真值	0.238	0.233921	0.228505	0.221794	0.213855	0.209784	0.195235	0.17663	0.169942	0.164898	0.159854	0.154834	0.214699
	相对误差(%)	0	0.3952	0.2214	-1.8610	-3.6689	-4.2082	-2.682	-0.2090	0.5573	3.6125	-3.1878	3.2266	-1.0603
石灰行业耗煤量	历史值	3081	3151	3119	2916	2581	2549	2353	2311	2206	2101	2206	2189	2297
	仿真值	3080.2	3151.99	3201.91	3027.54	2690.09	2581.4	2331.1	2248.67	2132.03	2074.85	2197.6	2093.17	2415.3
	相对误差(%)	-0.0259	0.0311	2.5893	3.6841	4.0552	1.2551	-0.9395	-2.7186	-3.6946	-1.6033	-0.3822	-4.7822	4.8979
其他子行业耗煤量	历史值	2682	2861	3126	3167	3094	2849	3346	3805	4100	4682	5057	5300	3043
	仿真值	2682	2833.13	2992.78	3161.42	3114	2967.29	3191.53	3671.37	3950.44	4497.59	4945.4	5305.51	3021.28
	相对误差(%)	0	-0.9837	-4.4513	-0.1765	0.6422	3.9864	-4.4	-3.3978	-3.8591	-4.0019	-2.5664	0.1038	-0.7189
建材行业耗煤量	历史值	21779	24510	26046	25948	25394	25112	25370	25794	27000	29048	32165	33500	25183
	仿真值	21738.4	24292.8	25927.8	26299.6	26243.9	25598.8	25140.3	25158	26212.6	27902.7	31129.7	33368.2	25999.9
	相对误差(%)	-0.1867	-0.8941	-0.4558	1.3369	3.2384	1.9016	-0.9137	-2.2802	-2.8389	-2.0462	-2.2576	-0.3949	2.1419

表 6.9 历史仿真检验结果 (五)

年份		1993	1994	1995	1996	1997	1998	1999	2000	2001	2002	2003	2004	2005
煤头合成氨产量	历史值	1420	1570	1817	2086	1964	1961	2081	2364	2486	2569	2753	2965	3310
	仿真值	1419.52	1534.27	1755.25	2078.73	1902.96	2018.77	2111.84	2296.13	2393.74	2527.3	2723.71	2959.54	3215.47
	相对误差 (%)	-0.0338	-2.3287	-3.5180	-0.3497	-3.2076	2.8616	1.4603	-2.9558	-3.8542	-1.6499	-1.0753	-0.1844	-2.9398
吨氨耗煤量	历史值	2.633	2.696	2.728	2.66	2.578	2.544	2.447	2.201	2.201	2.306	2.285	2.361	2.387
	仿真值	2.633	2.72252	2.73753	2.67462	2.50933	2.4425	2.3689	2.2556	2.27923	2.3078	2.34147	2.38045	2.43124
	相对误差 (%)	0	0.9741	0.0348	0.5466	-2.7365	-4.1555	-3.2968	2.4206	3.4322	0.0779	2.4117	0.8171	1.8196
化肥制造业煤炭消费量	历史值	3739	4234	4958	5551	5065	4988	5094	5203	5474	5926	6290	7002	7860
	仿真值	3737.59	4177.09	4731.28	5357.42	4975.16	4809.72	4898.81	5121.26	5387.51	5832.49	6377.49	7045.05	7817.58
	相对误差	-0.0377	-1.3624	-4.7919	-3.6133	-1.8057	-3.7066	-3.9844	-1.5961	-1.6053	-1.6032	1.3718	0.6111	-0.5426
基本化学原料业煤炭消费量	历史值	1303	1414	1586	1738	1708	1725	1745	1815	1910	2040	2144	2272	2390
	仿真值	1303	1387.69	1524.71	1697.95	1661.58	1688.26	1761.91	1838.55	1926.18	2008.53	2093.94	2196.55	2299.23
	相对误差 (%)	0	-1.8959	-4.0197	-2.3587	-2.7937	-2.1762	0.9597	1.2809	0.8400	-1.5668	-2.3907	-3.4349	-3.9478
其他化工行业煤炭消费量	历史值	1320	1426	1439	1361	1535	1505	1525	1592	1700	1864	1972	1992	2098
	仿真值	1320	1382.04	1440.09	1386.17	1533.54	1582.23	1602.27	1667.84	1786.36	1867.91	1952.57	2040.44	2132.77
	相对误差 (%)	0	-3.1808	0.0756	1.8157	-0.0952	04.8811	04.8225	4.5471	4.8344	0.2093	-0.9951	2.3739	1.6302
化工全行业煤炭消费量	历史值	6362	7075	7984	8650	8307	8218	8364	8609	9084	9830	10406	11266	12320
	仿真值	6360.59	6946.83	7646.08	8285.93	7929.12	8093.26	8243.74	8585.87	9122.38	9733.18	10449.8	11309.5	12280.6
	相对误差 (%)	-0.0221	-1.8450	-4.4195	-4.3938	-4.7657	-1.5412	-1.4588	-0.2693	0.4207	-0.9947	0.4191	0.3846	-0.3208

表 6.10 历史仿真检验结果（六）

年份		1993	1994	1995	1996	1997	1998	1999	2000	2001	2002	2003	2004	2005
生活用煤	历史值	14515	13547	13030	13000	12800	11600	10500	9500	8500	8300	8175	8093	7996
	仿真值	14515	13865.4	13238.5	12633	12242.9	11588.6	10351.1	9814.83	8867.28	8698.58	8533.74	8145.81	7775.9
	相对误差 (%)	0	2.2963	1.5749	-2.9051	-4.5503	-0.0983	-1.4384	3.2076	4.1419	4.5821	4.2037	0.6483	-2.8305
其他产业用煤	历史值	25877	25500	24808	22742	19578	17070	16691	16246	15031	13981	13317	12848	12590
	仿真值	25877	24522.9	23826.4	21904.2	20037.4	17879.9	17194.2	16134.9	15266.3	14445.3	13676.9	12950	12262.5
	相对误差 (%)	0	-3.9844	-4.1198	-3.8248	2.2927	4.5296	2.9265	-0.6885	1.5413	3.2141	2.6314	0.7876	-2.6707
国内其他用煤	历史值	40392	39047	37838	35742	32378	28670	27191	25746	23531	22281	21492	20941	20680
	仿真值	40392	38388.3	36464.9	34537.2	31780.2	29468.5	27545.3	25949.7	24633.6	23385.9	22210.6	21095.9	20038.4
	相对误差 (%)	0	-1.6869	-3.6288	-3.3708	-1.8463	2.7851	1.3030	0.7911	4.6857	4.9589	3.3435	0.7396	-3.1025
煤炭需求总量	历史值	123640	130440	137030	140850	137980	133540	134460	141000	149910	161000	178520	200630	223700
	仿真值	121825	129206	137123	142854	140350	138186	139512	144997	155214	166199	176104	191080	218134
	相对误差 (%)	-1.4679	-0.9460	0.0678	1.4227	1.7176	2.4791	2.7572	2.8347	2.5381	2.2291	-1.3533	-2.7600	-2.4881

6.5.3 仿真结果

模型通过有效性检验以后，就可以进行模拟仿真了，以下是所建立的煤炭需求系统 SD 仿真模型的模拟仿真结果。

（1）电力行业煤炭需求量、钢铁行业煤炭需求量、建材行业煤炭需求量、化工行业煤炭需求量、国内其他用煤量、煤炭需求总量仿真结果曲线图（见图 6.9、图 6.10、图 6.11、图 6.12、图 6.13、图 6.14）。

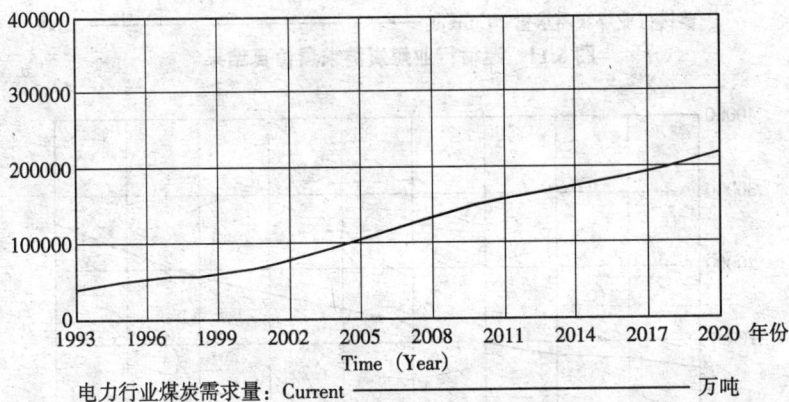

电力行业煤炭需求量：Current ————————————————————— 万吨

图 6.9　电力行业煤炭需求量仿真结果

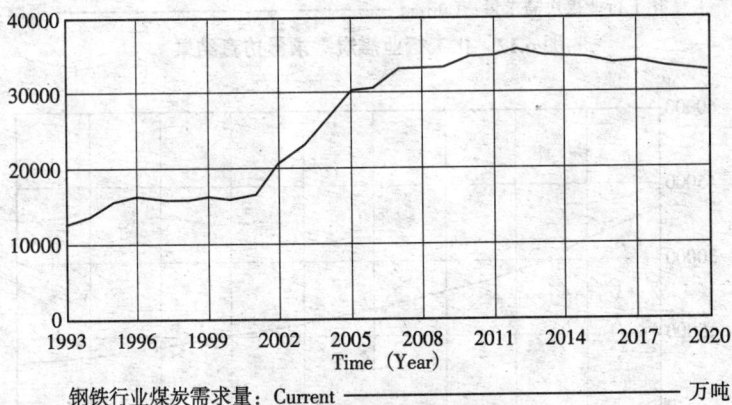

钢铁行业煤炭需求量：Current ————————————————————— 万吨

图 6.10　钢铁行业煤炭需求量仿真结果

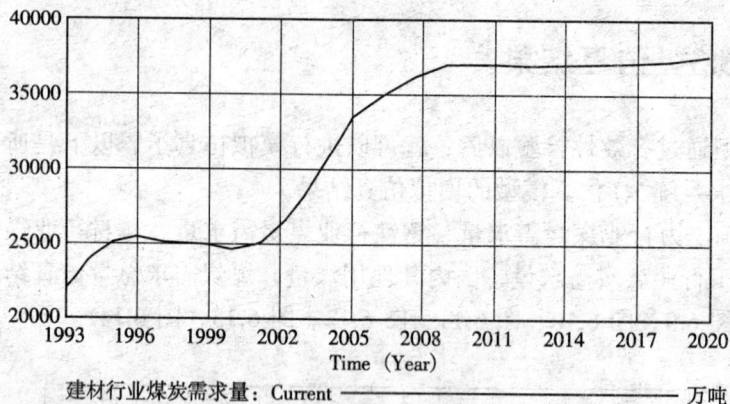

建材行业煤炭需求量：Current ————————————————————————— 万吨

图 6.11 建材行业煤炭需求量仿真结果

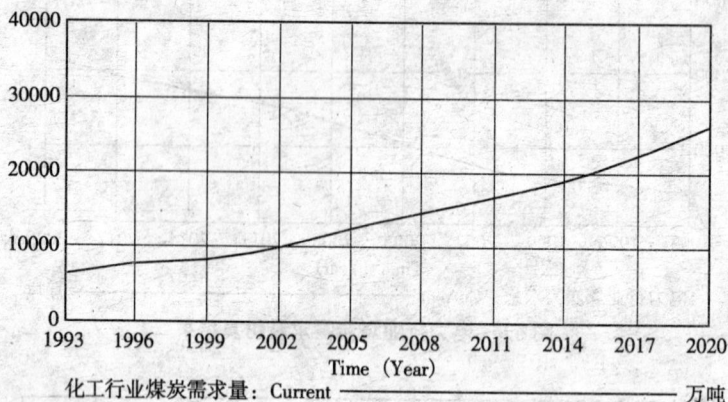

化工行业煤炭需求量：Current ————————————————————————— 万吨

图 6.12 化工行业煤炭需求量仿真结果

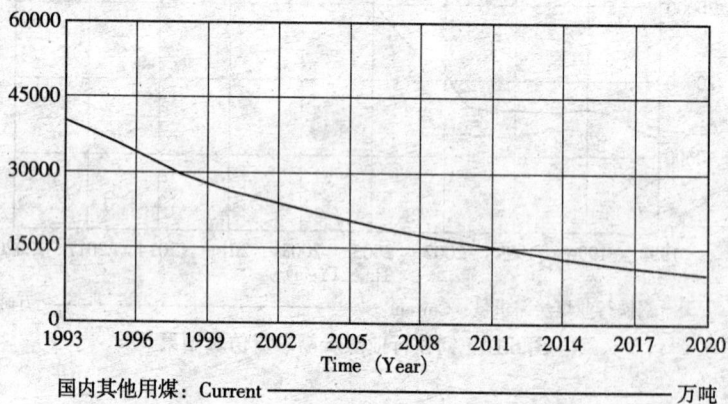

国内其他用煤：Current ————————————————————————— 万吨

图 6.13 国内其他用煤量仿真结果

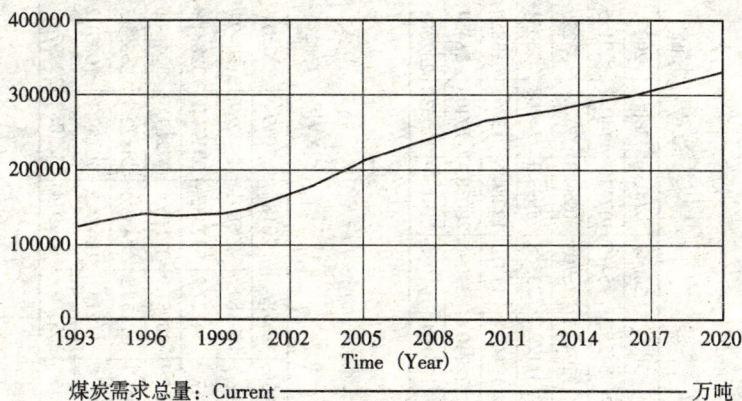

煤炭需求总量：Current —————————————————————— 万吨

图 6.14　煤炭需求总量仿真结果

（2）仿真结果如表 6.11、表 6.12 所示。

6.5.4　政策模拟

为了提高系统的政策决策支持作用，本节通过变换几个关键的系统参数取值来模拟不同的经济发展情景和政策因素，得出不同的煤炭需求预测仿真结果，从而为能源政策建议提供具体的支持依据。

方案一：设定经济发展为高速发展模式。

将各期的 GDP 增长率调高 0.5 个百分点，工业生产总值增长率调高 0.5 个百分点，由于经济的高速增长，使得各行业特别是工业用煤量增加，进而使煤炭需求总量进一步增加。

方案二：促进节能技术进步。

将技术进步因子分别增加 1，提高节能强度系数，将节能强度系数增加 0.5，系统仿真结果表明，由于技术进步速度加快，带来了铁钢比、钢/钢材比的下降，引起生铁产量的降低，同时，技术进步也使得电煤单耗、供热单耗、吨铁耗煤量、吨氨耗煤量、吨水泥耗煤量、单位墙体材料耗煤量降低，最终导致电力行业耗煤量、钢铁行业耗煤量、建材行业耗煤量、化工行业耗煤量的降低；如果政府进一步加大节能管理，出台相应的节能鼓励政策，将会通过降低各种煤炭单耗指标达到降低煤炭消费总量的目的。

方案三：降低全社会固定资产投资率。

调整产业结构相关系数，将各期固定资产投资率分别降低 2 个百分

表 6.11 仿真结果一

单位：万吨

年份	1993	1994	1995	1996	1997	1998	1999	2000	2001	2002	2003	2004	2005	2006	2007
电力行业煤炭需求量	38750.7	43691.2	48492.3	52239.8	54967.3	54268.5	55421.9	61899.8	67921.6	75526	83425.3	95417	107426	114021	122155
钢铁行业煤炭需求量	12602.4	13470.1	14938.8	14931.5	15902.2	15943.7	16531.7	16502.6	17622.8	21038	22948.1	26703	30980.3	30761	33225
建材行业煤炭需求量	21738.4	24292.8	25927.8	26299.6	26243.9	25598.8	25140.3	25158	26212.6	27903	31129.7	33368	25999.9	34068	35031
化工行业煤炭需求量	6360.59	6946.83	7646.08	8285.93	7929.12	8093.26	8243.74	8585.87	9122.38	9733.2	10449.8	11310	12280.6	13253	13859
国内其他用煤量	40392	38388.3	36464.9	34537.2	31780.2	29468.5	27545.3	25949.7	24633.6	23386	22210.6	21096	20038.4	19403	18454
煤炭需求总量	121825	129206	137123	142854	140350	138186	139512	144997	155214	166199	176104	191080	218134	220630	232001

表 6.12 仿真结果二

单位：万吨

年份	2008	2009	2010	2011	2012	2013	2014	2015	2016	2017	2018	2019	2020
电力行业煤炭需求量	131721	140818	148858	155317	160387	165680	171241	177101	183268	189869	196891	204287	212049
钢铁行业煤炭需求量	33309.1	33522	34763.4	35052.3	35744.7	34923.9	34734.7	34619.5	34047	34227.2	33733.1	33171.3	32831.9
建材行业煤炭需求量	35916.2	36438	36617.1	36608.5	36620.2	36652	36704.1	36776.3	36868.9	36981.9	37115.4	37269.6	37444.6
化工行业煤炭需求量	14598.3	15347.3	16020.8	16674.5	17392.4	18180.3	19044.4	19991.6	21031.7	22175.9	23435.4	24822.5	26351.3
国内其他用煤量	17553.1	16697	15883.7	15110.9	14376.6	13678.7	13015.3	12384.9	11785.6	11216	10674.5	10159.7	10061.2
煤炭需求总量	242665	252478	261875	268503	274425	279190	285000	291327	297666	305360	312974	321082	329978

点，将工业总产值增长率调低 1 个百分点，将道路、桥梁工程项目增长率调低 0.5 个百分点。仿真结果表明，由于固定资产投资率的下降，将引起钢铁需求量以及水泥、石灰、墙体材料产量的下降，进而引起钢铁行业和建材行业煤炭需求量的下降；工业总产值增长率的降低，将会引起钢铁消费量、电力需求量以及基本化学原料业产品产量的下降，进而引起钢铁耗煤量、电力耗煤量以及基本化学原料业煤炭需求量的下降；道路、桥梁工程项目增长率的降低，将会引起水泥产量的下降，从而引起建材行业煤炭需求量的下降，以致引起煤炭需求总量的降低。

方案四：加大政策调节力度。

将节能政策因子、农业政策因子、环保政策因子等与各行业煤炭需求密切相关的政策因子分别增加 1，加大政策调节力度，比如，节能政策、环保政策措施促使电力行业加强火电机组节能技术改造，降低电煤单耗，从而降低电力耗煤量；受国家惠农政策和国家宏观调控影响，农民从事农业生产的积极性提高，农作物播种面积增加，由于合成氨产量与农作物播种面积的相关性，从而引起合成氨产量的增加，进而带来化工行业煤炭需求量的增加，一系列政策作用的结果，煤炭需求量有所下降。

四种方案的仿真结果与原仿真结果的对比如图 6.15 所示。

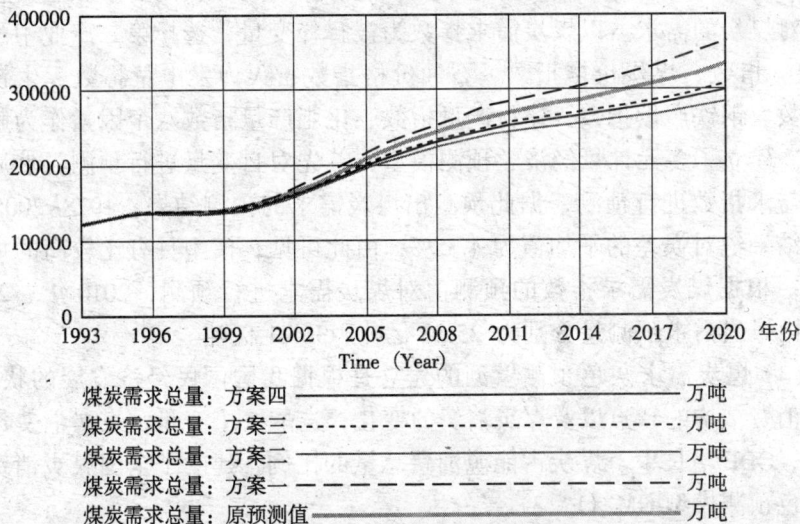

图 **6.15**　四种方案煤炭需求总量与原预测值对比图

6.6   不同预测方法的比较分析

（1）煤炭需求间接预测法综合单位产值能耗法、能源消费弹性系数法、人均能耗法三种方法对能源需求的预测结果，首先得出能源需求预测量 2010 年为 29.1 亿~30.9 亿吨标准煤，2020 年为 37.5 亿~40 亿吨标准煤。根据相关部门预测，2010 年、2020 年我国消费的石油、天然气、水电、核电和新能源等煤炭外的其他一次能源总量将分别达到 11.8 亿吨标准煤、16.5 亿吨标准煤，根据能源需求预测结论和除煤炭外其他一次能源消费的预测结果，2010 年、2020 年国内煤炭需求量分别为 24.2 亿~26.7 亿吨、30.1 亿~32.9 亿吨。

此预测方法的预测结果取决于能源需求总量的预测值和除煤炭外其他一次能源消费的预测值，而其他一次能源需求量的预测由于涉及的范围广，影响因素多，预测结果的准确度会受到一定影响。

（2）煤炭需求因果回归预测法通过对影响我国煤炭消费相关因素的分析，认为煤炭需求的解释变量应该反映经济发展对煤炭的需求和主要耗能行业对煤炭的需求。以煤炭需求指数为被解释变量，选择第二产业中的工业 GDP 指数、煤炭价格指数、石油价格指数、火力发电量指数、生铁产量指数、钢铁产量指数、建材产量指数、化肥产量指数八个因素作为解释变量。建立了多元计量经济学预测模型，首先对自变量进行预测，然后对煤炭需求指数进行预测，据此预测出煤炭需求的预测结果，1978~2005 年模拟结果绝对误差的平均值为 4.35%，由此可见，模型具有比较高的拟合精度。根据煤炭需求指数的预测值对煤炭需求进行预测，2010 年、2020 年国内煤炭需求预测量分别为 25.23 亿吨、36.41 亿吨。

（3）煤炭需求灰色预测模型的建立是根据我国国民经济发展的状况、能源消费结构的特点以及煤炭消费的变化，选取 3 个变量：煤炭消费年增长率、GDP 增长率、煤炭占能源消费总量的比例，建立了全国煤炭消费需求灰色预测模型 GM（1，3）。

从 1991~2005 年全国煤炭消费量的模拟结果来看，随着时间的推移，拟合效果不断降低，表明基于灰色理论的预测方法，比较适合于对我国煤炭需求总量的短期趋势进行预测，并且灰色预测方法由于其模型特点，比较适合于具有指数增长趋势的实际问题，对于其他变化趋势，则有时拟合灰度较大，导致精度难以提高。2010 年、2020 年国内煤炭需求预测量分别为 26.89 亿吨、32.05 亿吨。

（4）建立复合小波神经网络预测模型，有效地解决了普通神经网络预测需要人为的给定网络结构的缺陷，通过平移和伸缩因子，使复合小波神经网络达到较强的函数逼近能力，从而达到较优的拟合效果。煤炭消费需求预测的绝对误差最大为 3.68%，平均绝对误差为 3.31%，达到了比较高的精度。

复合小波神经网络预测模型用于煤炭需求量的中、短期预测具有较高的精度，可以作为煤炭需求的一种比较可行的定量预测方法在实际中应用，但是要保持较高的预测精度，必须不断补充新的历史数据，进行滚动预测。应用复合小波神经网络模型预测 2010 年的煤炭消费量为 25.34 亿吨，2020 年为 30.56 亿吨。

（5）煤炭需求系统动力学模型将煤炭需求系统看作一个虚拟复杂网络系统，针对煤炭需求系统非线性、多层次、动态反馈的复杂网络结构特征，对各种影响因素进行了深入的分析，将煤炭需求系统划分为电力行业煤炭需求预测子系统、钢铁行业煤炭需求预测子系统、建材行业煤炭需求预测子系统、化工行业煤炭需求预测子系统、国内其他煤炭需求预测子系统以及煤炭出口预测子系统，分析了子系统内部各要素之间的反馈关系，有关经济、政策方面对各个子系统的影响以专家预测的形式输入。

模型仿真值和历史值的绝对误差平均值为 1.98%，远远低于其他预测方法的误差平均值，由此可见，煤炭需求系统动力学模型更加精确地模拟了煤炭需求系统的运行状况，预测结果更加准确有效。2010 年、2020 年国内煤炭需求预测量分别为 26.19 亿吨、33 亿吨。

根据对以上预测方法及预测结果的分析，结合各种政策模拟方案的不同结果，进一步确定中国煤炭需求量的预测区间：2010 年为 25.5 亿~26.9 亿吨，2020 年为 31.7 亿~33.8 亿吨。

6.7 本章小结

本章通过建立煤炭需求各子系统的系统动力学模型，进一步有效地分析和研究了煤炭需求复杂系统的结构和规律。首先对 SD 仿真模型的相关参数，特别是不可控参数的变化趋势、发展规律进行了预测，确定了有关指标与某些因子的定量关系，分别对全社会用电量、供热量、钢铁需求量等指标构建了相关模型，作为煤炭需求复杂系统 SD 仿真的辅助预测模型。其次，建立了煤炭需求系统动力学模型，依据 SD 的建模原则、煤炭需求系统的实际情况以及建模的目的对模型进行了理论检验，并以我国 1993~2005 年煤炭需求系统的相关历史数据为依据，对该模型进行了历史仿真检验。最终的检验结果表明，该模型基本能够有效地代表我国煤炭需求系统，可以用来进行仿真，并且可以预测该系统未来的发展情况。最后，对我国煤炭需求的未来发展趋势进行了模拟仿真。仿真结果表明：

(1) 预测发电煤炭单耗指标 2010 年为 464 克/千瓦时，2020 年为 410 克/千瓦时，火力发电量 2010 年为 2.95 百万亿千瓦时，2020 年达到 4.64 百万亿千瓦时，供热单耗 2010 年为 50.37 公斤/百万千焦，2020 年为 46.43 公斤/百万千焦，供热量 2010 年 23.07 百万亿千焦，2020 年为 34.19 百万亿千焦，电力行业煤炭需求量 2010 年为 14.8 亿吨，2020 年为 21.2 亿吨。

(2) 预测吨铁耗煤量 2010 年为 0.93 吨煤/吨铁，2020 年降为 0.85 吨煤/吨铁，生铁产量 2010 年为 4.03 亿吨，2020 年为 3.9 亿吨，钢铁行业煤炭需求量 2010 年为 3.4 亿吨，2020 年为 3.3 亿吨。

(3) 预测水泥行业煤炭需求量 2010 年为 2.31 亿吨，2020 年为 2.64 亿吨，石灰行业煤炭需求量 2010 年为 0.19 亿吨，2020 年为 0.177 亿吨，墙体材料行业煤炭需求量 2010 年为 0.804 亿吨，2020 年为 0.68 亿吨，建材其他行业煤炭需求量 2010 年为 0.58 亿吨，2020 年为 0.68 亿吨，建材行业煤炭需求总量 2010 年为 3.6 亿吨，2020 年为 3.7 亿吨。

(4) 化肥制造业煤炭需求量 2010 年为 1.01 亿吨，2020 年为 1.42 亿吨，基本化学原料业煤炭需求量 2010 年为 0.29 亿吨，2020 年为 0.5 亿吨，化工其他子行业煤炭需求量 2010 年为 0.29 亿吨，2020 年为 0.63 亿吨，化工行业煤炭需求总量 2010 年为 1.6 亿吨，2020 年为 2.6 亿吨。

（5）国内其他产业煤炭需求量 2010 年为 0.93 亿吨，2020 年为 0.54 亿吨，生活用煤量 2010 年为 0.62 亿吨，2020 年为 0.39 亿吨，国内其他用煤 2010 年为 1.6 亿吨，2020 年为 1.0 亿吨。

（6）中国煤炭需求总量 2010 年为 26.1 亿吨，2020 年为 32.9 亿吨。

通过对不同预测方法及预测结果的比较分析，可以看出，系统动力学模型仿真值和历史值的绝对误差平均值远远低于其他预测方法，由此可见，煤炭需求系统动力学模型更加精确地模拟了煤炭需求系统的运行状况，预测结果更加准确。根据对不同预测方法及预测结果的分析，结合各种政策模拟方案的不同结果，进一步确定中国煤炭需求量的预测区间：2010 年为 25.5 亿~26.9 亿吨，2020 年为 31.7 亿~33.8 亿吨。

7 结论及展望

7.1 结论

煤炭在我国能源结构中占有重要地位并具有战略意义,煤炭需求量的变化趋势与煤炭消费结构的变化密切相关,与煤炭需求子系统中各要素的发展变化密切相关,因此,对煤炭需求系统的组成要素、影响因素、结构特征及各种动态反馈机制进行分析,建立更加科学的煤炭需求趋势预测模型,为我国宏观经济调控、能源规划提供科学的决策依据,对于保证我国国民经济健康、稳定、持续地发展具有重要的现实意义。本文综合运用系统工程理论、控制论、系统动力学、计量经济学理论与方法,对中国煤炭需求系统进行了系统的研究,建立了比较完整的关于煤炭需求预测的系统动力学模型,对我国煤炭需求发展趋势进行了比较科学合理的预测,研究的主要结论:

(1)重工业化是拉动煤炭需求的产业结构原因。决定煤炭消费发展态势的宏观因素,除了 GDP 增长的总体水平外,最重要的是国民经济的产业结构,煤炭消费的动态特性与产业结构的演变具有很强的相关性。在1993 年到 1998 年期间,工业增长速度高于国内生产总值增长速度的差额逐渐缩小,而且重工业增长比轻工业相对较慢(1993 年除外),同时,该期间煤炭消费量呈增幅回落直至下降趋势;1999 年工业增长速度高于国内生产总值增长速度的差额止跌趋稳,同时重工业增长开始快于轻工业增长,但差额很小,与此同时,该期间煤炭消费量的下降幅度明显减小,趋向稳定;自 2000 年以来,工业增长速度相对于国内生产总值增长明显加快,而且处于重工业时代的初期阶段,重工业增长速度快于轻工业增长速度的差额明显加大，同时煤炭、电力消费量也加速增长。可见，国民经济产业结构演变与煤炭消费的动态特征紧密关联，二者具有很强的相关性，国民经济的工业化尤其是重工业化是拉动煤炭需求的产业结构原因，是煤炭需求增长的宏观依据。

重工业和固定资产投资相对较快增长，是中国社会变革的内在要求，从社会变革层面分析，中国农村社会正在向工业化、城市化快速发展，这一过程需要进行大规模的基础设施建设和生产建设。中国城市社会在实现现代化、信息化的过程中，中等收入阶层的规模不断扩大，汽车、住房消费持续快速增长，这需要城市基础设施全面、快速升级，大规模城市建设是消费结构升级的必要条件。中国经济处于快速成长期，需要进行大规模的区域间、城际间基础设施建设，因此会继续不断地拉动对煤炭的需求。

（2）煤炭占一次能源消费的比重将缓慢下降，但作为主体能源的地位不可动摇。未来 15 年，煤炭仍然是保障国民经济平稳快速发展的能源安全基石。使用清洁、优质能源是优化能源结构的必然选择，石油、天然气、水电、核电及新能源所占比重将逐步增加，煤炭消费比重相应将逐步下降。预计 2010 年煤炭占一次能源消费的比重不会有明显下降，仍将维持在 67%左右；煤炭需求总量将达到 26 亿吨，2020 年煤炭占一次能源消费的比重在 60%左右，煤炭需求总量将达到近 33 亿吨。

（3）电煤仍是拉动煤炭消费增长的主要因素。预测 2010 年、2020 年电力工业用煤分别比 2005 年增加 3.7 亿~4.9 亿吨，7.9 亿~9.9 亿吨，占同期国内煤炭需求增长量的 85%以上。电力工业用煤占国内煤炭消费的比重将由 2005 年的 54%提高到 2010 年的 60%左右、2020 年的 64%左右，比发达国家仍然低 20 个百分点以上，仍然有很大的增长空间。

（4）化工用煤可能成为未来煤炭需求的增长亮点。预测到 2020 年煤制油、煤制醇醚等煤炭转化产品产量将有大幅度增长，化工用煤将增加到 2.56 亿吨，是 2005 年的 2.5 倍，年均增长速度比全国煤炭需求增长速度快 6.5 个百分点，将成为未来煤炭需求的又一增长亮点。

（5）节能降耗措施的落实和优质能源的开发利用对煤炭消费量影响很大。2005 年我国火电发电煤耗、炼铁入炉焦比、水泥综合能耗、合成氨综合能耗分别比世界先进水平高出 21%、50%、50%、25%左右。主要耗煤行业煤炭需求的预测，已充分考虑了技术进步带来的节能因素。预计 2010 年仅煤电、生铁、水泥三种产品由于煤耗降低而节约的煤炭就将近 1

亿吨。在预测 2010 年、2020 年火力装机容量比例时，已充分考虑了水电、气电、核电、新能源发电的装机总容量将分别达到 2.3 亿千瓦、4.3 亿千瓦左右，比 2005 年增加 0.8 亿千瓦、2.75 亿千瓦左右。若预测期内相关行业的节能降耗指标无法完成，水电、气电、核电、新能源发电不能实现预定目标，则相应的煤炭消费量将会增大。

7.2　创新点

本书的创新之处如下：

本书以经济系统的复杂网络结构为研究对象，针对复杂网络结构具有的动态性、非线性、反馈性等特征，利用系统工程理论、控制论，建立经济系统复杂网络结构的系统动力学模型，做宏观经济系统的反馈控制建模研究。本书融合多学科的理论思想，以产业经济学、技术经济学、复杂系统研究理论、系统工程理论、控制论为理论指导，建立煤炭需求结构系统动力学反馈控制预测模型，并进行仿真研究，为制定我国能源发展战略提供科学依据。

（1）依据系统论关于系统的结构是系统功能的基础，系统的功能依赖于系统结构的观点，深层次地分析了经济系统复杂网络结构特征，运用反馈控制建模理论与方法，对复杂经济系统的结构分析和趋势预测问题进行了比较深入的探索，是对钱学森"综合集成方法论"的一次有效的实践探索。

（2）将煤炭需求系统看作一个虚拟复杂网络系统，针对煤炭需求系统非线性、多层次、动态反馈的复杂网络结构特征，进行了各种影响因素的分析、多层次子系统的划分、子系统内部各要素间反馈关系的分析，建立了系统动力学动态反馈控制模型，进一步探索了煤炭需求预测的理论和方法，使关于煤炭需求系统的研究更加全面和深入。

（3）煤炭需求系统的复杂结构特征反映到研究过程，就表现为涉及学科知识多种多样，信息来源各不相同，有的定量有的定性，而且信息精度不均衡，系统参数敏感性不一致，系统高层次结构比较清晰而低层次结构难以描述。因此，对煤炭需求系统采取特殊的研究思路：一是对系统低层次部分采取"宏观性"处理，对于低层次子系统通过定性定量相结合的方法侧重其输入、输出特性的研究，各子系统的输出变量可视为整个复杂系统的一个或一组参数。二是对系统较高层次部分采用"微观性"处理，精细地研究其结构，详细地描述其反馈关系，建立系统的主体模型，反映出较高层次系统变量间的各种复杂的关联关系，并使子系统状态变量值动态地、自动地输入到主体模型中，使模型能够更合理地模拟煤炭需求系统的实际运行状态，使得最终的预测结果更加科学准确。

7.3　能源政策建议

（1）通过产业结构调整抑制煤炭过度需求。在中国煤炭消费结构中，绝大部分的煤炭需求来自于工业消耗。工业结构的调整，哪怕是微调，也会对煤炭需求有很大的抑制作用，短期内重工业结构很难大幅度进行调整。因此，从中长期看，实现产业结构向能耗少、附加值高的轻工业和第三产业转变，提高能源利用效率是减少中国经济对煤炭过度依赖，减少未来煤炭需求的一个有效政策取向。

抑制煤炭的过度需求可通过产业政策和价格指导政策来引导。短期内，对重工业比例的微调和价格变量（包括出厂价格和运输成本）的适度引导，可以抑制煤炭需求过度增长，同时防止煤炭价格过高可能引发的成本推动型通货膨胀问题；中长期政策是，调整煤炭资源税，实现产业政策调整，发展替代能源、清洁能源，提高能源利用效率以减少对煤炭的依赖，同时在引入煤炭期货合约等价格规避手段的基础上，提高资源配置效率。政府鼓励可循环经济发展也可使单位产品的能耗下降，从而使煤炭需求下降。

（2）降低投资率，优化投资结构。在我国，投资率、经济增长率、能源消费增长率呈现比较明显的正相关关系，高投资是我国经济高增长的重要驱动力，近年来，我国能源消费总量迅速增长，这主要是由于投资增长过快，投资率从 2000 年的 35.3%增长到 2005 年的 42.6%。投资增长过快往往会拉动钢铁、水泥等高耗能产品产量的增长。这也是近几年煤炭消费量快速增长的主要原因。因此，必须严格执行固定资产投资项目的土地、环保、安全等市场准入标准，引导投资结构向低能耗、高附加值方向转变，把节能与提高经济效益紧密结合起来；把节能降耗指标纳入到地方各级政府的工作绩效考核体系中，抑制地方政府对高耗能行业的投资热情。

（3）煤炭和电力的统一规划发展。电力是煤炭的最大用户，中国电力工业选择以煤为主的电源结构，无论在过去、现在和将来相当长的时期内，都是经济、安全的必然选择。目前主要工业国家发电用煤量已经占煤炭总量的70%~90%。与发达国家相比，中国发电用煤还有大幅度增长的空间。

电力和煤炭是中国能源产业的两大行业，是国民经济重要的基础产业。煤炭和电力发展的统一规划发展将是国民经济健康快速发展的重要保证，是促进中国经济社会可持续发展的重要途径。因此要加快煤电一体化发展，以及新兴煤电一体化企业的创建，提高煤炭和电力的生产效率及转换效率，减少对环境的污染。

（4）促进节能管理，加大技术进步对节能降耗的贡献。我国工业煤炭消费量约占全国煤炭消费总量的90%以上。技术与装备良莠不齐，部分装备技术性能低下，生产工艺落后，导致煤炭单耗指标较高，总体用煤效率低，严重制约国民经济持续快速发展。因此，政府应出台有利于推进节能技术进步的财政税收体系，加快先进节能技术和产品的研发和推广应用，优化和调整用能结构，实现有效利用能源资源。高耗能产业因地制宜地靠近能源产地布局，有条件的矿区统筹发展煤电、煤化工、煤炭建材等综合利用产业。在电力行业，发展高参数、大容量、高效率发电技术。大型电力系统发展超临界、超超临界压力等级发电技术；推广建设600兆瓦及以上高参数大容量燃煤机组、高效洁净煤发电机组和大型联合循环机组，限制在大电网内新建常规300兆瓦及以下中、小型凝汽式机组。重点开发并推广适合国情的循环流化床及整体煤气化发电技术，积极发展300兆瓦及以上大型循环流化床锅炉。优化供电方案，逐步淘汰单机容量100兆瓦及以下常规燃煤纯凝汽式小火电机组和单机容量50兆瓦及以下的以发电为主的燃油锅炉、发电机组。进一步发展钢铁生产、建材生产、化工生产节能技术。积极支持节能规划、政策的研究和节能标准、规范的制定。重大节能技术列入国家中长期科学和技术发展规划纲要及相关科学技术发展计划。

7.4 存在的问题与进一步工作建议

关于煤炭需求系统研究，特别是煤炭需求系统结构研究是一个复杂的研究课题，今后有待于进一步研究的内容如下：

(1) 关于煤炭需求系统的分析，本书只是分析了系统内部的结构，外部的影响因素（社会的、经济的各方面的影响）只是在各个子系统中以专家预测的形式输入系统，因此，将煤炭需求系统放入社会经济大系统中，分析煤炭需求系统与其他的经济系统、社会系统之间的关系，建立更加完善的系统模型，将是一个更深入、更重要的研究课题。

(2) 关于煤炭需求各个子系统中影响因素的分析，有些方面可能分析的层次还不够深入，不够全面，并且随着社会经济的发展，外部环境的不断变化，一些因素的作用会不断降低，新的重要因素会不断出现，需要不断地对模型中的变量、参数以及赋值进行调整和修改，才能为能源系统规划、能源发展战略的制定提供重要的、准确的决策依据。

参考文献

[1] 成思危. 复杂科学与管理. 南昌大学学报（人文社科版），2000(3)：3-5

[2] 钱学森，于景元，戴汝为. 一个科学的新领域——开放的复杂巨系统及其方法论. 自然杂志，1990，13(3)：3-10

[3] 黄欣荣. 钱学森复杂性思想研究——兼论中国复杂性研究的特色. 系统辩证学学报，2004(10)：12-17

[4] 于景元，涂元季.从定性到定量综合集成方法——案例研究. 系统工程理论与实践，2002(5)：1-7

[5] 李景平，刘军海.复杂科学的研究对象：非线性复杂系统. 系统辩证学学报，2005(7)：60-65

[6] D.梅多斯等. 增长的极限. 北京：商务印书馆，1984

[7] 于立. 能源价格理论研究. 沈阳：东北财经大学出版社，1994

[8] Jorgenson, Dale W. and Barbara Fraumeni. "Relative Prices and Technology Change" in Modeling and Measuring Natural Resource Substitution. Cambridge, MA: MIT Press, 1981

[9] Griffin and Gregory. An Intercountry Translog Model of Energy Substitution Responses. American Economics Review, Vol.66, 1976, 845-857

[10] Prosser, R.D. Demand Elasticity in OECD: Dynamical Aspects. Energy Economics January, 1985, 9-12

[11] Noel D.Uri. A Note On Energy Demand Estimation. International Journal of Energy Research, Vol.17, No.8, 1993, 747-758

[12] Noel D.Uri and Mohinder Gill. The Agricultural Demand For Electricity In The United States. International Journal of Energy Research, Vol.19, No.2, 1995, 145-157

[13] McFadden, D. and Jeffrey Dubin. Econometric Analysis of Residen-

tial Electric Appliance Holdings and Consumption. Econometrics, Vol.52, 1984

[14] Pindyck, Robert. Gains to Producers from the Certelization of Ex-haustible Resources. Review of Economics and Statistics, Vol.60, 1978: 238-251

[15] 李文彦. 21 世纪前期我国能源战略的若干问题. 经济地理, 2000, 20(1): 7-12

[16] 伍开松, 张明泉. 论现代经济预测方法的分类原理. 西南石油学院学报, 2000(5): 89-91

[17] 梁慧稳, 王慧敏. 经济预测方法系统研究.现代管理科学, 2002 (6): 28-31

[18] 郭崇慧, 唐焕文. 宏观经济预测方法及其综合集成. 预测, 2000 (5): 165-171

[19] 吴宗鑫等. 全国能源需求预测模型. 能源预测模型开发与应用. 北京: 中国计划出版社, 1988

[20] 李宝仁.经济预测理论、方法及应用. 北京: 经济管理出版社, 2005, 45-89

[21] 邱大雄. 能源规划与系统分析. 北京: 清华大学出版社, 1995

[22] 吴德春, 董继斌. 能源经济学. 北京: 中国工人出版社, 1991

[23] 甘肃省计委. 甘肃省能源模型系统, 能源预测模型开发与应用. 北京: 中国计划出版社, 1988

[24] 陈书通. 我国未来经济增长与能源消费关系分析. 中国工业经济, 1996(9): 21-26

[25] 史丹. 结构变动是影响我国能源消费的主要因素. 中国工业经济, 1999 (11): 38-43

[26] 顾培亮. 能源系统决策. 贵阳: 贵州人民出版社, 1989

[27] P. Chander.The nonlinear I-O model. Journal of Economic Theory, 1988(3)

[28] 王海建. 经济结构变动与能源需求的投入产出分析. 统计研究, 1999(6): 30-34

[29] 曾五一. 关于动态投入产出优化模型应用的研究. 系统工程, 1989 (2)

[30] 那日萨, 唐焕文. 一个多目标动态投入产出优化模型及其算法. 系统工程理论与实践, 1998(8)

[31] 李俊. 中国区域能源供求及其因素分析. 资源科学，1994(4)：34-40

[32] 张晓峒. 计量经济分析. 北京：经济科学出版社，2000

[33] 闫冀楠，梁彤，张维. 利用协整和 EMC 对中国同业拆借利率的实证分析及预测. 预测，1999，18(2)：65-68

[34] 马超群，陈汉利. 中国外资需求的建模及协整分析. 中国管理科学，2000，8(9)：75-80

[35] 孙凤，易丹辉. 中国城镇居民收入——消费关系的协整研究. 预测，1999，18(3)：6-10

[36] M. Smyth. The Dynamics of United Kingdom Regional Energy Demand. International Journal of Energy Research，Vol.20，No.5，1996，93-106

[37] 龚灏，周仲礼，罗强等. 中国能耗的 GM (1，N) 模型及模型评价. 成都理工学院院报，2000，27(4)：413-417

[38] 徐明德. 灰色 GM (1，1) 模型及其在能源预测中的应用. 应用能源技术，1995(2)：5-7

[39] 王立杰，孙继胡. 基于灰色系统理论的煤炭需求预测模型. 煤炭学报，2002，27(3)：333-336

[40] 王勇，林保江. 我国煤炭需求的灰色预测模型. 辽宁经济职业技术学院学报，2004(3)：25-27

[41] 荆全忠，张健. GM (1，1) 模型在煤炭需求预测中的应用. 中国煤炭，2004(1)：17-19

[42] Fung Y.H.，Tummala VMR. Forecasting of electricity consumption：a comparative analysis of regression and artificial neural network models. IEE Second International Conference on Advances in Power System Control，Operation and Management，Hong Kong；1993，782-787

[43] 彭建良，李新建，王斌等. 能源消费量模拟分析和预测的神经网络方法. 系统工程理论与实践，1998(7)：18-21

[44] 杨福生. 小波变换的工程分析与应用. 北京：科学出版社，1999

[45] 宁云才. 煤炭需求预测的复合小波神经网络模型. 煤炭学报，2003(2)：35-38

[46] Yue Fang，Forecasting combination and encompassing tests. International Journal of Forecasting 19 (2003)：87-94

[47] Miche'le Hibon, Theodoros Evgeniou. To combine or not to combine: selecting among forecasts and their combinations.International Journal of Forecasting 21 (2005): 15-24

[48] 朱章，庄建桥. 对组合预测模型的再讨论. 武汉工业学院学报，2002(2)：96-97

[49] 唐小我. 经济预测与决策新方法及其应用研究. 成都：电子科技大学出版社，2002

[50] 王其藩. 高级系统动力学. 北京：清华大学出版社，1995

[51] 沈玉志. 中国能源发展的决策模型研究. 博士论文，2004

[52] 宁云才. 煤矿矿区生产效率预测的 SD 方法，预测，1993(4)：12-14

[53] 宁云才. 矿区可持续发展系统动力学模拟与调控. 生态学报，2000(1)：35-37

[54] 蔡常丰. 动力学在经济系统控制中的典型应用示例. 宁夏大学学报（自然科学版），2002(6)：164-187

[55] 贾仁安，徐国平等著. 用系统动力学研究复杂系统问题的方法论及其功能. 北京：高等教育出版社，2002

[56] 王其藩. 系统动力学. 北京：清华大学出版社，1988(4)

[57] 贾仁安，丁荣华. 系统动力学——反馈动态复杂性分析. 北京：高等教育出版社，2002(5)：13-16

[58] 路晓伟，孙树垒，王龙德. 基于现代控制理论的 SD 模型解析. 系统工程理论方法应用，2002(2)：163-166

[59] 潘旭红，汪小明. 中长期电量的系统动力学方法预测. 广东电力，2002(8)

[60] 陈成鲜，严广乐. 我国水资源可持续发展系统动力学模型研究. 上海理工大学学报，2000(2)：154-159

[61] 胡玉奎，韩于羹，曹铮韵. 系统动力学模型的进化. 系统工程理论与实践，1997 (10)：24-27

[62] 高永胜，蔡广琪等. 中国煤炭工业发展现状及前景展望. 露天采矿技术，2005(2)：1-3

[63] 中国煤炭运销协会信息中心. 中国煤炭市场研究报告 2001-2010. 2004

［64］毛节华，许惠龙.中国煤炭资源分布现状和远景预测.煤田地质与勘探，1999(6)：24-27

［65］薛庆远.我国煤炭资源现状及其合理开发利用.煤田地质与勘探，1996(6)：17-19

［66］李瑞生，顾谷声.中国的含煤地层.北京：地质出版社，1994

［67］田山岗.中国煤炭资源有效供给能力态势分析研究综述.中国煤田地质，2001(13)：25-27

［68］"中国煤炭工业发展报告"课题组.中国煤炭工业发展报告2003-2004.2005(2)

［69］李克荣，张宏.中国煤炭资源开发与经济发展关系研究.煤炭经济研究，2005(3)：20-21

［70］支同祥.煤炭供求形势分析及对策建议.煤炭企业管理，2005(1)：15-18

［71］郝向斌.2006年及"十一五"期间的煤炭市场分析.中国煤炭，2006(1)：8-10

［72］胡晓清，任一鑫.煤炭供需形势分析及对策.煤炭经济研究，2001(3)：30-31

［73］张麟，舒良友.我国能源与煤炭供需分析与预测.郑州煤炭管理干部学院学报，1999(6)：11-13

［74］吴文岳，宋扬.当前我国煤炭市场供需形势刍议.中国煤炭，2000(5)：21-23

［75］吴吟.煤炭供求形势及保障有效供给的设想.中国能源，2004(4)：4-6

［76］吴道荣.煤炭经济"十五"回顾与"十一五"展望.煤炭经济研究，2006(1)：4-11

［77］Kraft J, Kraft A. On the Relationship between Energy and GNP. Energy and Development, 1978(2)：401-403

［78］John Asafu-adjaye. The Relationship between Energy Consumption. Energy Prices and Economic Growth：Time Series Evidence from Asian Developing Countries. Energy Economics, 2000 (22)：615-625

［79］Obas John Ebohon. Energy, economic growth and causality in developing countries. Energy Policy, 1996 (24)：447-453

[80] Ugur Soytas, Ranaazan Sari. Energy consumption and GDP: causality relationship in G-7 counties and emerging markets. Energy Economics, 2003 (25): 33-37

[81] 范雪红, 张意翔. 基于计量经济模型的能源消费与经济增长关系实证研究. 理论月刊, 2005 (12): 78-81

[82] 罗敏, 徐莉. 我国能源供需结构及价格变异性分析. 煤炭经济研究, 2002(3): 7-9

[83] 张炎涛, 李伟. 中国煤炭消费和经济增长的因果关系研究. 资源与产业, 2007(2): 89-92

[84] 王端武. 近几年国内煤炭消费下降原因的分析. 煤炭经济研究, 2000 (2): 53-54

[85] 朱成章. "十五"期间能源和电力弹性系数产值能耗. 山西能源与节能, 2006(4): 12-14

[86] 唐旭, 邓红梅. 中国能源消费弹性系数浅析. 中国能源, 2007 (4): 26-29

[87] 李定江. 煤炭市场发展趋势分析. 中国煤炭经济学院学报, 2000 (4): 3-6

[88] 上海证券报. 我国能源消费弹性系数剧烈波动成因复杂. 2005-3-10

[89] 史丹. 结构变动是影响我国能源消费的主要因素. 中国工业经济, 1999 (11): 38-43

[90] 支同祥. 当前煤炭产需失衡状况分析预测. 中国煤炭, 1999 (11): 14-16

[91] "中国能源发展战略与政策研究报告"课题组. 能源结构调整和优化. 2006(8)

[92] 中国煤炭运销协会信息中心. 中国煤炭需求分析与预测 2006. 2005

[93] 吴文岳, 李飙. 我国煤炭供需态势分析. 煤炭经济研究, 1999 (4): 9-10

[94] 李松营, 王丙周, 张建三. 煤炭市场未来走势探析. 焦作工学院学报, 2004(5): 173-174

[95] 李志鹏. 我国煤炭市场需求分析及秦皇岛港经营策略研究. 硕士

论文，2003

[96] 郭云涛. 重化工业时期煤炭工业面临的挑战. 中国煤炭，2004
（5）：15-17

[97] 世界能源消费现状和可再生能源发展趋势. 国家发改委网站，
2005-12-4

[98] 中国能源需求增长未对世界构成威胁. 中国新闻网，2005-12-29

[99] 潘志坚，胡永乐，胡杰. 中国能源发展概述. 中国能源，2004
（3）：28-29

[100] 魏一鸣，廖华，梁巧梅."十一五"期间我国能源需求及节能潜
力预测. 2007 年能源与环境政策研究系列报告之一，中国科学院预测科学
研究中心

[101] 吴吟. 新能源环境条件下中国煤炭工业的发展. 煤炭企业管理，
2004（9）：17-19

[102] 张瑞. 中国能源效率与其影响因素的实证研究. 博士论文，2007（6）

[103] 清华大学核能与新能源研究院《中国能源展望》编写组. 中国能
源展望 2004. 北京：清华大学出版社，2004

[104] 黄腾. 煤炭市场全球化趋势及国内外煤炭市场的相互影响. 煤
炭经济研究，2005（2）：4-6

[105] 杜贵成，王永玲. 我国煤炭资源中长期需求预测. 东北财经大
学学报，2007（2）：67-69

[106] 李德波，叶旭东，柳春明. 2010 年和 2020 年全国煤炭需求预
测. 煤炭经济研究，2006（9）：11-17

[107] 王立杰，孙继湖. 基于灰色理论的煤炭需求预测模型. 煤炭学
报，2002（6）：334-336

[108] 宁云才. 煤炭需求预测的复合小波神经网络模型. 煤炭学报，
2003（2）：108-111

[109] 万善福，周景军. 入世后的中国煤炭市场. 中国煤炭工业年鉴，
2006（10）

[110] 国际能源署. 世界煤炭市场贸易形势. www.chinastandard.com.cn，
2005（3）

[111] A Denny Ellerman.The world price of coal. Energy Policy，1995
（2）：499-506

[112] 吴国华. WTO 环境下中国煤炭产业的市场战略. 山东交通学院学报, 2002 (11): 74-78

[113] 吴荣庆. 加入 WTO 对我国煤炭工业的影响. 中国矿业, 2003 (1): 9-12

[114] 马建明. 2006 年我国能源进出口贸易分析. 资源网, 2007-3-8

[115] 赵元兵, 黄健. 国际石油价格波动对我国经济的影响及对策研究. 价格理论与实践, 2005(7): 32-33

[116] 郭云涛. 中国煤炭中长期供需分析与预测. 中国煤炭, 2004 (10): 20-23

[117] 周大地. 2020 年的中国能源战略. 煤炭企业管理, 2005(7): 13-15

[118] 潘伟尔. 2001 年煤炭市场的五大亮点. 中国能源, 2002(3): 18-19

[119] 潘伟尔. 煤炭经济运行: 2003 年评析与 2004 年预测. 中国煤炭, 2004(3): 19-21

[120] 邬忠, 李学刚. 2004 年煤炭市场预测. 中国煤炭, 2004(1): 14-16

[121] 潘伟尔. 2004 年煤炭经济运行评析. 中国能源, 2005(3): 11-16

[122] 卢平. 2005: 煤炭需求之火越烧越旺. 现代商业银行, 2005 (2): 32-34

[123] 刘满平. 当前煤炭市场分析及后期走势预测. 中国能源, 2005 (5): 43-44

[124] 解居臣. 中国电力工业对煤炭需求的分析. 煤炭加工与综合利用, 2004(4): 4-6

[125] 刘彩英. 我国煤炭市场分析与预测. 铁道货运, 2004(6): 4-6

[126] 贺佑国. 我国煤炭供需分析及与钢铁企业的合作. 冶金管理, 2004 (11): 20-22

[127] 煤炭工业发展"十一五"规划. 国家发展和改革委员会, 2007(1)

[128] 肖国安, 刘伟宁, 彭清华. 论煤炭有效需求的预测及方法. 煤炭经济研究, 1994 (12): 6-8

[129] 郑瑞芳, 郭秀君, 田明华. 对未来我国钢材需求的预测. 对外经济贸易大学学报, 2007(2): 54-60

[130] 李德波，叶旭东，柳春明. 2010 年和 2020 年全国煤炭需求预测.煤炭经济研究，2006(9)：11-17

[131] 邵汝军，黄佐钘.关于我国煤炭需求的长期预测.煤炭经济研究，2007(3)：8-14

[132] 林伯强，魏巍贤，李丕东.中国长期煤炭需求.经济研究，2007(2)：48-58

[133] 王端武，王浩，张乐等.我国煤炭需求预测.中国煤炭，1999(4)：9-16

[134] Daniel Pena，Pilar Poncela.Forecasting with nonstationary dynamic factor models. Journal of Econometrics 119 (2004)，291-321

[135] Mudit Kulshreshtha，Jyoti K. Parikh. Modeling demand for coal in India：vector autoregressive models with cointegrated variables，Energy 25 (2000)，149-168

[136] 方锦清，汪小帆，刘曾荣.略论复杂性问题和非线性复杂网络系统的研究.科技导报，2004(2)：12-14

[137] 王志宏，赵爱国.我国煤炭产量预测研究.中国矿业，2003(12)：12-14

[138] 李京文. 21 世纪经济发展大趋势.辽宁人民出版社，1998

[139] 陈锡康，丁静之.绿色战略 2030 年中国经济发展战略目标探讨.青岛：青岛出版社，1997

[140] 贺菊煌.中国未来的经济增长和能源需求.数量经济技术经济研究，1997 (5)

后 记

本书的写作出版，得到了王广成教授、刘传庚教授、刘冰教授、孙玉峰教授、司千字教授等许多专家学者（恕不一一列出）的支持和帮助，在此表示真诚的感谢。

本书在写作的过程中，参考和引用了许多国内外的理论文献，对参考和引用部分都一一做了注明，但仍恐有挂一漏万之处，恳请谅解并向引文作者致以深切的谢意。

受作者研究水平及时间、资料所限，书中尚存分析论证不足和某些仓促之痕迹。在此，诚恳地请求广大读者、专家和同行批评、指正。

最后，特别感谢我的导师、中国矿业大学（北京）管理学院宁云才教授对本书出版的关心和指导。

感谢经济管理出版社，特别感谢申桂萍编辑为本书顺利出版所付出的努力。

谨以此书献给所有支持、帮助和鼓励过我的人们。

作 者

2009 年 1 月 6 日于山东烟台